- 本著作为福建省社会科学基金项目成果，项目批准号：FJ2024C200

- 本著作为厦门理工学院高层次人才科研启动项目成果，项目批准号：YSK23018R

- 本著作由厦门理工学院资助出版

- 本著作为厦门市人文社科研究基地"21世纪海上丝绸之路与厦门发展"研究中心成果

高质量共建"一带一路"丛书

"一带一路"
与东亚区域第三方市场合作

丁 梦 ◎ 著

图书在版编目（CIP）数据

"一带一路"与东亚区域第三方市场合作 / 丁梦著.
厦门：厦门大学出版社，2025.4. -- （高质量共建"一带一路"丛书）. -- ISBN 978-7-5615-9733-0

Ⅰ. F114.46

中国国家版本馆 CIP 数据核字第 2025D8E394 号

责任编辑	潘　瑛
美术编辑	蒋卓群
技术编辑	朱　楷

出版发行　厦门大学出版社
社　　址　厦门市软件园二期望海路 39 号
邮政编码　361008
总　　机　0592-2181111　0592-2181406（传真）
营销中心　0592-2184458　0592-2181365
网　　址　http://www.xmupress.com
邮　　箱　xmup@xmupress.com
印　　刷　厦门市明亮彩印有限公司

开本　787 mm×1 092 mm　1/16
印张　11.25
插页　2
字数　250 千字
版次　2025 年 4 月第 1 版
印次　2025 年 4 月第 1 次印刷
定价　88.00 元

本书如有印装质量问题请直接寄承印厂调换

前 言

第三方市场合作是"一带一路"建设转向高质量发展的重要实践,其作为一种新型国际经济合作形式,通过双边经济合作模式实现了多边共赢的发展目标。在该新型合作模式下,中国与日本、韩国、法国、西班牙等发达经济体在广大发展中国家建设了一系列重要合作项目,不仅推动了中国企业与发达国家企业在基于各自生产要素禀赋基础上的优势互补,还进一步对接了第三方市场国家在工业化与现代化进程中的发展需求,是实现不同经济体多方共赢的新型合作路径。其中,中国与日本、韩国在东盟国家的多个领域展开了第三方市场合作,并在合作基础、协商机制以及项目分工等环节中形成了具有东亚区域特色的发展形式与协作特点。本书以东亚区域生产网络的发展与演变为研究背景,以中国与日本、韩国在东盟第三方市场合作为研究重点,探索东亚区域分工模式下中国与日韩两国在东盟进行第三方市场合作的发展基础、合作形式以及分工特点,并对中国与日韩两国在东盟第三方市场合作的高质量发展进行展望。

全书共分为七章。第一章作为全书的导论,提出了本研究所要探究的主要问题,对这一研究问题的选题背景和选题意义进行了系统阐述,并对研究这一领域的国内外文献资料进行了比较仔细的收集、整理和评述,提出本研究所要作出的学术贡献,同时还对研究方法、研究内容以及相关概念等进行了说明,并对本研究过程中出现的创新点进行了总结。第二章提出了本书的理论分析框架,通过结合东亚区域生产网络发展过程中所涉及的国际贸易、国际分工以及制度性安排等三个不同领域的变化与演进,将中国与日本、韩国在东盟的第三方市场合作嵌入东亚区域生产网络的贸易、分工与制度安排的分析框架之中,构建出中国与日本、韩国在东盟进行第三方合作市场的理论解释体系,为本研究的进一步分析奠定了理论基础。第三章通过实证分析方法来探究中国与日韩两国在东盟进行第三方市场合作的比较优势基础,主要从东亚区域的产业间、产业内以及产品内国际贸易与国际分工的角度来分别理清中国与日本、韩国进行第三方市场合作的比较优势互补基础、产业合作形态以及分工协作位置。第四章对中国与日本、韩国在东盟第三方市场合作的制度性安排进行了归纳与总结,主要从中国与日韩两国在第三方市场合作的政府官方层面与"二轨经济外交"层面两个维度来进行综合分析。第五章对中国与日本、韩国在东盟第三方市场合作项目的分工形式进行了分类整理,主要按照东亚区域生产网络中产业间、产业内以及产品内垂直、水平抑或混合分工方式对现有合作案例进行分类研究。第六章主要对中国与日本、韩国在东盟第三方市场合作过程中面临的风险与挑战进行分析,并在此基础上就中国如何应对这些挑战来推动第三方市场合作高质量发展进行了展望。第七章作为全书的结论部分,不仅对全书的主要观点进行了总结和归纳,还对未来的研究方向进行了展望。

本书的研究重点在于,依托东亚区域生产网络这一研究视角,将中国与日本、韩国在东盟的第三方市场合作嵌入东亚区域生产网络的分析框架之中,主要探讨了中国与日韩两国在东盟展开第三方市场合作的协作基础、制度供给以及分工方式,并在以下三个方面进行了理论探索与现实回应:

首先,通过实证分析中国在东亚区域产业间、产业内以及产品内的国际贸易状况可以发现,中国与日本已经成为如今东亚区域生产网络中初级产品、中间产品以及制成品贸易的生产与分工中心,韩国与东盟国家则在该中心的外围与中日两国形成了紧密的分工协作关系。中国与日本、韩国以及东盟国家在东亚区域生产网络中深度的国际贸易合作与紧密的国际分工协作关系,使得中国与日韩两国在东盟的第三方市场合作具备扎实的经济协作基础。

其次,通过对东亚经济体在经济领域制度安排的逻辑梳理与深化提炼可知,中国、日本以及韩国等东亚国家在经济领域的制度供给与制度创新是实现东亚经济高速发展的重要原因之一。在此基础上,中国与日韩两国在东盟进行的第三方市场合作是适应东亚区域内各个经济体比较优势与分工位置变化所适时做出的制度创新,能够从政府、企业以及民间等不同层面来推动中国与日韩两国在东盟第三方市场合作的多方共赢。

最后,通过对东亚区域生产网络分工形式的实证分析与案例归纳可以看到,中国与日本、韩国以及东盟国家等东亚经济体在该区域内已经形成了产业间、产业内以及产品内水平抑或垂直的分工协作方式。因此,东亚区域内部这种相互交错的分工形式,能够推动中国企业与日韩两国企业在东盟第三方市场合作中比较优势与分工位置的互相匹配,从而有助于第三方市场合作项目的可持续发展。

基于上述分析,本书的主要结论为:第一,东亚区域生产网络中的国际贸易合作与国际分工协作,为中国与日韩两国在东盟的第三方市场合作夯实了经济协作基础;第二,中国与日本、韩国等东亚经济体在经济领域的制度安排与制度创新,为中国与日韩两国在东盟展开第三方市场合作提供了制度合作基础;第三,东亚区域生产网络中产业间、产业内以及产品内的水平或垂直分工形式,为中国与日韩两国在东盟第三方市场合作中进行比较优势的错位互补奠定了分工协作基础;第四,中国与日本、韩国在东盟展开的第三方市场合作是推动东亚区域多边合作共赢的新路径。

自"一带一路"倡议提出以来,中国与日韩两国在东盟的第三方市场合作得到不断深化发展,展现出了百年未有之大变局下东亚区域在全球范围内的强大经济韧性。作为当今全球经济的重要增长点,东亚各国比较优势互补是东亚区域生产网络得以长期稳定运行的关键基础,也是中国与东亚国家在该区域进行国际分工协作的重要前提。从"雁行模式"的产业间垂直分工体系到如今东亚区域生产网络的产业间、产业内以及产品内复合型分工体系,东亚各个经济体在资源禀赋、产业结构以及发展模式等不同环节都存在紧密的互补关系,这些都间接或直接推动了东亚区域国际贸易、国际分工、制度供给等区域合作进程的深化发展。

展望"一带一路"与东亚区域第三方市场合作发展进程,其在合作过程中仍然面临较多不稳定与不确定因素。近年来中国与日韩两国"政冷经热"合作环境的复杂性,造成东亚重要经济体之间深化合作面临较多现实困境;东亚区域各经济体之间产业迭代升级所衍生出的比较优势互补基础弱化,致使中国与日本、韩国以及东盟国家之间的区域经济协作面临产业链、供应链、价值链的双向替代趋势;东亚区域不同发展水平的经济体之间在营商环境中存在较大差异,导致"一带一路"建设与东亚区域第三方市场合作可能会产生较多的交易费用与摩擦成本;以美国为代表的发达经济体在全球市场中所推行的单边主义和保护主义严重阻碍了"一带一路"建设的可持续发展;以公共卫生安全为代表的非传统安全是影响"一带一路"建设与东亚区域第三方市场合作的突发性因素,其所产生的系统性与结构性冲击将对全球市场发展进程造成深刻影响。

为了实现"一带一路"建设与东亚区域第三方市场合作的可持续发展,在推进东亚区域经济深化合作进程中不仅要继续夯实既有合作基础,进一步发挥区域全面经济伙伴关系协定(RCEP)、东盟与中日韩(10+3)合作、东盟与中国(10+1)合作、澜沧江—湄公河合作等区域多边合作机制的贸易创造效应,还需结合东亚区域国际贸易的最新发展趋势以及国际分工的最新位置变动,探索出匹配东亚区域经济合作新的协作方式、合作空间与产业领域,从而实现东亚区域经济协作与产能协调的高质量发展。

丁梦

2025 年 4 月

目 录

第一章 导论 / 001 /

  第一节 问题的提出 / 001 /

  第二节 研究背景与意义 / 003 /

  第三节 国内外研究现状 / 010 /

  第四节 研究方法与概念解释 / 023 /

  第五节 研究创新点 / 025 /

第二章 东亚区域生产网络下的第三方市场合作：一个分析框架 / 027 /

  第一节 东亚区域生产网络的形成与发展 / 027 /

  第二节 东亚区域生产网络的制度性安排 / 034 /

  第三节 东亚区域生产网络的分工与协作 / 042 /

第三章 中国与日韩两国在东盟第三方市场合作的发展基础 / 054 /

  第一节 东亚区域产业间贸易奠定第三方市场合作分工基础 / 054 /

  第二节 东亚区域产业内贸易推动第三方市场合作分工深化 / 065 /

  第三节 东亚区域产品内贸易构建第三方市场合作网络体系 / 075 /

  第四节 东亚区域贸易关联性夯实第三方市场合作发展基础 / 084 /

第四章 中国与日韩开展第三方市场合作的制度供给 / 097 /

  第一节 中国与日韩第三方市场合作政府层面制度供给 / 097 /

  第二节 中国与日韩第三方市场合作"二轨经济外交"制度供给 / 113 /

  第三节 中国与日韩进行第三方市场合作的制度供给分析 / 122 /

第五章　中国与日韩在东盟第三方市场合作的分工协作形式　/ 130 /

  第一节　第三方市场合作模式下的产业间国际分工　/ 130 /

  第二节　第三方市场合作模式下的产业内国际分工　/ 137 /

  第三节　第三方市场合作模式下的产品内国际分工　/ 145 /

  第四节　第三方市场合作模式下的混合型国际分工　/ 153 /

第六章　中国与日韩在东盟第三方市场合作的挑战与应对方略　/ 160 /

  第一节　中国与日韩在东盟第三方市场合作面临的挑战　/ 160 /

  第二节　中国的应对方略　/ 166 /

第七章　主要结论及研究展望　/ 171 /

  第一节　主要结论　/ 171 /

  第二节　未来研究展望　/ 173 /

第一章 导论

随着中国与日本、韩国在东盟第三方市场合作的不断深化,中国企业与日韩企业在东亚区域生产网络中依托各自的比较优势在东盟国家的多个项目中展开了第三方市场合作,并在合作基础、协商机制以及分工位置等领域中呈现出诸多新变化与新趋势。本书以中国与日韩两国在东盟的第三方市场合作为研究重点,探索东亚区域分工模式下中国与日、韩两国在东盟进行第三方市场合作的发展基础、合作形式,以及分工特点,并对"一带一路"与东亚区域第三方市场合作的发展进程进行展望。

第一节 问题的提出

自 2008 年金融危机以来,世界经济内生增长动力不足导致全球经济发展整体处于持续下滑区间,发展动力的缺失致使全球范围内的保护主义和单边主义开始出现,并对不同经济体之间的国际贸易和直接投资形成直接冲击。[1] 基于此,如何在全球变局进程中实现和维护国际关系与世界经济的平稳运行?如何在国际政治经济变革中实现国家与市场的资源最优化配置?如何实现发达国家、发展中国家以及新兴经济体之间的错位互补发展与高效经济合作?这些都是全球各国面临的共同难题和国内外学者长期探索的热点话题。[2]

为了应对全球政治经济变局中的不确定性因素,中国结合"一带一路"的发展特点和全球变局的发展趋势[3],于 2015 年中法合作时首次提出第三方市场合作模式,这标志着第三方市场合作开始从理念走向实践,为中国与发达国家在全球市场中参与国际经济合

---

[1] UNCTAD. Development Prospects in a Fractured World: Global Disorder and Regional Responses[R]. Geneva: United Nations Conference on Trade and Development, 2022:1-9.

[2] The World Bank Group. Global Economic Prospects 2022[R]. Washington, DC: World Bank Publications, 2022:1-24.

[3] Youyi Zhang. Third-Party Market Cooperation Under the Belt and Road Initiative: Progress, Challenges, and Recommendations[J]. China International Strategy Review, 2019, 1(2):310-329.

作和国际产能协调创造了新的合作路径。① 在第三方市场合作模式下,中国与发达国家在比较优势错位互补的基础上在东南亚、南亚、中亚、中东、非洲以及拉丁美洲等国家地区取得了一系列重要建设成果②,不仅有效搭建了中国、发达国家与广大发展中国家和新兴经济体之间的国际经济合作平台,还为全球变局进程中的世界经济复苏以及全球经济治理的可持续发展提供了重要的动力支撑和中国方案。③ 其中,中国与日本、韩国等东亚发达国家第三方市场合作的目标市场主要集中于东盟地区的基础工程、能源开发、国际金融、有色金属以及机械设备等诸多产业④,并在协作机制、合作平台以及合作项目等领域取得了一系列重要合作成果,成为第三方市场合作模式在东亚地区的成功范例,具有一定的学术研究意义和经验推广价值。

近年来,东盟在区域合作、国际贸易、直接投资以及市场拓展等方面制订了一系列促进计划,为本地区经济长期保持可持续发展奠定了重要基础。正是基于东盟发展进程中庞大的市场需求,东盟逐渐成为全球直接投资与产业转移的重要目标市场以及全球价值链中的重要节点。⑤ 其中,中国与日本、韩国通过第三方市场合作模式在东盟国家建设了诸多合作项目,不仅有效整合了中国与日本、韩国各自在技术、资本以及人力资源等生产要素上的比较优势,还精准对接了东盟广大发展中国家和新兴经济体的社会经济发展需求,进而有力地推动了东盟国家工业化和现代化的发展进程。⑥

基于此,第三方市场合作作为"一带一路"框架下进行全球经济合作与国际产能协调的新型合作模式,能够凭借中国与日本、韩国的双边经济合作,来实现中国、日本、韩国及东盟国家之间多边领域的互利共赢,从而为东亚区域经济协调发展提供重要支撑。因此,为了更好地探究中国与日韩两国在东盟进行第三方市场合作的理论内涵与现实意义,本书主要对中国与日本、韩国在东盟展开的第三方市场合作进行综合研究,并将其嵌入东亚区域生产网络的分析框架中,探究中国与日本、韩国在东盟国家进行第三方市场合作的发展基础、合作机制以及分工特点,并在此分析过程中理清其中存在的风险与挑战,从而就中国如何推动第三方市场合作的高质量发展提出相关的应对策略。

---

① 中华人民共和国国家发展和改革委员会利用外资和境外投资司.第三方市场合作指南和案例[R].北京:国家发展和改革委员会,2019:2.
② 吴崇伯,丁梦.中韩第三方市场合作:进展、阻力与对策[J].东北亚论坛,2020(3):75-89.
③ 门洪华,俞钦文.第三方市场合作:理论建构、历史演进与中国路径[J].当代亚太,2020(6):4-40.
④ 吴崇伯,丁梦.中美第三方市场合作的实践、挑战与展望[J].国际观察,2021(4):44-71.
⑤ 王勤.全球价值链下的中国与东盟经贸关系[J].国际贸易,2019(2):40-45.
⑥ 丁梦.中日在东南亚基础设施领域的第三方市场合作[J].广西财经学院学报,2021(3):21-30.

第二节　研究背景与意义

一、研究背景

在国际关系和世界经济处于不断变化和调整的发展背景下,第三方市场合作作为一种新型的国际经济合作方式,得到了广大发达国家、发展中国家以及新兴经济体的认可和支持,其中中国与日本、韩国在东盟开展的第三方市场合作已经逐渐成为中国推动"一带一路"高质量发展的重要实践。

(一)第三方市场合作模式在全球市场中得到快速发展

近年来,世界经济的不稳定与不确定因素持续增加,贸易保护主义和单边主义所衍生的负外部性加剧了全球经济的动荡,各国如何在国际市场中避免零和博弈的恶性竞争以及如何推动不同投资主体与东道国进行优势互补,是世界经济可持续发展所面临的现实困境。[①] 在这一背景下,中国提出并推广的第三方市场合作模式顺应了国际经济新的发展需求,不仅与法国、意大利、西班牙、日本以及韩国等发达国家达成了第三方市场合作协议,还在广大发展中国家和新兴经济体市场取得了诸多重要成果。基于此,第三方市场合作依托其发展特点、合作机制以及经济效应等合作优势在全球市场中得到迅速发展。[②]

首先,第三方市场合作为发达国家参与"一带一路"建设提供了新的合作平台。第三方市场合作作为一种新型国际经济合作方式,其合作机制、协作方式以及经济效应等日益得到发达国家的认可和重视。[③] 日本、韩国、新加坡、法国、意大利以及西班牙等一些参与第三方市场合作的发达经济体,由于国内人口老龄化进程加快所导致的劳动力要素价格上升、国内消费需求低迷以及日益沉重的社会福利转移支付等因素,经济发展长期处于低速增长态势,内生增长动力的缺乏迫使这些发达经济体更加积极地参与开拓国际市场。[④] 因此,发达经济体参与第三方市场合作不仅突破了其与中国原有的合作模式,还为发达国家参与"一带一路"建设提供了新的合作路径,有助于发达经济体搭乘"一带一路"的发展

---

① Inkyo Cheong, Jose Tongzon. The Economic Impact of a Rise in US Trade Protectionism on East Asia[J]. Journal of Korea Trade, 2018, 22(3): 256-279.
② 张季风.全球变局下的中日经济关系新趋势[J].东北亚论坛,2019(4):3-16.
③ 李向阳."一带一路"的高质量发展与机制化建设[J].世界经济与政治,2020(5):51-70.
④ Sobotka Tomáš, Vegard Skirbekk, Dimiter Philipov. Economic Recession and Fertility in the Developed World[J]. Population and Development Review, 2011, 37(2): 267-306.

快车,能够为发达国家及其企业创造经济发展机遇和拓展共建"一带一路"的市场腹地,从而为发达国家的经济振兴提供动力支撑。①

其次,第三方市场合作能够为发展中国家和新兴经济体提供经济起飞的发展条件,从而推进其工业化和现代化取得快速进展。凭借第三方市场合作的规模经济效益和经济提升作用,东南亚、中东、非洲以及拉丁美洲等地区的广大发展中国家成为第三方市场合作的主要目标市场。从发展经济学视角来看,发展中国家和新兴经济体要实现经济起飞进而推动经济的可持续高速增长,需要通过吸引外资来推动生产技术的更新换代、基础设施的不断优化以及培育参与国际经济合作的产业部门②,并以此为基础提高本国产业的劳动生产率和产品附加值,从而为经济的转型升级创造发展条件。③ 值得注意的是,"一带一路"共建国家以发展中经济体为主,大多处于经济建设过程中的加速推进期,在经济提质升级过程中缺少必要的生产要素作为发展支撑,对基础设施、建设资金、科学技术以及管理经验具有较大需求,这就为中国与发达国家共同展开第三方市场合作开拓了广阔的市场空间,同时也为第三方市场合作模式在发展中国家和新兴经济体奠定了重要的市场基础。

最后,第三方市场合作能够为全球经济的可持续发展提供动力支撑和路径支持,从而为国际政治经济不确定性前景创造相对稳定的发展环境。百年大变局与新冠疫情的多重不确定因素叠加,严重影响了原有全球价值链体系下不同经济体之间的相互依存关系,以新冠疫情为代表的国际非传统安全所衍生的保护主义和单边主义,也进一步限制了国际关系和世界经济的自我调整和优化的空间。第三方市场合作模式作为一种新的国际经济合作方式,不仅可以推动中国企业与发达国家企业在各自生产要素禀赋基础上的优势互补,构建区域、次区域框架下的供应链和产业链,还可以有效对接广大发展中国家在工业化和现代化快速发展过程中的社会经济发展需求,为其提供稀缺的生产要素④,从而推动其经济的快速发展和社会福利的迅速提升。例如:在应对新冠疫情所带来的全球负面冲击过程中,中国通过构建新发展格局不仅有效地推动了国内经济的快速回升,同时也为世

---

① 李向阳.中国特色经济外交的理念、组织机制与实施机制:兼论"一带一路"的经济外交属性[J].世界经济与政治,2021(3):4-30.

② Shiva S. Makki, Agapi Somwaru. Impact of Foreign Direct Investment and Trade on Economic Growth: Evidence from Developing Countries[J]. American Journal of Agricultural Economics, 2004, 86(3):795-801.

③ Walt W. Rostow. The Stages of Economic Growth[J]. The Economic History Review, 1959, 12(1): 1-16.

④ Alicia Garcia Herrero, Jianwei Xu. China's Belt and Road Initiative: Can Europe Expect Trade Gains? [J] China & World Economy, 2017, 25(6): 84-99.

界经济的整体复苏创造了重要动力支撑。[①] 基于此,以第三方市场合作为代表的"一带一路"基础设施建设成为中国参与全球经济治理的重要实践,为世界变局中的国际关系健康运行和世界经济稳定发展提供了关键的动力支撑,是实现中国与发达国家以及发展中国家多边共赢的新型合作模式。

(二)东盟国家日益成为第三方市场合作的重要目标市场

自中国—东盟自贸试验区升级以来,东盟国家的经济发展与经济增速均处于上升渠道[②],使得东盟国家在推进工业化和现代化的进程中存在规模庞大的市场发展空间,不仅为中国与日本、韩国在东盟展开第三方市场合作提供了发展机遇,同时也为东亚区域经济的协同发展创造了重要动力。

一方面,东盟地区经济发展整体处于上升区间,在东亚乃至全球市场中的经济比重与经济地位日益重要,成为世界经济新的增长点。在全球经济整体处于下行区间的背景下,东盟国家的整体经济增长虽然也相应受到了波及,但是多数东盟国家的经济发展仍表现出较大韧性[③],经济上升幅度和市场拓展空间呈现出较大发展潜力。2008年全球金融危机加剧了世界政治经济的不确定性,但东盟地区的整体经济趋势在2010至2019年的10年间仍处于积极发展态势,即使在全球新冠疫情负外部性的冲击下,东盟国家在2020年出现短暂经济下滑之后,经过一系列的政策调整,自2021年以来仍呈现快速回升趋势,表现出强劲的发展动能。

其一,从东盟地区的国内生产总值来看,东盟已经从2008年的世界第十二大经济体跃升为2019年除美国、中国、日本和德国之外的全球第五大经济体,其中2019年东盟成员国国内生产总值为3.2万亿美元,相较2010年的1.9万亿美元提升约68.42%[④],表明东盟已经逐渐成为世界经济的重要增长极,东盟国家及其市场在世界经济版图中的重要地位日益凸显。在新冠疫情的冲击下,东盟国家虽然在2020年经济增长与吸引外资方面双双出现了负增长,但经过东盟整体框架下的经济政策刺激和重构价值链等一系列调整,东盟整体经济与吸引外资在2021年均呈现正增长,其中东盟2021年吸引外资规模达到174.1亿美元,相较于2020年的吸引外资水平提升了42.24%,基本恢复到2019年水平;根据东

[①] 国家发展改革委一带一路建设促进中心.共建一带一路坚定前行[N].人民日报,2021-02-05(14).

[②] 何军明,丁梦."一带一路"背景下中国—东盟关系与自贸区升级研究[M].厦门:厦门大学出版社,2020:127-161.

[③] 王勤.2018—2019年东南亚的政经形势:回顾与展望[S]//王勤.东南亚地区发展报告(2018—2019).北京:社会科学文献出版社,2020:1-15.

[④] The ASEAN Secretariat. ASEAN Statistical Yearbook 2020[R]. Jakarta:ASEAN Secretariat,2020:40-41.

盟预测,接下来几年东盟整体经济将继续呈现递增趋势。①

其二,从东盟地区的国内生产总值增长率来看,2000 年至 2019 年,东盟地区经济年均增长率为5.7%,在全球经济整体低速增长的过程中仍保持中高速增长趋势,表明东盟地区的经济增长存在进一步发展潜力。具体到东盟相关国家,2000 年至 2019 年东盟十国的经济年均增长率均为正向增长,其中缅甸、老挝、柬埔寨和越南的年均经济增长率分别为13.2%、7.7%、7.6%和 6.6%②,这些国家的年均经济增长率已经超过东盟平均水平,成为东盟地区吸引外资、产业转移、基础设施建设以及国际贸易的重要目标市场。即使在新冠疫情的严重冲击下,越南、马来西亚、新加坡、印尼以及菲律宾等东盟国家在 2020 年经济出现负增长后,均在 2021 年实现了经济的正向增长,其中越南是东盟国家中唯一在 2020 年和 2021 年经济呈现正增长的经济体③,反映出东盟国家在疫情冲击下所呈现出的经济发展韧性与较强增长动力,这为中国与日本、韩国在东盟地区进行第三方市场合作奠定了坚实的市场基础。

另一方面,东盟国家为了适应经济全球化的快速发展,积极调整国内经济发展规划和国际经济合作战略,使得东盟地区的营商环境得到进一步优化和提升,成为全球市场中主要投资目的地之一。其一,在财政和税收政策方面,东盟国家为了国际投资的便利化和贸易自由化,通过采取积极的财政政策、推动税制改革以及灵活运用货币调整工具等措施来不断优化国际营商环境。④ 在印尼,佐科政府通过降低企业所得税率来激发企业的市场活力;在菲律宾,杜特尔特政府通过提高个人所得税起征点、扩大增值税范围以及降低企业所得税率等措施来刺激市场经济发展;在泰国,巴育政府通过加强对农业、旅游业以及社会福利的财政补贴等方式来提振主导产业发展,这些财政和货币政策都进一步提升了东盟整体的营商环境建设。其二,在"工业 4.0"发展战略方面,东盟国家在全球第四次工业革命进程中制定了一系列重要发展政策,其中基础设施、数字经济、5G(第 5 代移动通信技术)、智慧城市以及健康医疗等产业成为东盟国家的重点发展领域,有助于进一步巩固东盟在全球价值链中的关键地位。⑤ 在 2016 年至 2019 年间,新加坡、泰国、印尼、马来西亚以及越南等东盟国家先后根据自身的资源禀赋优势制定了以制造业、服务业为核心

---

① The ASEAN Secretariat. ASEAN Economic Integration Brief[R]. Jakarta:ASEAN Secretariat,2022(11):3.

② The ASEAN Secretariat. ASEAN Key Figures 2020[R]. Jakarta:ASEAN Secretariat,2020:42-45.

③ International Monetary Fund. Asia and Pacific:Sailing into Headwinds[R]. Washington,DC:International Monetary Fund,2022:21.

④ The ASEAN Secretariat. ASEAN Trade Facilitation Framework[R]. Jakarta:ASEAN Secretariat,2016:1-5.

⑤ The ASEAN Secretariat. ASEAN Declaration on Industrial Transformation to Industry 4.0[R]. Jakarta:ASEAN Secretariat,2019:1-2.

的"工业4.0"发展路线图,不仅旨在推动东盟国家制造业和服务业产业结构的优化升级,同时还注重开发产业转型过程中所衍生的巨大市场需求,以此来推动东盟成为全球重要的投资市场。其三,在基础设施互联互通方面,东盟为了实现本地区多个领域的互联互通总体发展,在2010年和2016年先后两次制定发展规划,有效地推动了基础设施、数字经济、国际物流以及人口流动等多个领域的快速发展。[1] 在2016年的互联互通发展规划中,东盟计划每年投入千亿以上美元来改善公路、铁路、航运以及管道运输等基础设施的通达性和便捷性,以此来促进区域内的经济一体化发展。例如印尼计划在2015年至2024年的10年间将基础设施投资总额提升至7800亿美元左右[2],菲律宾计划将基础设施投资占GDP的比重从2016年的4%逐渐提升至2021年的5.5%和2022年的4.3%。[3] 因此,正是东盟国家在优化营商环境方面所做出的调整与改善,使得东盟日益成为全球经济增长的重要市场之一,同时也为第三方市场合作在东盟地区的顺利开展创造了良好的市场发展环境。

(三)第三方市场合作是中国参与国际经济合作的重要实践

全球价值链将发达经济体、发展中经济体以及新兴经济体吸纳进全球分工合作的世界市场中,生产要素的优势互补、产业链的全球分布以及跨国资本的自由流动都深刻推动了国际关系和世界经济的改革与变动。尤其是在第四次工业化进程中科学技术的迅猛推动下,以人工智能、数字经济、5G以及高速交通工具等为代表的新兴供应链和产业链将世界各国经济更加紧密地联系在一起,加深了发达国家与发展中国家之间以及发展中国家之间等不同经济体的经贸交往、政治对话与文化交流,但同时也进一步加剧了国际政治经济变化的不确定性和不稳定性因素。[4] 正是在这种背景下,中国通过第三方市场合作模式积极参与全球经济合作,不仅为发达国家、发展中国家以及新兴经济体创造了新的发展机遇,而且还为推动区域和全球的经济整体复苏创造了发展动力。

一方面,第三方市场合作是中国参与国际经济合作的有效路径。经济全球化发展的内在联系和脆弱性加剧了全球性问题在世界范围的快速蔓延,以贸易保护主义、单边主义以及新冠疫情等为代表的全球性非传统安全所衍生的卫生安全、运输安全以及金融安全等一系列问题严重影响了世界经济的可持续发展。尤其是在新冠疫情的冲击下,全球公

---

[1] The ASEAN Secretariat. Master Plan on Connectivity 2025[R]. Jakarta: ASEAN Secretariat, 2016: 2-8.

[2] 中华人民共和国驻印度尼西亚共和国大使馆经济商务处.2020—2024年基础设施需资4297亿美元[EB/OL].(2019-07-28)[2021-06-08].http://id.mofcom.gov.cn/article/gccb/201907/20190702885386.shtml.

[3] Republic of the Philippines National Economic and Development Authority. Updated Philippine Development Plan 2017—2022[R]. Pasig City: National Economic and Development Authority, 2021: 6-8.

[4] 吴崇伯,丁梦.中日在越南的第三方市场合作[J].现代日本经济,2020(5):13-23.

共产品供给出现大规模短缺,新冠疫情所衍生的负外部性沿着全球价值链的分工体系迅速传导至全球市场,并使全球卫生危机加速转变为全球经济危机,对全球市场的供应链和产业链带来沉重打击。① 但值得注意的是,以中国为代表的发展中国家通过创造发展机遇、提供公共产品和推动国际合作等行动为全球经济的稳定发展提供了重要发展动力。其中,第三方市场合作是中国立足自身比较优势参与全球经济合作的重要实践,也是中国在全球变局环境下为国际关系和世界经济的可持续发展贡献的中国路径和中国智慧。②

另一方面,第三方市场合作是中国参与全球经济治理的重要实践。2008 年全球性金融危机以及后来全球范围内保护主义与单边主义所衍生的一系列全球经济风险与挑战,促使世界经济秩序、全球经济治理以及区域经济合作等宏观话题再次进入国内外学者的讨论范畴。其中,以欧美发达经济体为代表的传统经济霸权的式微以及以中国为代表的发展中国家和新兴经济体的崛起,成为国际社会关注的重点话题。其核心问题在于中国如何在国际关系和世界经济体系中发挥自身的独特作用,并有效地参与全球经济合作和国际产能协调来推动全球经济治理。③ 因此,依托第三方市场合作这一研究视角来探究中国与日本、韩国在东盟国家的政策对接、经济合作以及协商沟通等是丰富中国如何参与国际经济合作的重要内容,也是分析中国如何提升全球经济治理能力的重要实践,更是丰富和充实世界政治与经济研究的应有之义。④

基于此,第三方市场合作为分析中国与发达国家、发展中国家以及新兴经济体在国际经济以及国际政治中的竞合博弈提供了切入口,也为中国参与国际经济合作的理论范式和研究视角提供了更多的实践基础,有助于阐释中国与发达经济体、发展中经济体如何在当今全球变局中实现多边领域的合作共赢。

二、研究意义

(一)理论层面

第一,第三方市场合作研究能够丰富国际经济合作的理论与实践叙事。第三方市场合作作为国际经济合作的新形式,是中国优化国际贸易结构、提高对外投资质量以及参与全球经济治理的新实践与新思路,对这一快速发展的新现象和新形式存在诸多亟须探究的新课题。第三方市场合作研究涉及诸多学科门类,对于世界经济学科而言,现有的经济

---

① UNCTAD. Impact of the COVID-19 Pandemic on Trade and Development: Transitioning to a New Normal[R]. New York: United Nations Publications,2020:8-12.
② Da Hsuan Feng, Haiming Liang. Belt and Road Initiative: Chinese Version of "Marshall Plan?" [M]. Singapore: World Scientific Publishing,2019:2-9.
③ 冯维江.丝绸之路经济带战略的国际政治经济学分析[J].当代亚太,2014(6):73-98.
④ 王正毅.国际政治经济学 50 年:现实变革、议题设定与理论创新[J].国际观察,2021(1):41-74.

学理论并不能完全给出现成的解释,那是因为第三方市场合作模式下的国际分工、国际投资以及产业链和供应链合作等环节不再是相互分割,而是深深嵌入在全球价值链体系下的每一个分工协作环节。因此,通过运用世界经济学、国际政治经济学以及管理学等交叉学科的理论范式与研究方法,以东亚区域生产网络的发展与演变为理论研究切入口,对中国与日韩两国在东盟的第三方市场合作进行理论阐释,有助于进一步丰富和充实第三方市场合作在理论层面的研究。

第二,第三方市场合作研究有助于丰富世界经济研究中有关发展中经济体的"南方视角"理论与案例。发展中国家作为全球经济的重要参与者,其在国际贸易、国际分工以及国际投资中的行为已经成为世界经济研究中的重要组成部分,尤其是在当今全球政治经济不断变化的过程中,发展中国家在世界经济中的表现对全球市场的可持续发展具有举足轻重的作用。基于此,东盟地区作为第三方市场合作的重要目标市场,其大部分国家均为发展中国家,它们集中了工业化发展、产业结构升级、自然资源丰富、劳动人口红利以及资金和技术匮乏等发展中国家经济发展过程中所存在的共性问题,同时又具备东盟地区所特有的政治、经济、文化与社会特征,值得对其进行深入剖析。因此,凭借东亚区域生产网络这一理论框架来探究中国与日本、韩国在东盟国家的第三方市场合作,不仅能够总结出中国与日本、韩国在东盟国家进行经济合作的新路径与新思路,还可以进一步丰富世界经济学科中关于"南方视角"的理论与案例研究。

第三,第三方市场合作研究能够进一步丰富中国参与国际经济合作与全球经济治理的路径与内涵研究。第三方市场合作是中国结合"一带一路"发展特点与全球经济发展趋势,适时提出来的一种新型国际经济合作方式。通过第三方市场合作模式,中国不仅把自身发展优势与发达国家的比较优势进行充分互补,还有效对接了广大发展中国家的社会经济需求,从而构建了发达国家、发展中国家以及新兴经济体之间的合作平台,拓展了"一带一路"的合作范围与合作对象,从而为国际经济合作与全球经济治理提供了中国方案和中国路径。基于此,通过第三方市场合作这一研究视角切入,能够深入探析中国在参与国际经济合作与全球治理过程中的实践路径以及发展内涵,进而可以为中国在全球变局中如何更好地实现良性发展进行理论思考和实践探索。

(二)现实层面

第一,对中国来说,对中国与日本、韩国在东盟第三方市场合作的研究与分析,可以为中国在全球变局中如何进行国际经济合作与全球经济治理提供思考路径和对策建议。由于国际关系与世界经济中存在诸多不确定与不稳定因素,中国通过第三方市场合作模式有效地构建了连接发达经济体与发展中经济体的国际经济合作新平台,为世界经济的良性发展提供了新的合作机制,同时也为世界不同经济发展水平的国家之间进行互利共赢的经济合作创造了发展机遇。因此,中国与日本、韩国在东盟地区的第三方市场合作是中国参与全球经济治理和推动世界经济发展的重要实践,通过第三方市场合作这一研究视角来探究中国在全球经济治理中的发展基础与应对方略,对中国应对和处理复杂的国际经济环境具有一定的现实意义。

第二,对东亚区域来说,分析中国与日本、韩国在东盟进行第三市场合作的发展基础、协商机制与合作形式等,能够对中国如何进一步在东亚地区推动第三方市场合作提出应对策略。在当今世界经济中,中国、日本、韩国以及东盟国家作为东亚地区的重要经济体以及全球经济的重要增长极,不仅在区域经济一体化以及自贸试验区建设方面达成了诸多合作协议,还在国际贸易、直接投资以及全球价值链中成为彼此重要的合作伙伴,使中国、日本、韩国以及东盟国家在东亚区域生产网络中形成了紧密的生产分工协作关系。因此,通过第三方市场合作这一研究视角可以串联起东亚地区的重要经济体,从而为中国如何更好地与东亚主要经济体展开第三方市场合作提出对策建议。

第三,对世界经济来说,总结和归纳中国与日本、韩国在东盟进行第三方市场合作的优势与不足,能够为中国与其他发达国家在南亚、中亚、中东、非洲以及拉丁美洲等地区开展三方市场合作提供经验借鉴和路径参考。在第三方市场合作模式下,中国与日本、韩国等东亚发达经济体在东盟地区取得了一系列重要建设成果,合作领域不仅涉及传统行业的能源、化工和有色金属等产业,还覆盖新能源、国际金融以及健康医疗等战略性新兴产业,对推动东盟国家的第四次工业化进程起到了重要作用。因此,第三方市场合作是实现中国与日本、韩国以及东盟国家多方共赢的合作新路径,通过分析和整理中国与日韩两国在东盟第三方市场合作过程中存在的经验与教训,能够为中国与其他发达经济体在全球其他市场开展第三方市场合作提供借鉴与参考。

第三节　国内外研究现状

第三方市场合作作为一种新型国际产能协作方式,为中国、发达国家以及广大发展中国家和新兴经济体提供了国际经济合作的重要平台。本节整理了国内外有关第三方市场合作的文献资料,并从经济效益、合作伙伴、目标市场以及合作领域等多个维度对第三方市场合作研究进行了全面梳理和深入剖析。

一、关于第三方市场合作的经济效应研究

第三方市场合作已经成为中国参与经济全球治理的新路径,不仅是国际产能协作模式的创新,也开拓了中国企业参与国际经济合作的新模式,为世界经济的可持续发展注入了新的增长动力。基于此,结合现有研究,拟从企业和国家两个角度探讨第三方市场合作

的经济效应。

(一)第三方市场合作对跨国公司的经济效应研究

第三方市场合作作为一种新型国际经济协作模式,为中国企业和发达国家企业的错位互补发展提供了重要的合作平台,国内外大量研究对第三方市场合作模式下中国企业和发达国家企业的经济效应进行了广泛探讨。

1.第三方市场合作对中国企业的经济效应研究

相关研究表明,中国企业在第三方市场合作模式下能够进一步发挥产能、成本以及建设周期等比较优势在国际经济合作中的经济效益。自20世纪80年代以来,中国积极融入全球市场,推动资本、科技、资源以及劳动力等生产要素与国际市场产生深度联系,劳动密集型和资源密集型产业成为中国经济快速发展的重要支撑。[1] Kher和Tran[2]指出,中国主导产业结构可能在一定程度上将中国企业的国际分工锁定在全球价值链的中低端,虽然这种产业结构下的中国企业具有产能充足、性价比高以及建设周期短等比较优势,但是中国企业面临国际投资经验缺乏、跨国项目管理经验不足、国际市场营销体系不健全以及核心技术掌握不够等问题。因此,如何推动中国企业高质量地就"走出去"成为一个重要研究话题。

为了摆脱在全球价值链中的中低端锁定困境,第三方市场合作为中国企业参与国际产能合作提供了新的合作路径。[3] 吴浩[4]指出,随着中国企业积极嵌入全球分工网络体系,其中以制造业、建筑业以及基础设施产业为主导的产业结构与产业链条成为中国企业参与第三方市场合作的发展基石。Gertz和Evers[5]认为,中国企业与发达国家企业在依托比较优势的基础上能够实现经济效益的扩大化增长,第三方市场合作的形式是把中国企业与发达国家企业的比较优势进行错位对接,将中国企业的产能和成本优势与发达国家企业的技术和管理优势进行有效结合,在提升第三方市场合作项目质量的基础上创造更多的经济效益。与此同时,酒向浩二[6]指出,中国企业与发达国家企业在广大发展中国家和新兴经济体的基础设施、能源开发、交通物流、健康医疗以及国际金融等不同领域取

---

[1] Gary Gereffi. Development Models and Industrial Upgrading in China and Mexico[J]. European Sociological Review,2009,25(1):37-51.

[2] Priyanka Kher, Trang Tran. Investment Protection Along the Belt and Road [J]. MTI Discussion Paper,2019(12):4-43.

[3] Juan Xu, Yuzhu Wang. Partners[C]// Cai Fang, Peter Nolan (eds.). Routledge Handbook of the Belt and Road. New York:Routledge,2019:116-120.

[4] 吴浩.第三方市场合作:"一带一路"的新动能[J].人民论坛·学术前沿,2019(2):86-91.

[5] Geoffrey Gertz, Miles M. Evers. Geoeconomic Competition:Will State Capitalism Win? [J]. The Washington Quarterly,2020,43(2):117-136.

[6] 酒向浩二.日本企业应如何促进与中国的第三国市场合作? [J]亚洲管理研究,2019(25):195-208.

得了众多建设成果,为中国、发达国家以及第三方市场国家带来了诸多经济效益,同时也进一步拓展了第三方市场合作经济效应的广度和深度。

2. 第三方市场合作对发达国家企业的经济效应研究

目前国内外学者主要从合作的必要性和充分性考察发达国家企业参与第三方市场合作的经济效益。一方面,从充分性来看,发达经济体在资本、技术以及管理等生产要素中具有更高的禀赋优势[①],如 Duchâtel[②] 指出,中国加强了与法国、意大利等欧盟国家之间的商业联系,并在此基础上构建了第三方市场合作框架,为中国企业的产能优势、发达国家的技术优势和发展中国家的市场需求提供了有效的合作平台。箱崎大[③]指出,随着第三方市场合作的逐步发展,越来越多的发达国家开始参与到第三方市场合作进程中,这种合作方式能够形成利益共享和风险共担的共同体,从而减少中国企业和发达国家企业在第三方市场合作的摩擦成本。与此同时,张菲和李洪涛[④]指出,中法两国政府与企业间进行的第三方市场合作为法国企业在亚洲、非洲等共建"一带一路"国家创造了更多的发展机遇,尤其是在发展中国家的基础设施、能源、农业以及金融等领域中,为法国企业拓展了广阔的市场空间。

另一方面,从必要性来看,发达经济体国内消费需求的疲软以及生产成本的提高,致使其通过寻求合作伙伴来共同拓展国际市场的合作空间,这为中国与发达国家的第三方市场合作创造了契机。[⑤]郑东超[⑥]指出,第三方市场合作能够为中国企业和发达国家企业搭建优势互补和产能对接的合作平台,通过发挥双方企业在不同领域的比较优势,可以有效拓展第三方市场合作项目的经济效益。例如:在中欧开展第三方市场合作的非洲地区,Javier 等[⑦]指出,欧盟为了转变其在非洲地区的投资方式,先后通过设立建设基金、制订发展计划以及定向援助等途径帮助非洲国家改善营商环境,但是相关项目进展仍然缓慢。基于此,郑春荣[⑧]指出,中欧企业通过第三方市场合作可以有效对接中欧企业的不同比较优势,能够推动双方在非洲地区合作项目的可持续发展,从而为发达国家企业创造更多的

---

① Kotabe Masaaki. Corporate Product Policy and Innovative Behavior of European and Japanese Multinationals:An Empirical Investigation[J]. Journal of Marketing,1990,54(2):19-33.

② Mathieu Duchâtel. Triple Win? China and Third-Market Cooperation[EB/OL]. https://www.institutmontaigne.org/en/blog/triple-win-china-and-third-market-cooperation,2019-07-10/2021-10-16.

③ 箱崎大.从日本企业看第三方市场合作[C]//李向阳,深尾京司."一带一路"建设与中日第三方市场合作.北京:中国社会科学出版社,2020:163-177.

④ 张菲,李洪涛.第三方市场合作:"一带一路"倡议下的国际合作新模式——基于中法两国第三方市场合作的分析[J].国际经济合作,2020(2):26-33.

⑤ 大西康雄."一带一路"倡议与日中经济合作[J].IDE-JETRO 亚洲政策简报,2020(133):1-2.

⑥ 郑东超.中国开展第三方市场合作的意义、实践及前景[J].当代世界,2019(11):76-79.

⑦ Javier Ewing, Nicholas Chevrolier, Matthijs Leanderste, et al. ICT Competitiveness in Africa[R]. World Bank Working Paper,2014(88226):3-23.

⑧ 郑春荣.中欧第三方市场合作面临的机遇与挑战[J].世界知识,2020(3):60-61.

发展机遇。

(二)第三方市场合作对相关国家的经济效应研究

第三方市场合作为中国、发达经济体、发展中国家以及新兴经济体提供了新的国际经济合作模式,通过整理和归纳国内外与之相关的研究,大致可以从如下三个方面进行总结。

1.从中国角度出发的经济效应研究

第三方市场合作能够促进中国经济的提质升级,有助于推动中国经济的高质量发展,成为中国参与国际经济合作的新路径。Feng 和 Liang[1]发现,近年来世界经济表现出明显的下滑迹象,在此背景下中国提出第三方市场合作的主要目的是为全球经济提供新的发展动力,不仅可以推动中国国内生产要素在全球价值链中的充分流动,还能够进一步增强中国市场与国际市场之间联系的紧密度。Rana 和 Ji[2]进一步指出,中国通过第三方市场合作平台可以与发达经济体、发展中国家以及新兴经济体等不同市场主体建立经济联系,推动产品生产、资源分配、货物运输以及市场消费等不同环节在国内和国际两个市场中更加协调高效地运转,从而形成国内市场的供给体系和国际市场的营销体系更高水平的动态平衡,为中国经济可持续发展提供动力支撑。基于此,张颖[3]认为,随着全球经济体系和国际关系格局产生新的变化,中国自改革开放以来所依托的优势生产要素禀赋也相应地发生了变动,第三方市场合作顺应了中国经济新常态与世界经济动力转变的发展趋势,成为中国与发达经济体、发展中经济体展开合作的重要经济纽带。

第三方市场合作有力地促进了国内和国际生产要素的联动发展,为中国经济的新业态创造了重要推动力。在经济新常态下,第三方市场合作进程能够助推中国经济的发展战略,为中国国内经济提质升级和对外全面开放创造新的发展路径。[4] Xue[5]指出,第三方市场合作是中国企业"走出去"的重要助推器,该种合作方式能够联系国内和国外两个市场,既为国内市场的生产要素对外输出创造了新途径,还顺应了经济全球化的新趋势,从而使中国企业能够更多地参与全球分工和竞争。Wang[6]发现以技术为主导的第三方

---

[1] Da Hsuan Feng, Haiming Liang. Omnipresent Economics: The Belt-and-Road-Initiative (BRI) Underpinning[J]. China and the World, 2018, 1(1): 1-16.

[2] Pradumna B. Rana, Xianbai Ji. China's Belt and Road Initiative: Impacts on Asia and Policy Agenda[M]. Singapore: Palgrave Macmillan, 2020: 164-165.

[3] 张颖.中国的国际经济合作新模式:第三方市场合作[J].现代国际关系,2020(4):44-51.

[4] Shaoshi Xu. BRI and International Cooperation in Industrial Capacity: Industrial Layout Study[M]. New York: Routledge, 2020: 499-510.

[5] Rong Xue. Sino-Japan Third-Party Market Cooperation in Southeast Asia under the Belt and Road framework[J]. International Journal of Trend in Research and Development, 2020, 7(2): 54-56.

[6] Lei Wang. BRI: A Solution for Global Common Development[J]. China Economist, 2020, 15(5): 2-14.

市场合作已经成为推动"一带一路"建设的有效手段,在具体的项目建设中,第三方市场合作能够推动中国与发达国家的生产要素与发展中国家的发展需求相匹配,从而为中国企业在南北合作和南南合作之间创造更多的发展空间。丁可[1]认为,第三方市场合作推动了中国企业在众多共建"一带一路"国家的要素市场、产品市场以及服务市场的直接投资与项目建设,加速了中国产业链和供应链等生产环节向第三方市场国家的转移,不仅带动了中国国内资金、技术以及劳动力等生产要素在全球价值链中的合理流动,还进一步补平了中国企业在教育、医疗、文化以及金融等国际服务贸易市场中的短板。

2. 从发达国家角度出发的经济效应研究

自2008年金融危机以来,发达国家经济发展长期处于低速增长区间,第三方市场合作作为一种新兴合作方式,为发达经济体的经济复苏提供了有效的动力支撑。Dong[2]认为,第三方市场合作模式为发达经济体提供了重要的经济外生发展动力,对于稳定发达国家国内市场宏观经济基本盘、加速国内外生产要素的充分流动以及参与全球价值链的分工协作等具有重要意义。福永佳史[3]进一步指出,中国企业与发达国家企业在新兴经济体和发展中国家进行了广泛合作,合作领域涉及第三方市场的基础设施、健康医疗、国际物流、交通基建、传统能源以及新能源等不同项目,为双方开拓了新的合作空间。在东南亚,Lu和Cai[4]指出,中国与新加坡的第三方市场合作依托于双方在中国重庆展开的互联互通合作项目,并以此为基础来探索中新两国在东盟国家的第三方市场合作,从而为新加坡企业的金融、管理以及咨询等服务外包业务拓展更大的发展空间。在欧洲,Pierre[5]指出,中法两国企业共同致力于拓展"一带一路"共建国家第三方市场的港口开发,不仅充分发挥了中法两国企业各自的资本、航运和管理优势,还为法国的港口经济、物流经济以及航运经济创造了强有力的外部推动力。基于此,第三方市场合作模式能够推动发达经济体更加高效地转变对外经济发展模式,分享中国经济的发展红利,从而为发达经济体提供更多的经济发展机遇和政策调整空间。[6]

---

[1] 丁可.东亚生产网络转型和日中第三方市场合作[C]//李向阳,深尾京司."一带一路"建设与中日第三方市场合作.北京:中国社会科学出版社,2020:184-199.

[2] Xiangrong Dong. The Silk Road Spirit[C]//Cai Fang, Peter Nolan (eds.). Routledge Handbook of the Belt and Road. New York:Routledge, 2019:80-85.

[3] 福永佳史.日中第三国市场合作发展[J].日中经济协会会刊,2019(300):20-21.

[4] Jianren Lu, Qi Cai. The implementation of the Belt and Road Initiative in the ASEAN Community:achievements and problems[C]//Liang Ying (ed.). China-Asean Relations:Cooperation and Development (Volume 2). Singapore:World Scientific Publishing,2019:373-376.

[5] Dussauge Pierre. Special Contribution:Alliances and Joint Ventures Along the "New Silk Road"[C]//Jean-paul Larcon (ed.). The New Silk Road:China Meets Europe in the Baltic Sea Region. Singapore:World Scientific Publishing, 2017:221-225.

[6] Stahl Anna. A Novel Conceptual Framework for the Study of EU Foreign Policy in a Multipolar World:The Case of EU-China-Africa Relations[R]. NFG Working Paper,2015(14):3-25.

3. 从第三方市场国家角度出发的经济效应研究

中国与发达国家通过第三方市场合作为发展中国家的经济起飞起到了积极的推动作用。齐欣和唐卫红[1]指出,第三方市场合作能够有效对接发展中国家的社会经济发展需求,不仅可以为其提供稀缺的生产要素,还能够推动其经济的快速发展和社会福利的迅速提升。Alisher[2]通过审视中外企业在全球不同地区的建设成果,指出第三方市场合作模式为发展中国家和新兴经济体创造了重要的经济发展动力,不仅为当地输入了紧缺的生产要素,帮助其扩大经济效益和完善产业结构,还提升了当地的社会福利,为当地经济的可持续发展奠定了社会基础。陈志恒和孙彤彤[3]认为,第三方市场合作模式可以通过整合中国企业和发达国家企业的比较优势产能,为第三方市场国家提供技术、资金、管理经验以及人力资源培训等经济起飞的关键生产要素,从而为第三方市场国家工业化和现代化的快速发展奠定基础。与此同时,Zhang[4]进一步指出,中国与发达国家在第三方市场的建设项目主要集中在工业设备、基础设施以及能源开发等领域,为第三方市场国家的工业化发展提供了重要推动力。

二、关于第三方市场合作的合作伙伴研究

在第三方市场合作模式中,中国的合作伙伴主要为欧洲和东亚两大区域的发达经济体,结合国内外研究现状,大致可从中欧、中日以及中韩三个方向进行文献整理和分析。

(一)中欧是第三方市场合作的先行者

现有中欧第三方市场合作研究主要探讨中国与欧洲国家在第三方市场合作形式下的发展进程、合作动因以及面临挑战。毛雨[5]指出,中法在第三方市场中率先进行合作,这标志着第三方市场合作模式开始从理念走向实践。Feng 和 Liang[6]指出,相较于中国企业,欧洲国家企业与共建"一带一路"国家在政治、贸易和文化等方面具有更深的历史联系,凭借这些优势,其能够在共建国家建立更完善的市场网络、更大规模的市场腹地以及

---

[1] 齐欣,唐卫红."一带一路"倡议下第三方市场合作的投资效应及模式选择[J].亚太经济,2021(2):103-113.

[2] Umirdinov Alisher. Generating a Reform of the BRI From the Inside: Japan's Contribution via Soft Law Diplomacy[R]. RIETI Discussion Paper,2019(19-E-076):1-24.

[3] 陈志恒,孙彤彤.中日第三方市场合作的挑战与对策[J].理论探讨,2020(1):108-114.

[4] Youyi Zhang. Third-Party Market Cooperation Under the Belt and Road Initiative: Progress, Challenges, and Recommendations[J]. China International Strategy Review,2019,1(2):310-329.

[5] 毛雨.中法打造第三方市场合作标杆[N].中国社会科学报,2015-07-16(004).

[6] Da Hsuan Feng, Haiming Liang. Belt and Road Initiative: Chinese version of "Marshall Plan"? [M]. Singapore: World Scientific Publishing,2019:2-9.

更便捷的营销体系。与此同时,张记炜[①]认为,全球秩序的变动与重塑加强了中法两国在国际经贸中的深度合作,直接推动了中法两国企业在非洲、亚洲的基础设施、能源和交通等领域达成了一系列重要合作项目。王雯菲[②]进一步指出,法国作为欧洲地区具有重要影响力的大国,在第三方市场合作模式下推动法国企业与中国企业展开了诸多合作,直接推动了意大利、葡萄牙、西班牙以及英国等欧洲发达国家纷纷加入第三方市场合作进程,实现了中国企业的优势产能与欧洲企业的技术和管理技能的高效对接。

因此,中国与欧洲国家的第三方市场合作是一种良性的合作形式,是基于各自比较优势参与区域经济合作和国际产能协调的经济实践。Duchâtel[③]指出,参与第三方市场合作的欧洲国家在基础设施领域具有较强的技术要素禀赋,以法国、意大利和英国等为代表的欧洲传统强国通过参与第三方市场合作转移了其对"一带一路"倡议关于地缘政治层面的怀疑,表明第三方市场合作为欧洲国家参与"一带一路"互联互通建设构建了新的合作桥梁。张菲和李洪涛[④]也认为,中国和欧洲国家的第三方市场合作更多是对冲而非对抗,这是因为欧洲国家与共建"一带一路"的大部分国家有着更深的历史联系,庞大的市场营销体系与完善的管理运营模式可以分散中国在第三方市场合作中的投资风险,为中国企业"走出去"孵化更多的经济可能性。

(二)中日是第三方市场合作的重要参与者

国内外关于中日第三方市场合作的研究内容主要涉及中日关系的发展演变、日本对"一带一路"的态度转变以及中日在第三方市场合作中的发展进程等内容。Ito[⑤]认为可以从三个方面来解释日本参与第三方市场合作的动因:一是从经济角度来看,日本企业希望与中国建立紧密的合作关系,尤其希望在基础设施领域进行第三方市场合作;二是从政治角度来看,中日合作是维持亚太地区平稳发展的重要稳定器;三是从国际秩序来看,日本采取对华合作政策是日本对美国特朗普政府不确定外交政策的一种风险对冲策略。基于此,Su等[⑥]进一步指出,虽然日本在美国的影响下并没有直接加入"一带一路"倡议,但

---

① 张记炜.百年变局下中法两国合作的发展前景[J].法国研究,2020(1):15-24.

② 王雯菲.中法第三方市场合作:过程、特征与启示[J].国际观察,2021(4):72-100.

③ Mathieu Duchâtel. Triple Win? China and Third-Market Cooperation[EB/OL].(2019-07-10)[2021-10-16]. https://www.institutmontaigne.org/en/blog/triple-win-china-and-third-market-cooperation.

④ 张菲,李洪涛.第三方市场合作:"一带一路"倡议下的国际合作新模式——基于中法两国第三方市场合作的分析[J].国际经济合作,2020(2):26-33.

⑤ Asei Ito. China's Belt and Road Initiative and Japan's Response: From Non-Participation to Conditional Engagement[J]. East Asia, 2019, 36(2):115-128.

⑥ Erdou Su, Jun Xue, Yang Xu. Third-Party Market Cooperation Between China and Japan in ASEAN Under "the Belt and Road" Initiative: Background, Opportunities and Challenges[J]. Nagasaki University's Academic Output SITE, 2020(36): 67-81.

中日政府和企业在第三方市场的积极合作表明双边关系已经从恶性竞争过渡至良性竞合,在第三方市场合作的推动下,中国的产业升级和日本的经济振兴都得到快速推进。

朝田照男[①]指出,中日两国在东亚地区互为彼此的重要合作伙伴,双方企业在全球市场体系中的经济合作、技术转移以及跨国投资等领域具有高度互补性,这为中日开展第三方市场合作奠定了坚实基础。王竞超[②]通过跟踪研究日本对"一带一路"的反应态度,指出日本对"一带一路"的参与态度在2017年发生了转变,其中第三方市场合作是日本主动参与"一带一路"合作的重要标志。崔健和刘伟岩[③]指出,中国与日本的第三方市场合作是双方企业基于东亚区域分工所形成的新型国际产能合作模式,也是中日两国双边关系由竞争向合作逐渐转变的重要标志。基于此,第三方市场合作这一新型协作形式为中国与日本在国际经济合作中创造了重要的发展机遇,开拓了广阔的市场空间。[④]

(三)中韩是第三方市场合作的积极参与者

第三方市场合作是中韩开展国际经济协作的新模式,为中韩两国政府和企业打造了新的合作途径,现有国内外文献聚焦于双方发展战略的对接以及合作基础的探索。一方面,中韩两国的发展战略对接为双方企业开展第三方市场合作奠定了基础,金旭和董向荣[⑤]对中韩两国发展政策的对接进行了详细探究,指出"一带一路"倡议与"新北方政策""新南方政策"具有较大的合作潜力,为中韩拓展第三方市场合作提供了坚实的发展基础。Jiao[⑥]指出,中国的"一带一路"与韩国的"新北方"和"新南方"政策在发展规划、合作对象以及核心产业等领域具有共同合作基础。Yang[⑦]进一步指出,美国对外贸易政策的不确定性加剧了全球贸易保护主义的扩散,这促使韩国开拓国际新兴市场,因此韩国有必要加强"新北方"和"新南方"政策与"一带一路"的紧密合作,并与中国在共建"一带一路"国家开展第三方市场合作。

另一方面,中韩两国企业比较优势的互补是双方展开第三方市场合作的基石,金旭[⑧]指出,中韩两国企业在全球产业链的分工体系中存在紧密的合作关系,其中中国企业的产

---

① 朝田照男.第三国市场日中合作[J].日中经济协会会刊,2019(303):1.
② 王竞超.中日第三方市场合作:日本的考量与阻力[J].国际问题研究,2019(3):81-93.
③ 崔健,刘伟岩."一带一路"框架下中日与第三方市场贸易关系的比较分析[J].现代日本经济,2018(5):23-38.
④ Iida Masafumi. Japan's Reluctant Embrace of BRI? [R]. SWP Working Paper, 2018(3): 1-6.
⑤ 金旭,董向荣.推进中韩第三方市场合作[J].世界知识,2018(15):34-35.
⑥ Shixin Jiao. Historical Opportunity for OBOR and NAPCR's Strategic Connection[J]. JPI Research Series,2018(43):1-4.
⑦ Pyeong Seob Yang, et al. Strategies for Cooperation with China in Emerging Countries: Focusing on the BRI[J]. World Economy Brief, 2019, 9 (5): 1-8.
⑧ 金旭.中韩经贸合作的路径思考[J].东北财经大学学报,2019(6):72-78.

能优势和韩国企业的技术优势能够在多个领域中实现错位互补发展。Choo[1]指出,中韩第三方市场合作是双方政府发展战略对接在经济领域的重要实践,同时也是中韩企业基于各自生产要素禀赋所形成的新型国际产能合作模式,能够为中韩两国在全球经济转型过程中创造新的合作空间和发展机遇。吴崇伯和丁梦[2]进一步认为,第三方市场合作是中韩两国深化双边国际产能合作的新型经济实践,为了实现中韩第三方市场合作的可持续发展,中韩双方需要开拓新兴合作产业、打造示范性项目以及加强金融创新。

三、关于第三方市场合作的目标市场研究

通过整理文献可以发现,中国和发达国家展开第三方市场合作的目标市场具有一定的地域性特征,中国与欧洲发达国家主要在非洲、拉丁美洲、中东以及中亚等地区展开第三方市场合作;中国与日本、韩国以及新加坡等东亚发达国家进行第三方市场合作主要集中在东南亚、东北亚以及南亚等地区。基于此,本部分主要从中国与欧洲国家、中国与日本以及中国与韩国三个维度进行梳理。

(一)中欧第三方市场合作的区域分布研究

中欧第三方市场合作的区域分布呈现出明显的地域性特征,非洲、拉丁美洲以及中亚是中欧企业第三方市场合作的重要目标市场,其中又以非洲地区的合作最为显著。Maurizio指出,中国与非洲国家在国际贸易、直接投资以及能源开发等领域取得快速发展[3],这对欧洲企业在非洲的传统优势构成冲击。然而,Virqinia[4]认为,中国企业在非洲的快速发展为中欧企业在非洲共同开展国际合作创造了重要机遇。与此同时,Kopiński和Sun[5]认为,为了适应中国企业在非洲的发展进程,欧盟开始转变对非洲的经济发展战略,即通过加强区域间和三边商业合作来促进非洲营商市场环境的优化和基础设施的建设。李靖云[6]指出,中欧第三方市场合作主要集中在非洲市场,因为中欧与非洲都存在紧密的经济联系,虽然欧洲国家对非洲的直接投资存量大于中国,但是近年来中国对非洲的直接投资流量呈现快速增长,这就为中欧企业在非洲展开第三方市场合作奠定了市场基

---

[1] Jaewoo Choo. South Korea's China Policy[J]. East Asian Policy,2020,12(2):93-105.

[2] 吴崇伯,丁梦.中韩第三方市场合作:进展、阻力与对策[J].东北亚论坛,2020(3):75-89.

[3] Carbone Maurizio. The European Union and China's Rise in Africa:Competing Visions,External Coherence and Trilateral Cooperation[J]. Journal of Contemporary African Studies,2011,29(2):203-221.

[4] Câmpeanu Virginia. Eu-China. A strategic Outlook With Significant Changes[J]. Euroinfo,2019,3(3):3-17.

[5] Dominik Kopinski,Qian Sun.New Friends,Old Friends:The World Bank and Africa When the Chinese Are Coming[J]. Global Governance,2014,20(4):601-623.

[6] 李靖云.推动第三方市场合作深入发展[N].21世纪经济报道,2018-10-31(004).

础。在此基础上,游楠和冯理达[1]进一步指出,中国与德国、法国等欧洲重要发达经济体在非洲开展第三方市场合作的过程中,不仅需要在国际贸易、直接投资等领域中夯实合作基础,还需要结合非洲国家的发展需求进而拓展双方企业在非洲多个产业领域的合作空间。

(二)中日第三方市场合作的区域分布研究

中日第三方市场合作的目标市场主要集中在东南亚、南亚等亚太地区,其中又以东南亚为主要目标市场。Zhao[2]指出,东南亚凭借其独特的地理优势和资源禀赋成为中日开展第三方市场合作的重要目标市场之一,东南亚国家不仅具有巨大的市场发展潜力、相对充足的年轻劳动力、高效的营商环境以及快速推进工业化的发展需求,还与中国、日本保持着紧密的经贸联系,为中日政府和企业在该地区进行第三方市场合作奠定了重要基础。在泰国,戎雪[3]指出,中日政府和企业依托泰国的"东部经济走廊(EEC)"计划展开了一系列重要合作,不仅为中国、日本和泰国三方政府层面的政策对接搭建了桥梁,还为三国企业之间的项目协作创造了合作机遇。傅缨捷和丁一兵[4]也进一步指出,认为"东部经济走廊(EEC)"计划是泰国"工业4.0"的标志性工程,也是中日在泰国进行第三方市场合作的重要项目,该经济走廊中的数字经济、健康医疗、跨境电商和现代物流等将是中日企业在泰国进行第三方市场合作的重要产业。在越南,李天国[5]认为,越南作为中日两国重要的经贸合作伙伴,在国际贸易、直接投资以及产业结构方面具有较强的互补性,这为中日两国在越南进行第三方市场合作奠定了经济基础。吴崇伯等[6]进一步指出,中日两国企业通过第三方市场合作模式在电力、水泥以及金融等领域中进行了诸多合作,不仅有效对接了越南的产业发展规划,还进一步拓展了中日企业在东南亚第三方市场的合作领域与合作方式。

(三)中韩第三方市场合作的区域分布研究

中韩第三方市场合作的目标市场集中在东南亚和东北亚等亚太地区的发展中国家和新兴经济体,其中东南亚是中韩开展第三方市场合作的主要目标市场。一方面,在东南亚地区,Watson和Schwak[7]指出,韩国为了积极融入中日两国在东南亚地区的产业投资布

---

[1] 游楠,冯理达.中欧在非合作:第三方市场合作成功案例[J].世界知识,2022(10):53-55.

[2] Hong Zhao. Chinese and Japanese infrastructure investment in Southeast Asia: from Rivalry to cooperation?[R]. Institute of Developing Economies Discussion Paper,2018(689):1-30.

[3] 戎雪.中日在湄公河五国开展第三方市场合作的风险探析[J].印度洋经济体研究,2021(1):94-109.

[4] 傅缨捷,丁一兵.中日第三方市场合作与东亚区域生产网络转型[J].经济视角,2020(6):95-108.

[5] 李天国."一带一路"框架下中日在越南的第三方市场合作——基于贸易关系的比较研究[J].当代经济管理,2021(2):40-47.

[6] 吴崇伯,丁梦.中日在越南的第三方市场合作[J].现代日本经济,2020(5):13-23.

[7] Iain Watson, Juliette Schwak. Water Security, Riparian Identity and Korean Nation Branding in the Mekong Subregion[J]. Pacific Focus,2019,34(2):153-182.

局,鼓励韩国企业参与东南亚次区域的产能合作,比如在大湄公河次区域构建与中国、东南亚国家的产业链和供应链。Yang[1]指出,中韩两国企业在东南亚的第三方市场合作项目主要集中在基础设施领域,对缅甸、越南和泰国等东南亚国家的工业化和现代化发展起到了一定的推动作用。另一方面,在东北亚地区,Choi[2]指出,中韩两国政府和企业依托地理优势和产能优势在蒙古国、朝鲜以及俄罗斯远东地区展开了一系列重要合作。薛力[3]进一步指出,东北亚地区的超级电网、北极航道以及地区铁路网络等基建项目是中韩在该地区进行第三方市场合作的重要领域。刘英[4]通过梳理相关案例,指出中韩在东北亚的第三方市场合作项目充分发挥了中国、韩国、朝鲜、俄罗斯以及蒙古国等国家的比较优势,对东北亚的区域经济一体化起到了重要推动作用。

四、关于第三方市场合作的合作领域研究

中国与发达国家的第三方市场合作项目主要集中在发展中国家的基础设施领域,这些项目对当地的工业化发展、现代化进程以及社会福利提升等都具有重要作用。通过分析现有文献资料,第三方市场的合作领域大致可以从中欧、中日以及中韩三个角度来进行探究。

首先,中欧第三方市场合作在非洲、拉丁美洲以及亚太地区的基础设施、能源、交通、农业以及医疗等领域展开了一系列合作。Astrid[5]指出,中欧在第三方市场的合作领域与合作结构依托于双方的比较优势互补,中国企业与法国、西班牙和意大利等欧洲国家企业组成企业联合体共同参与第三方市场国家的基础设施、国际金融、粮食安全以及能源开发等诸多领域的投资与建设。Bertucci 和 Locatelli[6]指出,欧洲企业通过主动引进中国资本、技术和劳动力等生产要素进入非洲市场,并推动中欧企业与非洲国家在基础设施、信息通信以及健康医疗等传统和新兴产业中达成三边合作协议,以此来分散中欧企业在国际投资中的风险,增加中欧在国际经济合作中的对冲与合作空间。在具体的合作领域

---

[1] Pyeong Seob Yang, et al. Strategies for Cooperation with China in Emerging Countries: Focusing on the BRI[J]. World Economy Brief, 2019, 9(5): 1-8.

[2] Hyun Jin Choi. Fueling Crisis or Cooperation? The Geopolitics of Energy Security in Northeast Asia[J]. Asian Affairs: An American Review, 2009, 36(1): 3-28.

[3] 薛力.韩国"新北方政策""新南方政策"与"一带一路"对接分析[J].东北亚论坛,2018(5):60-69.

[4] 刘英.中韩加强高质量共建"一带一路"探析[J].当代韩国,2020(2):58-69.

[5] Skala-Kuhmann Astrid. European Responses to BRI[J]. Journal of International Relations and Sustainable Development, 2019(14): 144-157.

[6] Sara Bertucci, Margherita Locatelli. Advancing EU-China-Africa Trilateral Partnerships: the Role of Joint Business Ventures in Promoting Sustainability, Innovation and Institutional Synergies[R]. European Institute for Asian Studies Briefing Paper, 2020(1): 3-21.

中,许华江[①]指出,中法两国在第三方市场中的基础设施、能源开发、交通基建以及农业技术等产业中达成了诸多合作,形成了三方共赢的可持续发展路径。Yuan[②]指出,中英第三方市场合作能够依托英国企业在专业服务、项目管理以及融资咨询等服务产业中的独特优势,为中国以及第三方市场国家在服务外包产业中挖掘巨大的发展潜力。邹运和于新宇[③]指出,中国与西班牙在拉丁美洲、北非以及中东等地区的第三方市场合作项目对当地的工业化进程起到了重要推动作用。

其次,中日第三方市场合作主要集中在东南亚等地区的基础设施和能源开发等产业。IDE-JETRO[④]通过对"一带一路"倡议的长期研究以及对中日企业在第三方市场的直接投资案例分析,指出中日两国企业在基础设施领域的合作能够充分发挥各自的比较优势,从而有助于推动中日两国在第三方市场展开广泛的经济合作。宫笠俐[⑤]指出,在第三方市场合作过程中,日本政府积极鼓励该国企业与中国企业进行产能合作和技术互补,而且将能源、通信和交通等基础设施以及资金援助和低息贷款等国际金融服务作为双方在第三方市场合作中的重点领域。伊藤季代子和仓田大辅[⑥]指出,中日两国政府在第三方市场合作模式下通过设置合作论坛、高级别研讨会等形式推动双方在物流交通、能源环保、产业结构升级以及国际金融合作等领域进行了深入交流与合作。在此基础上,徐梅[⑦]进一步研究指出,中日两国在第三方市场国家的基础设施、健康医疗、可再生能源、智慧城市以及海外工业园等领域取得了诸多建设成果,有力地推动了中日第三方市场合作的高质量发展。

最后,中韩两国在第三方市场的合作项目主要涉及国民经济的基础行业,对当地的工业化和现代化发展具有较大促进作用,尤其是在对接第三方市场国家发展需求的基础上

---

① 许华江.中法企业第三方市场合作分析——以喀麦隆克里比深水港项目为例[J].国际工程与劳务,2019(10):27-30.

② Xuezhe Yuan. Enhance the Influence of China-UK "One Belt and One Road" Cooperation[J]. International Relations and Diplomacy, 2019, 7(11): 533-538.

③ 邹运,于新宇.从西班牙对外贸易投资看中西第三方市场合作[J].国际工程与劳务,2018(11):58-60.

④ 日本贸易振兴机构下属的亚洲经济研究所(IDE-JETRO)从2016年开始对"一带一路"倡议的经济影响、外交政策、对日影响和发展趋势展开了长期的国际化合作研究,并就日本政府和企业如何参与"一带一路"合作进行了大量实证分析,其2019年国际化研究课题的重点聚焦于中日两国企业在第三方市场合作的可能性分析,参见:IDE-JETRO. The One Belt One Road Initiative at a Tipping Point: Impact on Japan and China [EB/OL]. (2019-04)[2021-08-28]. https://www.ide.go.jp/English/Research/Project/2019/2019110002.html？media=smart.

⑤ 宫笠俐.中日第三方市场合作:机遇、挑战与应对方略[J].现代日本经济,2019(5):44-54.

⑥ 伊藤季代子,仓田大辅.日中第三国市场合作与中国"一带一路"国际合作前景[J].日中经济协会会刊,2019(306):6-9.

⑦ 徐梅.从"一带一路"看中日第三方市场合作的机遇与前景[J].东北亚论坛,2019(3):55-67.

展开了多个领域的合作。Yang[①]认为,中韩企业参与的合作项目主要以铁路工程、电力设施、能源运输、国际物流以及石油化工等基础设施产业为主,对当地产业结构的优化升级、水电供应的合理调节以及社会福利的不断提升等具有较大的推动作用。在管道运输领域,Zhao[②]指出,中缅天然气管道项目已经为缅甸沿线地区创造了大量的经济收入,较大幅度提升了管道运输沿线地区的社会福利;在铁路领域中,Song和Na[③]指出,东北亚铁路共同体能够实现朝鲜半岛与中国、蒙古国以及俄罗斯铁路系统的互联互通;在电力领域,Christoffersen[④]指出,东北亚超级电网将结合蒙古国、中国等国家的电力资源与日本、韩国的先进技术共同打造东北亚地区的电力网络,推动该地区电力资源的可持续供应发展。

五、文献评述

近年来,国内外学者关于第三方市场合作的研究不断增多,尤其是对第三方市场合作的经济效益、发展实践以及项目建设等相关领域展开了深入探讨,这些研究为第三方市场合作的高质量发展提供了有效的理论支撑与实践基础,也为本研究的展开和深入奠定了坚实基础。通过对第三方市场合作现有文献的梳理,本研究尝试从以下几个方面进行充实和丰富:

第一,现有文献资料多为第三方市场合作的实证分析研究,缺少理论层面的阐述和解释。目前国内外关于第三方市场合作的研究侧重点在于"怎么样"和"怎么办"的实践研究和对策分析,其主要内容涉及发展过程、合作动因以及政策建议等领域,较少涉及第三方市场合作背后的经济规律与理论基础。因此,本研究将尝试利用东亚区域生产网络框架下的国际贸易、国际分工以及制度性安排等相关理论和研究方法,为探究中国与日本、韩国在东盟的第三方市场合作构建分析框架,即把中国与日韩两国在东盟进行的第三方市场合作嵌套进东亚区域生产网络的分析框架之中,从而对中国与日韩两国在东盟的第三方市场合作进行理论层面的分析与解释。

第二,现有文献关于第三方市场合作的研究对象多为单一的发达国家或发展中国家,

---

① Pyeong Seob Yang, et al. Strategies for Cooperation With China in Emerging Countries: Focusing on the BRI[J]. World Economy Brief, 2019, 9(5): 1-8.

② Hong Zhao. China-Myanmar Energy Cooperation and Its Regional Implications[J]. Journal of Current Southeast Asian Affairs, 2011, 30(4): 89-109.

③ Ji-Young Song, Na Hee-Seung. A study on the Intercontinental Transportation Competitiveness Enhancement Plan Between Northeast Asia and Europe Using the Trans-Siberian Railway[J]. International Journal of Engineering and Technology, 2012, 4(2): 208-212.

④ Gaye Christoffersen. Chinese, Russian, Japanese, and Korean Strategies for Northeast Asian Cross-Border Energy Connectivity[J]. Joint US-Korea Academic Studies, 2019(30): 95-111.

缺少对研究对象的整体分析。主要体现在两个方面：一方面是研究参与第三方市场合作的发达国家主要聚焦于法国、日本以及韩国等单一国家，缺少对其进行总体层面的分析；另一方面是较少对东盟、中东、非洲以及拉丁美洲等区域层面的第三方目标市场进行整体分析。因此，本研究试图丰富这两个方面的研究内容，尝试以东盟这一区域合作组织为研究对象，深入探究中国与日本、韩国等在东盟第三方市场合作的总体情况，这样不仅可以从东亚区域合作层面为中国与日本、韩国以及东盟国家更好地进行第三方市场合作提供有效的对策参考，同时还可以填补第三方市场合作在东亚区域层面研究的不足。

第三，现有文献关于第三方市场合作的研究方法主要以定性研究和案例研究为主，较少从数量统计、数据模型以及逻辑框架等角度对其进行说明和解释。现有国内外文献聚焦于探讨第三方市场合作的发展动因、建设成果以及面临挑战等具体问题和具体特征，主要对第三方市场合作的概念、内涵、性质以及意义等问题属性进行解答，较少通过统计数据、数据模型以及逻辑框架对其发展模式以及运行规律进行量化处理和归纳总结。因此，在结合已有定性研究的基础上，本研究尝试使用数据模型、数理统计以及数据分析等定量研究方法，对中国与日本、韩国在东盟的第三方市场合作进行实证分析，从而探究中国与日韩两国在东盟第三方市场合作过程中不同环节以及不同因素之间的相互关系。

第四节　研究方法与概念解释

一、研究方法

本研究注重对第三方市场合作跨学科以及多角度的研究，将综合运用世界经济学、国际政治经济学以及管理学等不同学科的理论范式、研究视角以及研究方法，对中国与日本、韩国在东盟的第三方市场合作进行综合分析。本研究主要采用如下研究方法：

第一，理论归纳与演绎法。由于本研究具有较强的理论综合性，在对既有理论进行回顾时，不以某个具体学科文献为基础，而是根据研究对象和研究内容的特点，从世界经济学、国际政治经济学以及管理学等多种学科的资料文献中进行归纳和演绎，从而期望在文献分析过程中得到相应的学理启示。因此，本研究通过回顾东亚区域生产网络框架下的国际贸易、国际分工以及制度供给等经济学、管理学以及国际政治经济学中的相关理论范式与研究方法，对中国与日韩两国在东盟第三方市场合作的发展基础、合作机制以及分工位置等不同问题进行理论阐释和实证分析。

第二，案例比较分析法。由于本研究会大量使用中国与日本、韩国在东盟第三方市场合作的项目案例,并会根据第三方市场合作案例的产业属性、分工机制进行分类、归纳和总结,进而从众多不同案例中提炼出具有共性以及独特性的合作模式,因此,本研究通过收集和选取中国与日韩两国在东盟的第三方市场合作案例,依托项目流程图、工程路线图以及技术路线图等工程管理学领域的研究路径与制图方法,分析和比较这些不同案例的合作方式、目标市场、合作领域以及制约因素,从而对中国与日本、韩国在东盟第三方市场合作的发展实践进行归纳和总结。

第三,数据实证分析法。本研究会搜集大量有关中国与日本、韩国以及东盟国家之间在产业间、产业内以及产品内国际贸易与国际分工的数据进行综合分析,并在此基础上运用产业间、产业内以及产品内相关的计算公式以及指标体系来探究中国与日本、韩国以及东盟国家在东亚区域生产网络中的比较优势基础以及分工协作位置,进而为中国与日韩两国在东盟的第三方市场合作提供分析视角。因此,本研究将通过联合国商品贸易数据库、联合国贸发会议数据库、世界银行数据库、东盟秘书处数据库以及日本贸易振兴机构数据库等多种途径来收集相应的经济数据,从而对中国与日韩两国在东盟第三方市场合作的比较优势基础、分工协作形式以及合作重点产业进行实证分析。

二、第三方市场合作的概念说明

第三方市场合作作为"一带一路"框架下中国企业与外国企业(主要以发达国家企业为主)进行国际经济合作的新形式[1],为日本、韩国以及法国等发达经济体参与"一带一路"的国际产能合作与国际分工互补提供了有效的合作途径。结合目前政府官方、学术研究以及智库报告等不同研究主体关于第三方市场合作概念的探讨,本研究将从以下三个方面对第三方市场合作进行简要说明:

首先,从第三方市场合作的发展基础来看,结合目前国内外学者对第三方市场合作的相关研究共识可知,第三方市场合作的发展基础主要来自两个方面:一是中国企业与发达国家企业基于各自生产要素禀赋进行产业或产品上的比较优势互补,并在全球价值链体系中的不同位置进行水平抑或垂直的分工合作,从而实现第三方市场合作中分工协作的规模经济效益;[2]二是第三方市场合作模式能够精准对接第三方市场国家(以发展中国家

---

[1] 中华人民共和国国家发展和改革委员会利用外资和境外投资司.第三方市场合作指南和案例[R].北京:国国家发展和改革委员会,2019:2.

[2] Asei Ito, China's Belt and Road Initiative and Japan's Response: From Non-Participation to Conditional Engagement[J]. East Asia, 2019, 36(2):115-128; Erdou Su, Jun Xue, Yang Xu. Third-Party Market Cooperation Between China and Japan in ASEAN Under "the Belt and Road" Initiative: Background, Opportunities and Challenges[J]. Nagasaki University's Academic Output SITE, 2020, 36:67-81;丁梦.中国与西班牙第三方市场合作研究[J].国际论坛,2022(2):100-120.

为主)社会经济的迫切发展需求,中国与发达国家在第三方市场合作形式下通过产能合作、直接投资以及技术转移等方式为第三方市场国家及时提供资本、技术以及人力资源等稀缺生产要素,从而能够实现中国、发达国家以及第三方市场国家的三方共赢。[1]

其次,从第三方市场合作的构成主体来看,通过归纳总结中国与日本、韩国以及法国等在第三方市场合作的双边协议可以发现,政府部门与建设企业是第三方市场合作的主要构成部分[2],同时还囊括了研究机构、商业团体以及行业协会等民间机构,从而构成了第三方市场合作模式下"政府—企业—民间组织"多主体的共同合作体系。其中,企业是第三方市场合作的主体,直接参与项目的设计、建设与运营;政府则在第三方市场合作中起到桥梁作用,为参与建设的企业提供政策支持与平台搭建;民间组织主要发挥辅助作用,通过自身灵活性来推动政府之间、政企之间以及企业之间的信息沟通。[3]

最后,从第三方市场合作的项目分类来看,通过总结现有关于第三方市场合作项目的研究可以发现,目前对第三方市场合作具体项目的主流研究主要是从项目内容本身来进行反向分类,其中比较有代表性的是将第三方市场合作项目分为产品服务、工程建设、投资协作、金融合作以及战略对接五个类型[4],其他研究则是在这个五个类型的基础上展开进一步的细化。

基于此,第三方市场合作作为中国参与国际经济合作的新模式,不仅推动了中国企业与发达国家企业在基于各自生产要素禀赋基础上的优势互补,还有效对接了第三方市场国家在工业化和现代化快速发展过程中的社会经济需求,是"一带一路"框架下中国与发达国家、发展中国家实现多方共赢的重要实践。

第五节 研究创新点

结合已有关于第三方市场合作的文献资料,本书通过对中国与日本、韩国在东盟的第三方市场合作进行探究,尝试在研究视角、研究对象以及研究内容等方面做出一点创新。

---

[1] Youyi Zhang. Third-Party Market Cooperation Under the Belt and Road Initiative: Progress, Challenges, and Recommendations[J]. China International Strategy Review, 2019, 1(2):310-329.

[2] 外务省.外务省、日本经济产业省、中华人民共和国国家发展和改革委员会、商务部关于在第三国开展中日民营经济合作的谅解备忘录[EB/OL].(2018-05-09)[2022-06-08].https://www.mofa.go.jp/mofaj/a_o/c_m1/cn/page4_003987.html.

[3] 中华人民共和国政府和法兰西共和国政府关于第三方市场合作的联合声明[EB/OL].(2015-07-01)[2022-11-18].http://www.gov.cn/xinwen/2015-07/01/content_2888266.htm.

[4] 中华人民共和国国家发展和改革委员会利用外资和境外投资司.第三方市场合作指南和案例[R].北京:国国家发展和改革委员会,2019:7-87.

第一，在研究视角方面，现有文献资料关于东亚国家间的经济合作多以经济全球化和区域一体化为研究视角，较少以第三方市场合作为切入点来研究东亚主要经济体之间的区域合作。本书通过第三方市场合作这一新型国际经济合作模式作为研究视角，借鉴东亚区域生产网络中国际贸易、国际分工与制度安排等相关理论范式和研究方法，来探究中国、日本、韩国以及东盟国家等东亚主要经济体如何在第三方市场合作模式下进行国际经济合作、国际产能协调以及国际分工协作，从而为研究东亚地区的区域间经济合作提供新的研究视角。

第二，在研究对象方面，目前国内外学者关于第三方市场合作的研究对象主要集中在单一的参与国家、目标市场以及建设项目等领域，较少对参与第三方市场合作的发达国家、第三方市场合作的目标市场以及某一区域的第三方市场合作项目进行整体分析。本书在整合现有文献资料和搜集大量合作案例的基础上，创新性地将中国与日本、韩国在东盟的第三方市场合作一起整合为本书的研究对象，不仅能够为第三方市场合作在研究对象上的整体性分析作出一点学术贡献，还有助于为第三方市场合作在非洲、拉丁美洲以及中东等世界其他地区的整体分析提供研究参考。

第三，在研究内容方面，现有国内外研究成果多以第三方市场合作的发展背景、合作动因、面临挑战以及对策建议的对策研究为主，较少关涉第三方市场合作在理论层面的解释与说明。本书通过借鉴东亚区域生产网络演进过程中国际贸易、国际分工以及制度性安排等领域的学术理论与研究方法，为中国与日本、韩国在东盟的第三方市场合作提供理论分析框架，并在此基础上尝试对中国与日韩两国在东盟第三方市场合作的发展基础、制度安排以及分工形式等不同领域进行学理层面的阐释与实证层面的分析，进而丰富和充实第三方市场合作在理论与现实两个层面的研究内容。

第四，在研究方法方面，现有国内外研究对第三方市场合作多以定性研究方法为主，侧重于对第三方市场合作的案例分析与问题分析，较少从实证研究层面对第三方市场合作进行探究。本书尝试通过采用东亚区域产业间、产业内以及产品内贸易依存度等数据模型和数据分析的实证研究方法，勾勒出中国、日本、韩国以及东盟国家在东亚区域内的产业间、产业内以及产品内合作网络体系，进而理清中国与日本、韩国在东盟进行第三方市场合作的发展基础。与此同时，还通过项目流程图、工程路线图以及技术路线图等管理工程学领域的制图方法对中国与日韩两国在东盟第三方市场合作的协作机制、分工机制进行归纳总结。

第二章 东亚区域生产网络下的第三方市场合作：一个分析框架

20世纪60年代以来,东亚经济体在"雁行模式"单一的产业间垂直分工体系中得到了快速发展,但这一区域分工模式在20世纪的最后10年开始式微[①],并逐渐转向了产业间、产业内以及产品内垂直分工与水平分工相互交织的东亚区域生产网络。在东亚区域生产网络中,纷繁复杂的国际贸易种类、各国政府引导的市场开放政策以及跨国企业内和企业间成熟的国际贸易等因素[②],使得东亚区域生产网络成为分析东亚区域经济合作与生产分工协作的一个重要视角。与此同时,中国与日本、韩国在东盟的第三方市场合作不仅包括东亚主要经济体之间的区域分工协作,还涉及政府间政策合作与战略对接,以及企业间产业分工和项目分包协作等诸多环节。因此,从东亚区域生产网络这一视角来探究中国与日韩两国在东盟的第三方市场合作,能够从区域分工、政府合作以及企业协作等不同角度来探究第三方市场合作在东亚区域的理论基础和现实案例。

第一节 东亚区域生产网络的形成与发展

东亚区域的生产与分工是一个历史演进的变化过程,不同时期都有其特定的生产模式和分工特点,并且都在相应的历史时期塑造了独具特色的东亚区域分工形态。[③] 自二战结束以来,以日本为主导的"雁行模式"经过半个多世纪的发展演变,有效地推动了东亚

---

① Shigehisa Kasahara. The Flying Geese Paradigm: A Critical Study of Its Application to East Asian Regional Development[R]. UNCTAD Discussion Paper, 2004, 169: 1-21.

② Andrea Ginzburg, Annamaria Simonazzi. Patterns of industrialization and the flying geese model: the case of electronics in East Asia[J]. Journal of Asian Economics, 2005, 15(6): 1051-1078.

③ Pekka Korhonen. The Theory of the Flying Geese Pattern of Development and Its Interpretations[J]. Journal of Peace Research, 1994, 31(1): 93-108.

生产网络的区域分工与经济一体化。[①] 21世纪以来,随着国际分工的逐步深化,东亚生产分工协作已经从原来的"雁行模式"转变为如今东亚区域生产网络下产业间、产业内以及产品内复杂的分工体系,这不仅使东亚各经济体及其企业拥有了更多的参与国际分工的发展机遇,还能够为中国与日本、韩国在东盟展开第三方市场合作奠定现实合作基础和提供理论分析视角。

一、从"雁行模式"到东亚区域生产网络的发展与演进

东亚区域生产网络是全球生产网络中的重要组成部分,是在国际分工协作模式下东亚各经济体生产上相互协作、经济上相互依赖的区域合作形态,其已经完成了从区域产业间分工、产业内分工,再到产品内分工的演进与发展。东亚区生产网络是一个自然动态的演化过程,20世纪后半叶以来的"雁行模式"通过区域分工协作与国际贸易投资,实现了东亚区域经济的高速发展。然而,随着东亚经济体各自生产分工位置的动态变化,原有的"雁行模式"已经不能再解释21世纪以来东亚区域生产网络的最新趋势。新型东亚区域分工网络是东亚各经济体比较优势不断动态变化所形成的产业间、产业内以及产品内垂直分工与水平分工相互交织的复杂生产网络,这使东亚经济体的比较优势得以与生产分工位置形成较好的匹配,从而使中国与日本、韩国在东盟国家展开第三方市场合作具有深厚的经济协作基础。

东亚区域生产网络衍生于东亚的"雁行模式",但又不同于"雁行模式"的区域分工模式,而是对其分工模式、参与主体以及合作方式的全面超越。"雁行模式"是东亚区域生产网络的最初形态,由东亚经济体在产业间分工以及产业内分工逐步演变形成[②],并在不同东亚国家之间呈现出时间与空间两个不同维度的动态生产协作形式。"雁行模式"虽然已经结束,但是该模式下的东亚分工形态仍然存在,即产业间与产业内的垂直分工与水平分工的相互交叉,对东亚地区的国际贸易与国际分工依然产生深刻影响。二战结束以后,以日本为主导的"雁行模式"带动了东亚经济的整体发展,如图2.1所示,20世纪60年代以来,日本在二战后经济上得到快速发展,在东亚地区率先实现了工业化。日本通过对外直

---

① Kiyoshi Kojima. The "Flying Geese" Model of Asian Economic Development: Origin, Theoretical Extensions, and Regional Policy Implications[J]. Journal of Asian Economics, 2000, 11(4): 375-401.

② "雁行模式"最早由日本学者赤松要提出,后经日本学者小岛清等对其进行不断完善和补充。"雁行模式"主要用来解释日本对东亚经济体的直接投资、国际贸易以及产业转移的现象,其主要表现为日本作为雁头,以技术密集型产业为主,"亚洲四小龙"作为大雁两翼,以资本密集型产业为主,中国和东盟国家作为雁尾,以劳动密集型产业为主。参见Kiyoshi Kojima. A Macroeconomic Approach to Foreign Direct Investment[J]. Hitotsubashi Journal of economics, 1973, 14(1): 1-21; Kiyoshi Kojima. International Trade and Foreign Investment: Substitutes or Complements[J]. Hitotsubashi Journal of Economics, 1975, 16(1): 1-12.

接投资和国际贸易逐渐把劳动密集型产业和资金密集型产业向东亚其他国家和地区进行转移[1],这一产业转型过程在东亚区域形成了在产业层次上与技术标准上双向递减的"日本—亚洲四小龙—中国大陆与东盟"的雁行模式,通过二三十年的发展与积淀,东亚经济体在雁行模式下的区域分工协作中实现了区域内规模经济的整体发展,并随着全球生产网络的深化发展,逐渐突破原有的产业间与产业内分工模式,向产业间、产业内以及产品内多种分工方式并存的形态进行演变。[2]

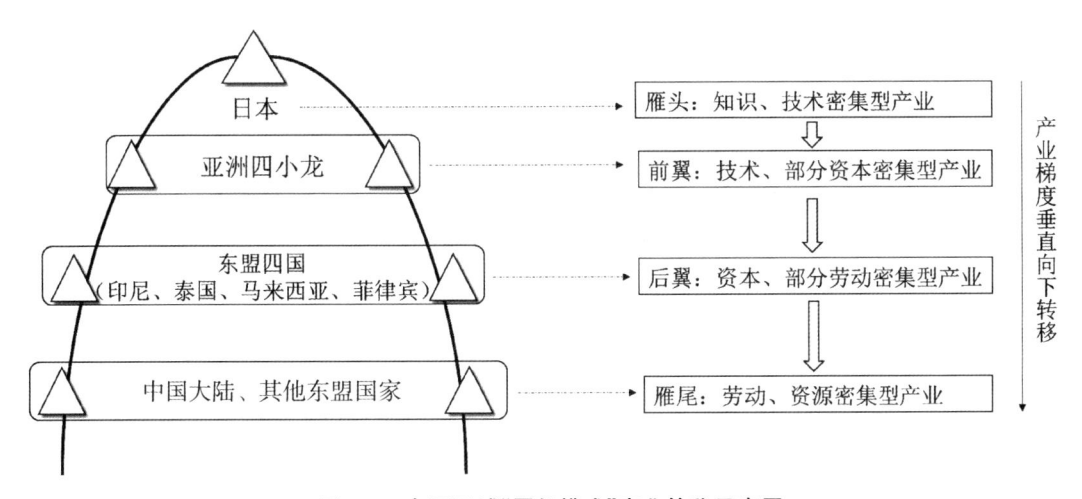

图 2.1 东亚区域"雁行模式"产业转移示意图

资料来源:根据 Satoru Kumagai. A Journey Through the Secret History of the Flying Geese Model. IDE Discussion Paper, No.158, 2008 整理制图。

"雁行模式"下的东亚区域生产网络主要呈现为以日本以及日本企业为主导的产业间垂直分工生产结构。在该种模式下形成了日本企业与东亚其他企业之间层级式的上下游生产环节,并推动了日本本国母公司与海外子公司之间企业内国际贸易和跨国投资的快速发展。[3] 然而,虽然"雁行模式"下东亚各国在经济上增强了彼此的联系,推动了东亚区域经济一体化的发展进程,但是日本在 20 世纪最后 10 年中深陷经济下行的泥淖,"雁行模式"中的雁头、双翼以及雁尾之间的产业层次以及技术禀赋差异在不断缩小[4],致使"雁

---

[1] Fumitaka Furuoka. Japan and the "Flying Geese" Pattern of East Asian Integration[J]. Journal of Contemporary Eastern Asia, 2005, 4(1): 1-7.

[2] Martin Hart-Landsberg, Paul Burkett. Contradictions of Capitalist Industrialization in East Asia: a Critique of "Flying Geese" Theories of Development[J]. Economic Geography, 1998, 74(2): 87-110.

[3] Kiyoshi Kojima. The "Flying Geese" Model of Asian Economic Development: Origin, Theoretical Extensions, and Regional Policy Implications[J]. Journal of Asian Economics, 2000, 11(4): 375-401.

[4] Japan External Trade Organization. JETRO White Paper on International Trade 2001: World Trade Expands Broadly and China Rises to Prominence[R]. Tokyo: JETRO, 2001: 28-30.

行模式"下日本与东亚其他经济体所相互形成的产业间垂直分工区域生产格局,逐渐向产业内分工、产品内分工以及产业间分工多种合作方式并存的区域分工模式进行转变①,进而在东亚各经济体之间形成了以价值链、供应链以及产业链互相交错的新型东亚区域生产网络。这一新型东亚区域生产网络,为中国与日本、韩国在东盟国家展开第三方市场合作拓展了广阔的市场空间。

21世纪以来,经济全球化进一步推动了国际分工的持续深化,以产品内分工为主的区域分工形式成为东亚区域生产网络不断发展升级的关键动力,东亚区域生产网络已经逐步取代了原有的"雁行模式"分工体系,成为东亚区域分工协作的新业态。如图2.2所示,自2001年日本经济产业省明确指出"雁行模式"结束以来②,21世纪的东亚区域生产网络已经逐渐表现为在产品内区域分工的背景下③,东亚区域内的产品生产环节被切割为诸多细小分工工序,按照价值链、供应链以及产业链等不同要素密集度属性,有规律地分布在中国、日本、韩国以及东盟国家等,不同东亚经济体凭借各自的比较优势在产品内的上游、中游和下游等环节从事专业化生产,并通过跨国公司在东亚区域进行内部贸易以

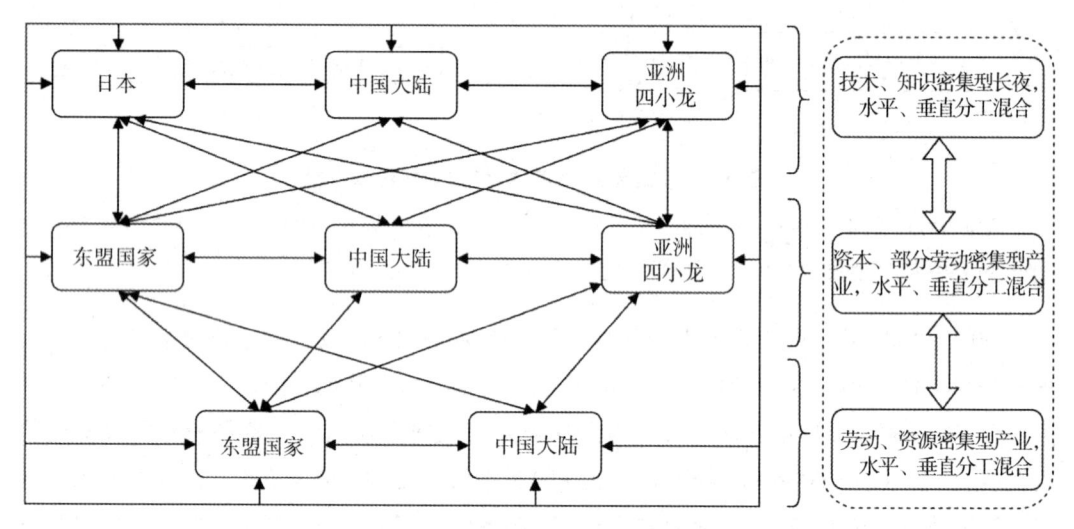

图 2.2 东亚区域生产网络结构图

资料来源:根据 Dent, Christopher M. China and East Asian Regionalism: Implications for the European Union[J]. Asia Europe Journal, 2009, 7(1): 161-178 整理制图。

---

① Andrew MacIntyre, Barry Naughton. The Decline of a Japan-Led Model of the East Asian Economy[C]//T. J. Pempel (ed.). Remapping East Asia: The Construction of a Region[C]. Itchaca: Cornell University Press, 2005: 77-100.

② 通商白皮书:21世纪对外经济政策的挑战[R].东京:经济产业省,2001:157-160.

③ 张玉,胡昭玲.东亚生产分工新格局——基于比较优势演化视角[M].北京:中国经济出版社,2020:26.

及直接投资,在该地形成了多主体、复合型以及网络状的区域分工体系。基于此,东亚区域分工协作的深化以及区域经济一体化的协同发展,促使东亚区域生产网络逐渐脱离日本及其跨国企业的价值链束缚,形成了东亚经济体之间产业链相互交错、供应链联系紧密的复杂生产网络。[1]

二、东亚区域生产网络与第三方市场合作的内在联系

东亚区域生产网络作为一个动态演进的生产分工体系,囊括了大量的东亚重要经济体、跨国公司以及纷繁复杂的垂直和水平分工关系,这就为中国与日本、韩国在东盟国家展开第三方市场合作提供了现实基础和理论分析视角。

(一)东亚区域生产网络为第三方市场合作在东亚的开展奠定市场合作基础

21世纪以来,"雁行模式"已经逐渐被东亚生产网络所替代,由此产生的相应变化是,东亚经济体之间由原有单一分工模式向产业间、产业内以及产品内多种分工方式进行转变。分工形式的复杂化促进了国际贸易形式的多样性,使得以产业链和供应链为依托的东亚区域生产网络赋予了该区域内不同经济体在不同产业以及产品生产环节和工序上不同的分工协作位置,从而促使中国、日本、韩国以及东盟国家等东亚各经济体依托各自的生产要素禀赋在生产环节上从事专业化生产,并在该区域形成了以中国、日本为中心的初级产品、中间产品以及制成品区域价值链网络体系。因此,基于这种价值链网络分工体系,中国与日本、韩国在东盟的第三方市场合作具备扎实的经济基础。

结合图2.1东亚"雁行模式"向图2.2"东亚区域生产网络"的动态演进可知,东亚区域内部的生产分工格局产生了深刻而广泛的变化。随着东亚区域分工协作的深度发展,该区域内以零部件、半成品等为代表的中间产品贸易已经占据主导地位,这使得区域生产要素的重新配置推动了东亚经济体分工位置的动态演变,促使东亚区域生产网络的国际投资、贸易规模以及产业结构在产品内分工环节中发生了重大改变。[2] 这种变化主要表现为,中国、日本、韩国以及东盟国家在初级产品、中间产品(零部件和半成品)以及制成品(资本品和消费品)等不同产品结构中形成了紧密的协作关系,其中以中国和日本为主导的双枢纽生产和贸易中心成为如今东亚区域生产网络的关键推动者[3],其他以韩国与东盟国家为代表的东亚经济体则在中国和日本的产业链和供应链外围,它们与中国和日本

---

[1] 汪斌.东亚国际产业分工的发展和21世纪的新产业发展模式:由"雁行模式"向"双金字塔模式"的转换[J].亚太经济,1998(7):1-5.

[2] Widodo Tri. Dynamic Changes in Comparative Advantage: Japan "Flying Geese" Model and Its Implications for China[J]. Journal of Chinese Economic and Foreign Trade Studies, 2008, 1(3): 200-213.

[3] Yeung Henry Wai-chung. Regional Development and the Competitive Dynamics of Global Production Networks: An East Asian Perspective[J]. Regional Studies, 2009, 43(3): 325-351.

在东亚区域生产网络中共同构建了错综复杂但又联系紧密的生产分工网络。与此同时，也正是东亚经济体在不同产品结构中相互交错的分工协作关系，为中国与日本、韩国在东盟进行第三方市场合作奠定了坚实基础。

在如今东亚区域生产网络中，中国与日本、韩国在东盟国家展开的第三方市场合作是东亚各经济体展开区域生产分工的具体表现形式。一方面，从理论基础来说，如今的东亚区域生产网络框架下的区域分工模式囊括了中国、日本、韩国以及东盟等东亚主要经济体，并描绘出了这些经济体在区域生产分工协作、政府间发展战略对接以及企业间国际贸易合作等东亚区域分工协作中的不同角色功能，由此能够依托东亚区域生产网络的分工形式来勾勒出中国与日本、韩国在东盟国家进行第三方市场合作的生产分工网络图谱，从而能够从东亚区域生产网络的视角来解释中国与日、韩两国在东盟国家如何以及怎样展开第三方市场合作，进而可以为中国与东亚经济体在该区域内进行第三方市场合作提供扎实的理论分析基础。

另一方面，从现实基础来说，东亚区域生产网络囊括了全球市场、东亚经济体以及跨国公司等诸多市场参与主体，涉及规模庞大和错综复杂的价值链、产业链和供应链，从而推动东亚区域不同经济体在产业间、产业内以及产品内等生产环节形成了紧密的上下游协作关系。[①] 如今东亚区域生产网络的演进与发展，根植于全球生产网络的动态变化与逐步深化，同时也依赖于该区域内中国、日本、韩国以及东盟国家等东亚各国政府的市场推进政策、区域协作制度和出口政策导向，以及该区域内诸多跨国企业的对外直接投资、国际贸易和技术外溢。基于此，东亚区域生产网络下的区域分工形态、各国政府角色以及跨国企业投资等规模庞大的生产网络体系，能够为中国与日本、韩国在东盟国家开展第三方市场合作提供内容丰富和体系庞杂的现实分析路径、双边和多边的合作分析机制以及众多典型的项目合作案例，从而为中国与日、韩两国在东盟进行第三方市场合作提供了丰富的现实研究条件。

（二）东亚区域生产网络为中国与日韩在东盟第三方市场合作提供分析视角

东亚各国比较优势互补是东亚区域生产网络得以长期稳定运行的关键基础，也是中国与东亚国家在该区域进行第三方市场合作的重要前提。从"雁行模式"的产业间垂直分工体系到如今东亚区域生产网络的产业间、产业内以及产品内复合型分工体系，如今东亚的各个经济体在资源禀赋、产业结构以及发展模式等不同环节都存在紧密的互补关系。然而，由于东亚各个经济体处在不同的发展阶段，生产要素禀赋、产业结构配套、政府职能

---

① Kang, Moonsung, et al. Regional Production Networks, Service Offshoring, and Productivity in East Asia[J]. Japan and the World Economy, 2010, 22(3): 206-216.

匹配以及跨国公司职能等不同环节都存在较大异质性[①],这在客观上使得东亚国家在不同生产工序中具有各自不同的比较优势,能够让不同经济体专注于不同的生产和加工环节,从而为东亚各国之间展开多层次与多领域的第三方市场合作奠定基础。基于此,探究东亚生产网络与第三方市场合作的内在联系,需要立足于东亚区域经济合作,从产品内区域分工视角下来梳理中国、日本、韩国以及东盟国家之间的区域分工协作形态,这有助于明晰东亚各经济体之间的贸易流向、优势产业以及合作重点[②],从而勾勒出东亚区域生产网络的整体贸易框架与具体分工形态,进而为中国与日本、韩国在东盟国家高质量开展第三方市场合作提供理论支撑与现实参考。

首先,对于中国来说,结合中国在图2.1和图2.2中的分工位置变化可知,其作为东亚区域的后发国家,经过充分释放生产要素与开放市场空间,突破了原有"雁行模式"的"低端锁定"束缚,与日本一起成为如今东亚区域中间产品生产和贸易的关键节点,并依托中国在劳动密集型和资本密集型等中低附加值生产阶段的比较优势,以及在技术密集型产业的后发追赶优势,不仅提升了自身在东亚区域价值链中的分工位置,并在部分高附加值产业结构中与日本等形成了水平分工形态,而且还将东盟众多发展中国家在区域分工中进一步串联起来,为其工业化进程提供了关键的生产要素。[③] 因此,依托于中国在东亚区域生产网络升级与演进中所扮演的关键角色,其与日本、韩国在东盟国家展开第三方市场合作就具备了扎实的经济基础。

其次,对于日本、韩国等东亚发达国家来说,不论是"雁行模式"时期还是如今的东亚区域生产网络,这些发达经济体在东亚区域生产网络中都处于价值链分工相对较高的位置,与东亚其他发展中经济体和新兴经济体在区域分工中具有紧密的协作依赖关系。尤其是日本对东亚区域生产网络的整体升级发挥了重要作用,其在东亚地区的对外投资、产业转移以及技术外溢等是东亚其他经济体发展的关键助推力。在东亚区域生产网络中,日本、韩国等东亚发达国家凭借自身在资本、技术以及人力资源等领域的优势要素禀赋,在资本密集型和技术密集型等中高附加值产业结构中占有一定的绝对优势,其分工位置在东亚区域分工中处于产业链和供应链的上游,对东亚区域生产网络的整体演进和升级发挥着引领作用。因此,中国可以借助日、韩两国在东亚区域价值链、产业链和供应链的比较优势,以及日韩在东盟国家长久以来所积累的市场基础,为其与日本、韩国在东盟开

---

① Mike Hobday. The Electronics Industries of the Asia-Pacific: Exploiting International Production Networks for Economic Development[J]. Asian-Pacific Economic Literature, 2001, 15(1): 13-29.

② 由于东亚不同经济体之间的发展水平差异较大,为了兼顾数据的可得性、可比性以及有效性,本书主要对中、日、韩三国以及东盟十国进行数据收集、整理和分析,不包含中国的港澳台地区以及东南亚的东帝汶,下文在数据搜集、计算、整理与分析过程中亦按照此标准进行。

③ Youngsoo Kim. Technological Capabilities and Samsung Electronics' International Production Network in East Asia[J]. Management Decision, 1998, 36(8): 517-527.

展第三方市场合作拓展发展空间。

再次,对于东盟发展中国家和新兴经济体来说,由于这些国家在政治体制、市场机制、发展战略以及经济水平等诸多领域存在诸多不同,导致其在"雁行模式"和东亚区域生产网络中一直处于价值链分工的中下游,分工位置的梯度变化并不明显。在如今的东亚区域生产网络中,东盟发展中国家的比较优势仍然集中在资源密集型、劳动密集型以及资本密集型等中低附加值产业结构中,与"雁行模式"时期的分工位置相比较并没有太大改变与提升,致使东盟发展中国家在整个东亚区域生产网络演进中的分工位置长期处在"低端锁定"的困局,从而导致其在东亚区域生产网络中所获取的边际分工收益始终处于低位。然而,随着众多东盟发展中国家积极实施"工业 4.0"战略来推动其工业化发展进程,在提升区域分工位置和获取更多的区域分工收益过程中需要规模庞大的资本、技术以及人力资源等生产要素的广泛投入与使用,这就为中国、日本以及韩国等东亚生产网络中具有更多优势生产要素的经济体创造了市场机遇,从而为中国与日韩两国在东盟展开第三方市场合作奠定了市场基础。

第二节 东亚区域生产网络的制度性安排

东亚区域生产网络下各经济体的政治经济制度性安排不同于西方国家的工业化发展进程[1],而是具有政府间政策对接、政企间紧密合作以及区域经济一体化发展等诸多东亚模式属性。正如诺思所论述的那样,国家抑或政府对社会经济的发展功能体现为提供一套与之发展规律相匹配的制度或规则安排[2],这种国家层面的制度供给和制度创新能够在一定程度上为经济发展减少摩擦成本[3],并通过国与国之间的制度传导机制为构建区域间半官方以及民间协作制度奠定基础。

一、东亚区域生产网络制度性安排的发展与演进

东亚区域生产网络是东亚经济体之间所共同构成的区域经济合作模式,其制度性安排涉及东亚区域的各国政府经济体制、政府与企业之间的紧密协作以及东亚区域间经济

---

[1] Alice H. Amsden. Why Isn't the Whole World Experimenting with the East Asian Model to Develop? Review of the East Asian Miracle[J]. World Development,1994,22(4):627-633.

[2] 道格拉斯·C.诺思.经济史中的结构与变迁[M].陈郁,罗华平,等译.上海:上海人民出版社,1994:13-20.

[3] 道格拉斯·C.诺思.制度、制度变迁与经济成就[M].刘瑞华,译.上海:三联书店,1994:37-40.

合作等一系列官方与非官方体制。作为一种比较系统的发展模式,东亚区域生产网络的制度性安排更多偏向于探讨领导人共识、政府职能部门以及政企间组织对东亚区域生产网络分工与合作的制度性建设。[①] 无论是"雁行模式"时期,还是如今的东亚区域生产网络体系,其制度性安排都离不开政府主导的经济体制、出口导向型发展战略以及区域经济一体化等关键词。因此,要深入探究东亚区域生产网络制度性安排的运行机制,除了关注东亚区域的分工形式与贸易流向,还必须关注东亚区域生产网络背后各国政府所特有的政治经济制度的历史发展与功能演进[②],其对东亚区域生产网络的形成与发展发挥了重要作用,并在此基础上进一步推动了中国与日本、韩国在东盟的第三方市场合作进程。

20世纪70年代以来,以日本、韩国和新加坡为代表的东亚各国政府依托自身的比较优势大力推行出口导向型发展战略,东亚模式下各国政府的一系列制度安排契合了当时东亚区域分工协作的发展趋势,为参与国际分工的本国企业以及招商引资的跨国企业创造了有利的营商环境[③],这使得东亚各经济体在"雁行模式"下保持了经济高速增长。在这一时期,日本作为东亚地区唯一的发达经济体,其政府体制、政企紧密合作以及出口导向战略等对其他东亚经济体起到了很大的示范意义,从而在东亚地区形成了以日本为开端的政府主导下的市场经济体制,并构建了以日本技术和资本等生产要素为引领的东亚区域产业间垂直分工体系,这些政治体制与经济体制深刻影响了"东亚模式"的发展走向与体制安排。

20世纪80年代以后,东亚国家政府逐渐扩大本国市场的开放程度,尤其是中国的改革开放,进一步释放了中国国内的各种生产要素潜力空间,为中国政府以及中国企业参与东亚区域分工协作奠定了经济基础,同时也进一步推动了东亚生产网络制度安排的升级与演变。[④] 在这一时期,东亚经济的高速增长仍是由东亚各国政府所主导经济发展的结果,其主要呈现这样一些特点:一是政府所推行的政治与经济制度安排是中国、日本、韩国以及部分东盟国家等东亚经济体实现规模经济效益递增的关键共有因素;二是东亚政府的制度性安排加强了政企之间的紧密合作,企业成为实现各项制度安排效果的微观个体;三是部分东亚政府能够不断地根据东亚区域经济发展做出相应的制度供给和制度创新;四是东亚区域的制度性安排不仅局限于政府层面,还涉及东亚区域间的经济合作与政治

---

① Sung-Hee Jwa. A New-Institutional Economics Perspective of Corporate Governance Reform in East Asia[J]. Seoul Journal of Economics,2000,13(3):215-224.

② Kasper Wolfgang. Rapid Development in East Asia:Institutional Evolution and Backlogs[J]. Malaysian Journal of Economic Studies,1998,35(1/2):45-65.

③ Barry Wilkinson. Culture, institutions and business in East Asia[J]. Organization Studies,1996,17(3):421-447.

④ 王逸舟.东亚模式的启迪与借鉴[J].开放时代,1992(5):28-30.

协商制度构建。① 这些东亚模式下所特有的制度性安排从"雁行模式"一直延续至如今的东亚区域生产网络,并对东亚区域生产网络中的分工协作模式、国际贸易流向以及区域经济一体化等不同领域的深化发展产生了深远而持久的影响。②

在经历了 20 世纪末东亚经济危机的严重冲击之后,东亚各国政府和企业在汲取经验的同时,尤其注重在东亚区域内政府间、半官方以及民间的双边与多边合作机制构建,并相应地开始重新调整以政府为主导和企业为执行的制度供给和制度创新。③ 21 世纪以来,东亚区域一体化进程是由该区域内政府间双边与多边合作以及半官方、民间合作机制所共同推进,形成了政府间、企业间以及民间多层次相互交叉的东亚区域生产网络的制度创新与制度供给,这有助于东亚经济体推动制度安排的一体化发展和减少制度分歧所衍生的交易成本,从而在东亚地区构建出合作水平更高的制度性供给。④ 在世纪之交的这一时期,中日韩—东盟"10+3"机制,中国、日本和韩国分别与东盟的"10+1"机制,以及中日韩三国领导人会议机制等应运而生,成为东亚各国政府在东亚地区内所共同推行的区域层面的制度供给与制度创新,为"雁行模式"向东亚区域生产网络的过渡与转变做出了相应的政策调整与制度改革,从而使得如今的东亚经济发展在全球市场中依旧占据重要地位。⑤

自 2008 年金融危机以来,世界经济周期开始进入新的调整区间,东亚区域生产网络制度性安排的演进与发展也发生了相应的转变,即逐渐依赖于东亚经济体政府间框架下的战略对接、自贸试验区建设以及合作平台搭建。其中,为了适应东亚区域生产网络的发展需要以及及时调整东亚各国在区域分工中的位置匹配,中日韩—东盟"10+3"合作机制、中国—东盟"10+1"合作机制、中日韩领导人会议机制、区域全面经济伙伴关系协定(RCEP)(见图 2.3)等东亚区域的一系列政府间制度性安排在 2008 年金融危机之后得到继续深化发展,其中政府间合作框架内所形成的领导人峰会、政府职能部门会议以及政企间合作平台等形式多样的制度性建设为东亚区域生产网络的重塑提供了更多的制度性补充,使得东亚区域在经济一体化以及制度一体化进程中具备了更多制度性层面的合作基础。

与此同时,在东亚政府间制度安排合作的基础上,东亚区域的半官方合作机制以及民间合作机制等"二轨外交"的区域性制度安排也进一步推动了东亚区域制度供给的发展进

---

① Yujiro Hayami, Partha Dasgupta. Toward an East Asian Model of Economic Development[C]// Yujiro Hayami et al. (eds.). The institutional foundations of East Asian economic development. London: Palgrave Macmillan, 1998: 3-38.

② 林毅夫,蔡昉,李周.比较优势与发展战略:对"东亚奇迹"的再解释[J].中国社会科学,1999(5):4-20.

③ Paul Evans. Between Regionalism and Regionalization: Policy Networks and the Nascent East Asian Institutional Identity[C]//T. J. Pempel (ed.). Remapping East Asia: The Construction of a Region. New York: Cornell University Press, 2005: 195-215.

④ 张蕴岭,沈铭辉.东亚、亚太区域合作模式与利益博弈[M].北京:经济管理出版社,2010:6-8.

⑤ Nicholas Crafts. East Asian Growth Before and After the Crisis[R]. IMF Working Paper, 1998, 137: 4-38.

程。例如：中韩投资合作委员会、中日第三方市场合作论坛以及中韩第三方市场合作论坛等半官方与民间会议机制，通过"二轨外交"平台的灵活性有效弥补了东亚各国政府制度安排与市场机制所不能覆盖的其他领域，加速了生产要素在东亚区域生产网络中的有效流动，进一步减少了东亚各经济体之间在价值链与价值环节中分工协作的交易费用与摩擦成本，能够在对政府合作机制有效补充的基础上为东亚区域生产网络的制度性一体化提供更加匹配的制度创新和制度供给。这不仅丰富了东亚区域不同层面的合作制度内容与形式，还为中国与日本、韩国在东盟展开第三方市场合作搭建了制度协作平台。

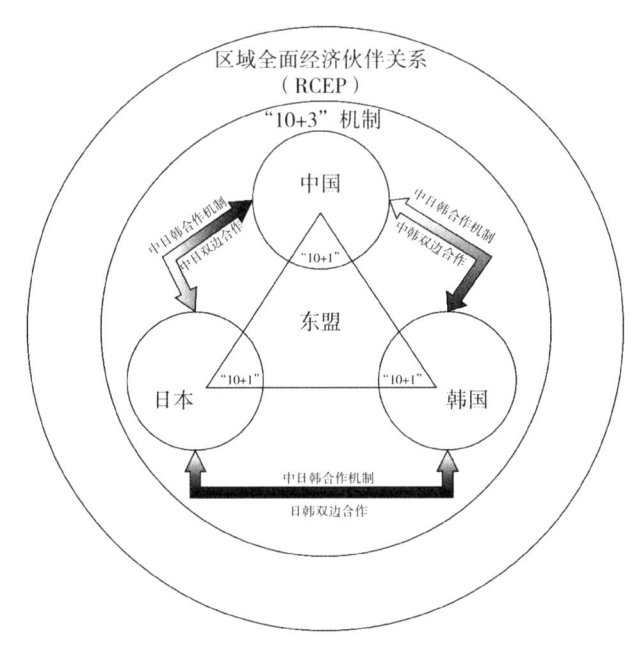

图 2.3　东亚区域生产网络下的制度性合作安排

资料来源：根据 Christopher M. Dent. Organizing the Wider East Asia Region[R]. ADB Working Paper on Regional Economic Integration，2010(62)整理制图。

综上所述，以日本、韩国和新加坡为代表的东亚国家通过制度供给和制度创新为国民经济发展以及对外经济合作制定了一套与之相匹配的政策制度[①]，并依托制度安排积极扶持本国企业参与出口导向战略和对外直接投资，从而综合运用政策激励和市场竞争来促进本国经济的快速发展与本国企业的分工协作适配。[②] 因此，从"雁行模式"到如今东

---

① Etel Solingen. East Asian Regional Institutions：Characteristics，Sources，Distinctiveness[C]// T. J. Pempel (ed.). Remapping East Asia：The Construction of a Region. New York：Cornell University Press，2005：195-215.

② Meredith Woo-Cumings. Diverse Paths Toward "the Right Institutions"：Law, the State, and Economic Reform in East Asia[R]. ADB Working Paper Series，2001(18)：1-29.

亚区域生产网络的演进历程来看，日本、韩国、部分东盟国家以及改革开放以来的中国通过实践一条不同于欧美发达经济体的社会工业化道路，在东亚地区先后实现了区域经济的高速发展，并进而形成了政治上联系紧密与经济上相互依赖的东亚发展模式，这种发展模式不完全是东亚区域经济合作的市场自发行为[①]，而是东亚各国政府通过不同政治经济制度安排所进行的自觉过程，具备后发经济体在经济起飞与追赶过程中的诸多特点。[②]正是在这种模式下，中国与日本、韩国在东盟的第三方市场合作具备了从政府间、政企间以及区域间等不同层面的合作制度基础，这不仅为第三方市场合作在东亚地区的顺利开展创造了有效的制度供给，还为探究中国与日、韩两国在东盟第三方市场合作的运行特点提供了制度层面的分析视角。

二、东亚区域生产网络制度性安排与第三方市场合作的内在联系

由于东亚各经济体在政治体制、经济体制、社会文化以及经济发展水平等方面都存在较大差异[③]，如果需要进一步探讨东亚区域生产网络制度性安排与东亚地区第三方市场合作的内在联系，就必须分析推动东亚区域生产网络得以稳定运行的政府间、政企间以及东亚区域制度性安排对中国与日、韩两国在东盟展开第三方市场合作的重要引导和推动作用。

（一）政府间政策对接为第三方市场合作提供制度供给和制度创新

从雁行模式到如今的东亚区域生产网络，东亚各国政府在其工业化进程中主要扮演了引领者的关键角色，即东亚政府所引导的市场经济体制是东亚区域后发国家实现经济起飞的关键条件，这表明东亚经济体有能力且能够通过政策和市场两种方式来持续推动和调节国民经济的稳定发展。在东亚各经济体的政策持续推动下，东亚众多经济体依托相近的文化背景和社会环境等共性特征，通过东亚政府引导下的政治经济体制，深刻影响了东亚区域生产网络的生产分工协作、政企紧密合作以及区域经济一体化发展等不同领域制度性安排的发展走向[④]，这同时也为中国与日本、韩国在东盟进行第三方市场合作提供了制度基础。

一方面，从东亚经济体政府引导的市场经济体制来看，其作为一种在东亚地区具有共性且长期存在的政治与经济体制模式，对分析中国与日韩两国在东盟的第三方市场合作提供了政府层面的制度分析视角。从"雁行模式"到如今东亚区域生产网络的复杂分工协作体系，都是东亚各国政府致力于增加贸易附加值和实现规模经济效益所设计并有效进

---

① Stephen Haggard. Institutions and Growth in East Asia[J]. Studies in Comparative International Development，2004，38(4)：53-81.

② Masahiko Aoki. Toward a Comparative Institutional Analysis[M]. Cambridge：the MIT Press，2001：4-10.

③ 沈红芳.东亚经济发展模式比较研究[M].厦门：厦门大学出版社，2002：15-16.

④ 李晓.东亚奇迹与"强政府"：东亚模式的制度分析[M].北京：经济科学出版社，1996：2-4.

行的经济制度创新和协作制度安排的结果。① 同样的,在如今的东亚区域生产网络中,中国与日本、韩国在东盟的第三方市场合作也是各国政府为了适应全球市场变动以及东亚区域分工位置变化所不断进行的制度创新和制度供给,其发展与形成仍是由东亚各个重要经济体所共同合作推行②,这也正是中国与日、韩两国在东盟进行第三方市场合作能够获得巨大规模经济效益的重要原因之一。如图 2.4 所示,在东亚地区的第三方市场合作过程中,政府间的政策对接与平台搭建为中国与日、韩两国在东盟第三方市场合作中的分工深化、优势互补以及区域合作等提供了有效的制度供给和制度创新,即中国与日本、韩

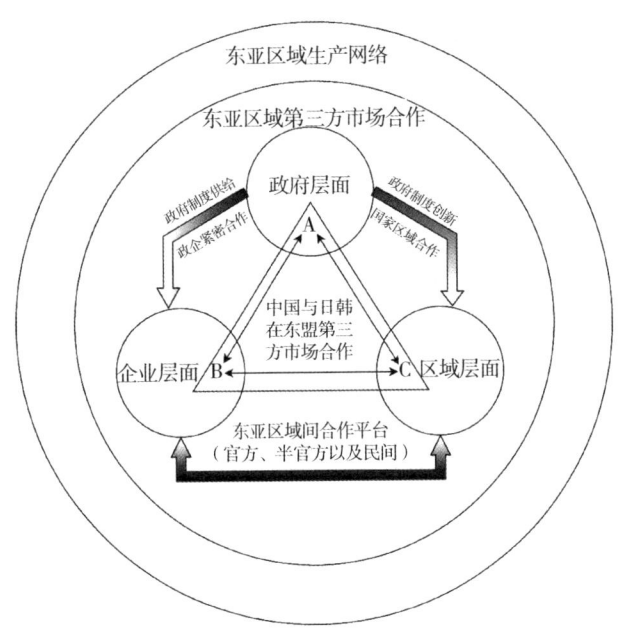

图 2.4 东亚区域生产网络下第三方市场合作制度安排

注:A 表示中国与日本、韩国在第三方市场合作中达成的政府间合作协议,是第三方市场合作的基础;B 表示中国企业与日韩两国企业在东盟第三方市场的合作项目,是第三方市场合作的成果;C 表示中国与日韩两国在东盟第三方市场合作中构建的官方、半官方以及民间区域合作平台,是第三方市场合作的制度安排。A、B 和 C 之间相互影响,同时也互相支持,共同构成了中国与日、韩两国在东盟的第三方市场合作制度安排。

资料来源:根据 Christopher M. Dent. Organizing the Wider East Asia Region[R]. ADB Working Paper on Regional Economic Integration,2010(62)整理制图。

---

① Johnson Chalmers. The Developmental State:Odyssey of a Concept[C]//Woo-Cumings Meredith (ed.). The Developmental State. Cornell:Cornell University,1999:32-60.

② Beeson Mark. Theorizing Institutional Change in East Asia[C]//Beeson,Mark (ed.). Reconfiguring East Asia:Regional Institutions and Organizations after the Crisis. New York:Routledge,2014:7-27.

国在政府层面为双方进行第三方市场合作搭建了从领导人会议机制、政府职能部门会议机制以及专业技术人员会议机制等不同类型的政府间制度安排,并在此基础上进一步促进了第三方市场合作模式下政府与企业的紧密合作、区域间官方与半官方的制度构建等诸多制度性安排,使得中国与日本、韩国各国政府能够在政府双边合作的基础上提供东亚区域多边层面的第三方市场合作制度供给,进而能够从政府双边与区域多边的双重角度来制定契合自身生产要素禀赋以及比较优势的制度安排,来匹配本国企业以及跨国企业在东盟第三方市场合作中的分工位置,从而可以在减少制度合作交易成本的基础上实现中国与日韩两国在东盟第三方市场合作项目的规模经济效益。

另一方面,从东亚区域生产网络下政府与企业紧密的协作关系来看,跨国企业作为东亚区域经济活动的微观个体,是推动生产要素流动、参与区域分工协作以及实现经济快速发展的直接参与者,但东亚区域经济增长与经济起飞的关键因素在于政府制度安排下政企之间紧密合作所派生的规模效应递增。[①] 正如新制度经济学派中市场增进理论核心观点所论述的那样,政府一系列制度安排不仅是对市场机制失灵的补充与完善,更是促进了企业生产部门在市场机制中的深化发展。[②] 因此,结合东亚区域生产网络的生产分工情况,东亚经济能否获得高速增长以及实现持续稳定提升的关键在于东亚各国政府为企业生产部门所提供的制度供给和制度创新的有效性。在东亚区域的第三方市场合作中,中国与日本、韩国通过政府间的政策对接、平台搭建以及战略合作等制度性安排,为中国企业与日、韩两国企业在东盟的第三方市场合作提供了与企业生产部门比较优势相匹配的制度供给和制度创新,即中国政府与日、韩两国政府在达成政府间第三方市场合作协议以及构建区域间第三方市场合作平台的基础上,同时也为中日两国企业和中、韩两国企业分别提供了中日第三方市场合作论坛、中韩第三方市场合作联合工作组等政企合作制度安排。基于此,中国与日本、韩国在第三方市场合作中所推行的双边以及多边制度供给与制度创新,能够凭借东亚经济体各国政府政策制定与政策执行中的较高"政府质量"[③],为中国企业与日韩两国企业在东盟进行第三方市场合作减少摩擦成本,从而实现东亚区域生产网络下政府与企业之间紧密协作所带来的规模经济递增效益。

因此,东亚区域生产网络下各国政府在第三方市场合作中所提供的制度供给和制度创新,立足于东亚经济体及其企业生产部门在东亚分工网络中的不同资源要素禀赋。其不仅能够探索出适应政府合作、企业对接以及政企协作等涉及不同参与主体的制度安排与发展路径,而且有助于形成中国与日韩两国在东盟第三方市场合作进程中政治制度、经济制度以及生产制度之间的良性协作体系。

---

① 李亚芬.东亚经济模式中的企业与政府[M].长春:东北师范大学出版社,1997:150-169.
② Masahiko Aoki. Endogenizing Institutions and Institutional Changes[J]. Journal of institutional economics, 2007, 3(1): 1-31.
③ 李晓.东亚奇迹与"强政府":东亚模式的制度分析[M].北京:经济科学出版社,1996:14.

(二)东亚区域制度性安排为第三方市场合作创建区域合作平台

自20世纪60年代以来,虽然东亚区域"雁行模式"下各国政府所引导的市场经济体制推动了经济的高速增长,但东亚地区的区域性经济协作制度供给与制度创新的发展进程却相对迟缓,难以对东亚地区的经济一体化与制度一体化合作进程提供有效的制度保障。[1] 直至20世纪末东亚经济危机之后,东亚各经济体才逐渐意识到区域制度性建设与东亚区域生产网络协同发展的重要性,并由此推动了21世纪以来东亚区域生产网络框架下一系列区域性制度安排的发展与演进。

东亚区域制度性安排由该地区的各国政府所推动和主导,比如东盟、中日韩合作机制、中日韩与东盟"10+6"机制以及区域全面经济伙伴关系(RCEP)等都是其中的典型代表。在此基础上,凭借政府间区域合作制度安排的深化推进,东亚区域半官方以及民间合作制度安排也得到快速发展,成为东亚区域经济合作制度供给与制度创新的重要组成部分。[2] 其中,在第三方市场合作背景下,东亚区域政府间与半官方、民间的制度安排逻辑关系体现为:前者是后者进行发展的基础,后者是前者深化合作的补充。二者的相互协作与补充为中国与日韩两国在东盟的第三方市场合作奠定了区域层面的制度合作基础,从而使得东亚地区的第三方市场合作具备了政府间、半官方以及民间等不同层面的区域合作制度供给,这有助于在区域合作层面进一步减少中国与日本、韩国在东盟第三方市场合作中所面临的交易费用和摩擦成本。

一方面,东亚区域政府间合作制度安排是第三方市场合作在东亚地区稳定运行的关键制度保障。东亚区域各国政府能够通过一系列的制度安排来尽可能减少区域经济合作过程中所衍生的复杂交易费用和摩擦成本[3],凭借中国、日本、韩国以及东盟等主要东亚经济体之间所搭建的中日韩合作机制、中日韩与东盟的"10+3"与"10+1"合作机制以及澜湄合作机制等区域性或次区域性的合作制度安排,能够有效地将中日韩东亚经济强国与东盟成员国放置于东亚区域生产网络的制度安排中进行高效的政治协商、经济协作与对话沟通,从而依托东亚区域合作制度的有效性与可行性推动第三方市场合作在东亚地区的发展进程。在此基础上,第三方市场合作的区域制度性安排不仅要巩固东盟在东亚区域合作机制中的主导作用,还必须进一步发挥中、日、韩三国在东亚区域合作机制中的协调作用,并从区域间政府制度合作层面为中国与日韩两国在东盟第三方市场合作中的

---

[1] C. Cindy Fan, Allen J. Scott. Industrial Agglomeration and Development: A Survey of Spatial Economic Issues in East Asia and A Statistical Analysis of Chinese Regions[J]. Economic Geography, 2003, 79(3): 295-319.

[2] Choong Yong Ahn, Inkyo Cheong. A Search for Closer Economic Relations in East Asia[J]. The Japanese Economic Review, 2007, 58(2): 173-190.

[3] Ha-Joon Chang. Globalization, Global Standards and the Future of East Asia[J]. Global Economic Review, 2005, 34(4): 363-378.

协议达成、平台搭建以及项目合作等领域提供有效的制度供给,从而有助于在现有政府间区域合作制度基础上推动中国与日韩两国在东盟第三方市场合作中形成更加具体且形式多样的制度安排。

另一方面,东亚区域半官方和民间协作制度安排是第三方市场合作在东亚地区深度发展的有力补充。相对于政府间区域性合作制度安排,半官方以及民间等"二轨外交"区域制度供给的主要功能在于弥补政府间区域合作机制所不能覆盖的领域[1],进而与政府间合作机制一起推动第三方市场合作进程中政策对接与经济合作之间的制度适配。基于此,中国与日本、韩国在第三方市场合作中所搭建的政府间区域合作机制,即中日与中韩政府间签署的第三方市场合作备忘录、中日韩合作机制下形成的第三方市场合作推进协议以及中日韩与东盟"10+3"和"10+1"机制下达成的第三方市场合作文件等双边和多边制度安排,为中国与日韩两国在东盟第三方市场合作中的半官方以及民间区域性合作的制度供给与创新奠定了更为扎实的发展基础。其中,中日第三方市场合作论坛和中日韩企业家论坛等作为政府间合作机制下派生的半官方和民间区域制度安排,囊括了中国、日本以及韩国国内重要的商业协会、企业团体以及智库机构,这些形式多样且功能各异的半官方与民间组织通过发挥其灵活性与专业性的特点,使得中国与日本、韩国在东盟的第三方市场合作形成了"领导人宏观合作共识—政府职能部门中观制度供给—政企间微观制度实践"的政策对接与经济协作之间复杂的制度适配协作关系。[2]

第三节　东亚区域生产网络的分工与协作

东亚区域生产网络是经济全球化和产业精细化发展到一定阶段的分工协作体系,其不同于东亚地区"雁行模式"时期的单一产业间垂直分工模式,而是形成了产业间、产业内以及产品内水平抑或垂直分工的复杂网络体系。[3] 在东亚区域生产网络的分工体系中,中国与日本已经成为该区域内中间产品与制成品国际贸易与国际分工的关键枢纽,尤其中国在其中的桥梁作用更为显著,日本、韩国以及新加坡等东亚发达经济体将零部件、半成品等大量中间产品运往中国,经过产业间、产业内以及产品内的分工协作,中国又将大

---

[1] Woojin Yoon, Eunjung Hyun. Economic, Social and Institutional Conditions of Network Governance: Network Governance in East Asia[J]. Management Decision, 2010, 48(8): 1212-1229.

[2] 箱崎大.从日本企业看第三方市场合作[C]//李向阳,深尾京司."一带一路"建设与中日第三方市场合作.北京:中国社会科学出版社,2020:163-177.

[3] Smith Adrian, et al. Networks of Value, Commodities and Regions: Reworking Divisions of Labour in Macro-Regional Economies[J]. Progress in Human Geography, 2002, 26(1): 41-63.

量的中间产品和制成品出口至日本、韩国以及东盟国家等东亚市场,从而进一步加强了东亚经济体相互之间的紧密联系。基于此,通过东亚区域生产网络分工与协作这一研究视角,能够为中国与日韩两国在东盟第三方市场合作的分工机制提供研究路径,同时能够进一步借助产业间、产业内以及产品内水平分工与垂直分工的研究范式,来明确和定位中国与日本、韩国在东盟第三方市场合作项目中的分工形式与分工位置。

一、东亚区域生产网络的分工协作形式

伴随着国际贸易与国际分工的深化,东亚区域的分工协作格局也相应地发生着重大变化,如今的东亚区域生产网络已由"雁行模式"下的产业间垂直分工逐渐演变为产业内、产品内以及产业间水平分工与垂直分工相互交织的复杂生产网络。在该生产网络体系下,东亚各个经济体依托比较优势积极改善和升级自身在东亚区域中的分工位置,从而充分发挥自己的生产要素禀赋优势,扩大国际贸易与分工的边际收益。[1]

东亚区域生产网络的良性运转与不断升级得益于生产网络中各个经济体依托比较优势原则进行区域合作,推进比较优势与区域分工位置的协同匹配发展,进而能够实现东亚区域从"雁行模式"到东亚区域生产网络的升级与演进。在经济全球化的发展进程中,东亚区域分工模式在世界经济的演变周期中也相应地发生了诸多变化,经历了产业间分工、产业内分工以及产品内分工的整体演进与变迁。[2] 如图2.5所示,东亚区域生产网络下的分工形式与其贸易形态存在紧密联系,产业间贸易与分工、产业内贸易与分工以及产品内贸易与分工都对应着不同的比较优势与分工形态。如今的东亚区域生产网络,东亚经济体在价值链、产业链以及供应链的紧密连接中的分工模式已经呈现为产业间、产业内以及产品内垂直与水平分工相互平行又相互交织的生产网络,这不仅反映出当下东亚经济体之间的整体合作形式,还为探究中国与日本、韩国在东盟国家展开第三方市场合作的形式与机制提供了理论参考和方法借鉴。

(一)东亚区域生产网络的产业间分工形式

产业间国际分工是国际贸易中不同产业间贸易的一种具体生产形态,其运行的基础在于不同国家由于生产要素禀赋的异质性使得不同生产部门具备不同的比较优势,这就促使各国不同生产部门从事各自具有比较优势的产业,其中既包括同一产业链,也涉及不

---

[1] Fukunari Kimura, Yuya Takahashi, Kazunobu Hayakawa. Fragmentation and Parts and Components Trade: Comparison Between East Asia and Europe[J]. The North American Journal of Economics and Finance, 2007, 18(1): 23-40.

[2] C. Cindy Fan, Allen J. Scott. Industrial Agglomeration and Development: A Survey of Spatial Economic Issues in East Asia and A Statistical Analysis of Chinese Regions[J]. Economic Geography, 2003, 79(3): 295-319.

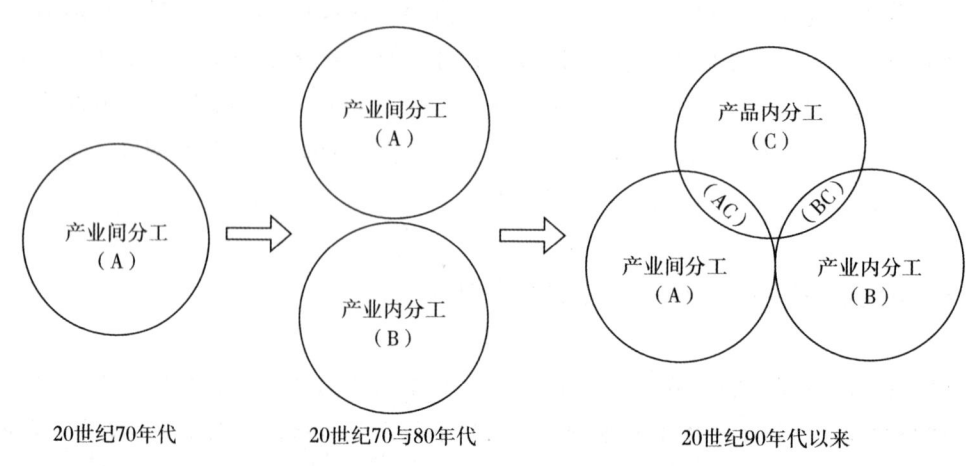

图 2.5　东亚区域生产分工关系演进图

资料来源：根据黄梅波.世界经济学[M].2 版.上海：复旦大学出版社，2010：26-32，整理制图。

注：产品内分工与产业间分工、产业内分工均存在交集，产业间分工与产业内分工无交集。

同产业链，从而最终形成了产业间国际水平或垂直分工形态。

东亚区域生产网络的产业间分工依托于东亚经济体自身生产要素禀赋的比较优势以及参与分工产业价格的异质性，其主要表现形式为东亚经济体不同生产部门之间进行区域分工，涉及的产业既囊括初级产品、中间产品以及制成品等不同价值链之间的分工[1]，也存在以消费品、资本品为代表的制成品等处在相同价值链上的产业间分工协作。产业间分工在东亚地区主要分为两个发展阶段：在第一阶段，即"雁行模式"时期，东亚地区的产业间分工形式主要以单一的垂直型分工为主，这一时期的日本跨国企业对东亚区域生产网络的动态演进起到了重要推动作用。在"雁行模式"的带动下，逐渐形成了以日本企业为中心的东亚生产基地和国际贸易平台，尤其是在 20 世纪 70 年代以后，日本在工业化进程中得到迅猛发展，日本跨国企业通过与"亚洲四小龙"跨国企业之间的产业间贸易分工与大规模对外直接投资，使得"亚洲四小龙"在东亚区域分工中依托自身的比较优势从事劳动密集型和资本密集型产业，从而直接带动了"亚洲四小龙"的经济起飞。在第二阶段，即如今的东亚区域生产网络时期，东亚地区的产业间分工打破了原来单一的垂直分工模式，出现了以中国与日本为双核心的东亚区域生产网络，进一步使得东亚地区不同发展水平的经济体在区域贸易合作中形成了以垂直和水平相互交织的分工协作特点，从而共同构成了东亚地区复杂的产业间协作网络体系。[2]

基于此，东亚区域的产业间国际分工是一个动态演进的过程，作为该区域一种经典的

---

[1] URATA Shujiro. The Shift From "Market-Led" to "Institution-Led" Regional Economic Integration in East Asia in the late 1990s[R]. RIETI Discussion Paper, 2004(4-E-012)：2-27.

[2] 刘德伟.东亚区域生产网络与全球经济失衡[M].北京：经济管理出版社，2015：188-203.

分工协作模式,为东亚经济的整体发展提供了有效的合作机制,并在如今的东亚区域生产网络中仍然起到重要作用[①],尤其为东亚地区的第三方市场合作提供了有力的解释路径。因此,通过产业间国际水平分工和垂直分工的研究视角,能够探究中国企业与日韩两国企业如何凭借不同的比较优势在不同产业之间进行错位互补,并在此基础上进一步为中国与日本、韩国在东盟展开第三方市场合作提供有效的分析思路。

(二)东亚区域生产网络的产业内分工形式

产业内国际分工是国际贸易中同一产业内贸易的一种协作状态,该种分工协作方式进一步强调了生产部门所具有的比较优势是国际贸易得以运行的关键因素,进而使得不同国家在产品异质性和规模经济的引导下,在国际贸易同一产业内的中间产品以及制成品中进行水平抑或垂直分工协作。[②]

东亚区域生产网络的产业内分工主要立足于东亚经济体对产品的偏好多样性以及区域内规模经济的效益递增,比较优势的异质性仍然是产业内分工得以运行的关键因素,其主要表现为东亚经济体在区域产业内贸易下进行的产业内垂直或水平分工协作。其中,东亚区域的产业内水平分工是东亚各经济体基于对产品的差异化需求所派生的,主要发生在生产水平相同且对产品存在不同需求的国际贸易之中;另外,产业内垂直分工则存在于生产水平和技术水平具有显著差异的东亚经济体之间,尤其发生于日本、韩国以及新加坡等东亚发达经济体与东盟广大发展中国家之间。[③] 20 世纪 80 年代以后,日本跨国公司通过在东亚地区设立海外分支机,将逐渐丧失竞争力的边际产业生产环节转移至日本周边国家,并在东亚地区建立了一个以日本产业链和供应链为中心的区域性生产网络。这一时期,日本及"亚洲四小龙"的跨国公司通过对外直接投资和跨国公司内部贸易的发展方式,向东亚其他经济体转移了大量的劳动和资本密集型产业,并将产业内的中下游生产分工环节布局在中国大陆以及东盟的发展中国家,从而形成了东亚地区排浪式的产业转移和分工位置变化。[④] 尤其是 1978 年以后,东亚区域的产业间与产业内国际贸易得到进一步深化发展,大量的跨国企业以及直接投资涌入中国市场,东亚区域的零部件以及半成品的专业化生产工序被逐渐转移至中国以及东盟的广大发展中国家,同一产业或者同一产品的分工协作在比较优势的引导下有序地分布在东亚各个经济体之中,从而推动了东

---

① Premachandra Athukorala, Nobuaki Yamashita. Production Fragmentation and Trade Integration: East Asia in A Global Context[J]. The North American Journal of Economics and Finance, 2006, 17(3): 233-256.

② Mitsuyo Ando. Fragmentation and Vertical Intra-Industry Trade in East Asia[J]. The North American Journal of Economics and Finance, 2006, 17(3): 257-281.

③ 李霞.东亚生产网络视阈下中国国际地位考察[M].北京:经济管理出版社,2019:110-145.

④ Premachandra Athukorala. Product Fragmentation and Trade Patterns in East Asia[J]. Asian Economic Papers, 2005, 4(3): 1-27.

亚区域产业内贸易与分工协作的深化发展。

在如今的东亚区域生产网络中，依托于东亚各经济体生产要素禀赋的异质性，产业内国际贸易与国际分工已经成为东亚各经济体之间进行经济合作的主要形式之一，对东亚区域生产网络的发展起到重要的推动作用。[1] 在这种分工合作方式下，追求产业和产品合作的异质性以及规模经济效益是东亚地区产业内贸易与分工不断发展的内在动力，同时也为中国与日韩两国在东盟国家展开第三方市场合作奠定了经济基础。

（三）东亚区域生产网络的产品内分工形式

产品内国际分工是国际贸易中同一产品的诸多生产工序分布于不同的生产部门，其不同于产业内国际分工将分析主体描述为整个产业，而是将生产中的微观个体企业部门作为分析对象，进一步突出跨国企业所具有的比较优势及其企业自身所特有的异质性等关键推动因素。与此同时，产品内国际分工作为一种新型分工方式，既包括产业间分工的特性，又涉及产业内分工的形式，已经逐渐成为东亚乃至全球国际贸易中的重要分工形式。

东亚区域生产网络的产品内分工主要依托于产业或产品生产工序与流程的专业化与精细化，其根植于国际或区域的产品内贸易，表现形式主要为同一产品的不同生产流程分散于不同的东亚经济体之中，从而使得东亚各个国家依托自身的比较优势从事价值含量不同的产品内分工协作。[2] 由于产品内国际分工的特殊性，同一产品的不同工序既可以存在于同一产业之中，也可能发生于不同的产业之间，因此其与产业间贸易与分工、产业内贸易与分工均存在紧密联系，即产品内分工是产业间分工的细化，也是产业内分工的深化，这三种生产分工方式的相互交织共同构成了如今复杂的东亚区域生产网络。[3] 20世纪90年代以来，随着国际分工的微观主体跨国公司在国际贸易中的作用日益突出，全球范围内的分工深化促使产品内国际分工成为东亚区域的主要生产协作方式之一。这一时期东亚区域生产网络由跨国公司所主导，日本、韩国等东亚发达国家跨国公司为追求边际效益递增和降低边际成本，在产品内分工模式下将产品生产环节切分为不同的分工细节，并按照东亚国家的不同生产要素禀赋优势，将价值含量较低的生产分工环节布局在中国以及东盟广大发展中国家，这进一步拓展了东亚区域原先产业间与产业内的国际贸易与国际分工的广度和深度，使得东亚经济体的跨国企业围绕同一产品采取了不同的专业化

---

[1] John Ravenhill. The "New East Asian Regionalism": A Political Domino Effect[J]. Review of International Political Economy, 2010, 17(2): 178-208.

[2] Premachandra Athukorala, Nobuaki Yamashita. Production Fragmentation and Trade Integration: East Asia in a Global Context[J]. The North American Journal of Economics and Finance, 2006, 17(3): 233-256.

[3] Fukunari Kimura, Mitsuyo Ando. Two-Dimensional Fragmentation in East Asia: Conceptual Framework and Empirics[J]. International Review of Economics & Finance, 2005, 14(3): 317-348.

生产形式,从而在东亚地区形成了以跨国企业产业链、供应链为主导的区域生产与分工的复杂网络体系。

随着产品内贸易与分工形式在东亚地区的持续发展与深化,东亚区域内部已经形成了以中国和日本为枢纽的贸易与分工中转平台,东亚其他经济体通过供应链和产业链与中日两国共同构建了东亚区域产业间、产业内以及产品内纷繁复杂的贸易与分工模式。[①] 也正是在这种相互交织又联系紧密的东亚区域生产网络中,东亚主要经济体凭借自身的比较优势各自从事着高度专业化的生产分工,因此可以通过借鉴东亚区域产业间、产业内以及产品内分工协作的视角来探究第三方市场合作在东亚地区的合作机制,从而为中国与日本、韩国在东盟国家展开第三方市场合作提供更为扎实的理论分析基础与现实参照案例。

(四)东亚区域生产网络的混合型分工

混合型国际分工是国际贸易中集产业间、产业内以及产品内水平分工抑或垂直分工于一体的分工形式,其运行基础立足于比较优势、规模经济、产品偏好多样性以及生产工序精细化等多种因素,该种合作方式不仅具有产业间、产业内以及产品内分工的特点与形式,还突破了单一产业或单一产品的生产分工模式,是国际贸易与国际分工发展到较高水平的一种分工形态,对经济一体化发展以及生产分工专业化都具有重要推动作用。[②]

东亚区域生产网络的混合型国际分工的形成与发展,主要依托于东亚区域经济的快速发展以及区域内经济结构和生产部门的多元化趋势,其主要表现形式为中国、日本、韩国以及东盟等东亚经济体在产业间、产业内以及产品内进行相互交叉的水平分工和垂直分工,从而构成了复杂的生产分工网络体系。[③] 在东亚区域生产网络中,日本与韩国等发达经济体与中国、东盟等发展中国家在生产力水平、技术要素密集度以及经济发展阶段等不同领域均存在较大差异,这在客观上导致了东亚经济体在进行经济合作时会出现产业间、产业内以及产品内水平分工与垂直分工同时存在的生产形态。也正是基于这种生产分工形式,中国与日本、韩国以及东盟国家建立了紧密的分工协作关系,进而为中国与日韩两国在东盟开展第三方市场合作提供了重要的研究路径。

东亚区域生产网络分工形式如表2.1所示。

[①] Zailani Suhaiza, Premkumar Rajagopal. Supply Chain Integration and Performance: US Versus East Asian Companies[J]. Supply Chain Management: An International Journal, 2005, 10(5): 379-393.

[②] 黄梅波. 世界经济:理论、政策与实践[M]. 北京:北京大学出版社,2015:216-219.

[③] Syed Farid Alatas. Academic Dependency and the Global Division of Labour in the Social Sciences[J]. Current Sociology, 2003, 51(6): 599-613.

表 2.1 东亚区域生产网络分工形式

项目	假设条件	分析主体	运行原因	分工形式	表现形式
产业间国际分工	完全竞争、无规模经济、产品同质化	产业	生产要素禀赋比较优势	水平分工垂直分工	东亚国家不同产业部门之间的国际分工
产业内国际分工	不完全竞争、规模经济、产品异质性	产业	生产要素禀赋比较优势	水平分工垂直分工	东亚区域同一产业价值链或价值环节分工
产品内国际分工	不完全竞争、规模经济、产品异质性	企业	生产要素禀赋比较优势、企业异质性	水平分工垂直分工	东亚区域同一产品不同生产工序之间分工
混合型国际分工	兼具产业间、产业内与产品内分工特点	产业与企业	经济结构与产业结构多元化	水平分工与垂直分工相混合	东亚区域产业间、产业内和产品内混合国际分工

资料来源:根据黄梅波.世界经济:理论、政策与实践[M].北京:北京大学出版社,2015:212-220,整理制表。

二、东亚区域生产网络分工形式与第三方市场合作的内在联系

全球生产网络的动态演进推动了东亚区域生产网络的整体发展,这种动态演进过程能够重塑东亚地区的分工协作网络体系。[1] 基于东亚区域生产网络分工形式的变化因素,能够从不同角度分析中国与日韩两国在东盟进行第三方市场合作的分工形态、参与方式以及分工位置,从而为进一步探究东亚地区第三方市场合作分工机制提供了有效的研究切入路径。因此,从产业间、产业内以及产品内分工的角度来剖析中国与日本、韩国在东盟国家第三方市场合作的分工协作形式,能够为第三方市场合作在东亚区域的分工形式、分工位置以及参与方式等不同领域提供理论层面的解释视角。

(一)东亚分工形式提供了中国与日韩第三方市场合作分工协作的研究视角

21世纪以来,"雁行模式"下的区域内垂直分工体系逐渐被两翼以及"雁尾"的经济体所超越,以跨国公司为基础的东亚区域生产网络逐渐出现分工明确、互相协作又充满竞争的区域生产链。[2] 其中,处于"雁尾"国家的企业开始更多地参与到东亚生产网络价值含量更高的生产环节,其中中国以及东盟部分国家的跨国企业通过长期的技术与人力资本积累,开始突破原有价值链"低端锁定"的发展困境,凭借自身企业的异质性在东亚区域生

---

[1] 王金波.中日第三方市场合作与区域生产网络的完善[C]//李向阳,深尾京司主编."一带一路"建设与中日第三方市场合作.北京:中国社会科学出版社,2020:41-59.

[2] Premachandra Athukorala. Singapore and ASEAN in the New Regional Division of Labor[J]. The Singapore Economic Review, 2008, 53(3): 479-508.

产网络中从事附加值更高的产业与产品生产,使东亚各国企业在区域分工协作中产生了更为复杂的分工协作关系。[1] 基于此,在东亚区域生产网络中,中国、日本、韩国以及东盟国家的跨国企业依托自身的生产要素禀赋在不同的生产环节中从事专业化生产,但同时又在东亚区域内形成了更为紧密的相互协作关系,展现出新时期东亚经济体之间相互合作又互相竞争的良性竞合生产网络,这种联系紧密的分工协作关系有助于为中国与日韩两国在东盟展开第三方市场合作明确生产分工位置和提供研究分析路径。

在东亚区域生产网络中,东亚经济体比较优势的异质性使东亚不同国家的生产部门处于区域价值链的不同分工位置。其中,日本、韩国以及新加坡等东亚发达经济体在产业间、产业内以及产品内生产分工环节能够获得更高的边际收益。[2] 然而,边际收益较低的生产分工环节也需要具有相应比较优势的经济体参与其中,中国以及部分东盟发展中国家和新兴经济体虽然在东亚生产网络中从事中低附加值产业的生产分工,但其仍然是东亚区域分工中的重要参与者。更进一步来说,无论是以日本、韩国和新加坡为代表的发达国家,还是以中国、部分东盟国家为代表的新兴经济体和发展中国家,都在东亚区域生产分工的不断演进过程中形成了自身所特有的比较优势,使得不同经济体在东亚区域的产业间、产业内以及产品内形成了水平分工与垂直分工相互交织的复杂生产网络。因此,东亚经济体分工角色的差异化是促进其生产分工与比较优势协同发展的重要基础,差异化分工协作可以最大限度地发挥东亚经济体自身所具有的比较优势,从而在产业间、产业内以及产品内分工协作中获得更多的分工边际收益,进而能进一步通过东亚区域生产网络的分工体系来明确和定位中国与日本、韩国在东盟第三方市场合作形式下的比较优势、分工位置以及分工形式。

基于此,东亚经济体在东亚区域生产网络中所依托的生产要素禀赋是其跨国企业进行产业间、产业内以及产品内垂直抑或水平分工协作的重要前提,这有助于东亚经济体在国际贸易和区域分工中获得更多的规模经济效益。[3] 从国别层面更进一步来讲,中国可以发挥自身在东亚生产网络中的桥梁作用,为中日与中韩在东盟开展第三方市场合作拓展广阔的合作空间。一方面,在第三方市场合作模式下,中国可以结合日本、韩国等东亚发达经济体在资金和技术密集型产业的比较优势,发挥日韩两国跨国企业在产品设计、技术创新以及核心部件生产等领域的比较优势,为中国企业提供更多的技术支持;[4]另一方面,东盟的发展中国家和新兴经济体在劳动密集型和资源密集型产业具有比较优势,其国

---

[1] 早川和伸.东亚地区服务链路成本的测度及其问题[J].三田学会杂志,2006(2):283-295.
[2] 兼村智也.东亚日本模具产业国际分工现状及其决定因素[J].亚洲管理评论,2007(13):97-108.
[3] Allen J. Scott. The Changing Global Geography of Low-Technology, Labor-intensive Industry: Clothing, Footwear and Furniture[J]. World Development, 2006, 34(9): 1517-1536.
[4] 张中元.中日在东盟地区的第三方市场产能合作分析[C]//李向阳,深尾京司."一带一路"建设与中日第三方市场合作.北京:中国社会科学出版社,2020:60-84.

内企业主要从事零部件加工、产品组装以及原材料出口等产业,中国与日本可以依托自身在东亚区域生产网络中的分工枢纽作用,通过第三方市场合作方式将中国与日本、韩国在技术、资本以及人力等生产要素上的比较优势与东盟发展中国家的社会经济发展需求进行对接,从而推动其工业化进程和提升社会福利。

(二)东亚区域分工明确了中国与日韩第三方市场合作的分工位置

东亚区域生产网络分工协作体系能够为中国与日本、韩国在东盟第三方市场合作的比较优势和分工机制提供分析视角,从而通过东亚区域的产业间、产业内以及产品内分工形式来定位中国与日韩两国在第三方市场合作中的分工位置。因此,东亚区域生产网络分工协作体系能够为中国与日本、韩国在东盟第三方市场合作的比较优势和分工机制提供分析视角,从而通过东亚区域的产业间、产业内以及产品内分工形式来定位中国与日韩两国在第三方市场合作中的分工位置。[①]

首先,对于中国来说,其在东亚区域生产网络中的比较优势仍然主要来源于劳动力成本的比较优势,自改革开放以来人口红利所持续释放的经济效益为中国参与东亚区域分工创造了重要的利好条件。[②] 在零部件加工、生活用品加工以及中间产品出口等制造业领域中仍然需要发挥中国在劳动力成本领域的比较优势。与此同时,虽然中国通过参与东亚区域分工使得自身的科技生产要素禀赋得到大幅提升,并在部分科技领域对东亚发达经济体的技术优势地位造成了冲击,但是相较于日本和韩国在精密仪器、半导体以及核心零部件等尖端技术领域仍存在一定差距,这使得中国企业在技术要素密集度较高的产业和产品中参与的水平分工较少。[③] 因此,基于技术要素禀赋的异质性,中国企业在东亚区域生产网络中的分工位置主要以中间产品以及制成品的组装、加工以及运输等价值链中低端分工为主,同时在部分技术要素密集度较高的产业和产品中能够与日韩两国企业进行水平分工。[④] 由此可以看出,中国企业在东亚区域生产网络中的分工位置明确了其与日韩两国企业在第三方市场合作中的分工形式,即中国与日本、韩国能够结合各自的比较优势在东盟第三方市场合作中进行产业间、产业内以及产品内的水平抑或垂直分工,从而能够有效对接东盟发展中国家的社会经济发展需求,这不仅可以充分利用中国企业在东亚区域生产网络中的分工位置,而且还能够进一步巩固中国企业在东亚区域生产网络

[①] 李成日."一带一路"高质量发展与中日第三方市场合作[C]//李向阳,深尾京司."一带一路"建设与中日第三方市场合作.北京:中国社会科学出版社,2020:27-40.

[②] Gaulier Guillaume, Françoise Lemoine, Deniz Ünal-Kesenci. China's Integration in East Asia: Production Sharing, FDI & High-Tech Trade[J]. Economic Change and Restructuring, 2007, 40(1): 27-63.

[③] Masahiro Kawai. East Asian Economic Regionalism: Progress and Challenges[J]. Journal of Asian Economics, 2005, 16(1): 29-55.

[④] Wei YH Dennis, Li Jian, Ning Yuemin. Corporate Networks, Value Chains, and Spatial Organization: A Study of the Computer Industry in China[J]. Urban Geography, 2010, 31(8): 1118-1140.

中的分工优势基础。

其次,对日本来说,其在东亚区域生产网络中的比较优势主要来源于技术创新、科技研发以及技术积累等领域所获得的技术比较优势。[①] 依托日本政府自二战结束以来所推行的产业扶持政策,日本企业在产业和产品中的科技要素禀赋得到快速提升,使得其在东亚区域生产网络中长期处于价值链与价值环节的上游分工位置。[②] 以零部件和半成品为代表的中间产品以及以资本品和消费品为代表的制成品,是日本在东亚区域对外出口的主要产品,其庞大的出口贸易额立足于日本企业在中间产品和制成品产业中较高的技术要素禀赋和贸易附加值,这使得日本企业依托科技领域的比较优势在东亚区域生产网络中占据了附加值较高的分工位置。[③] 基于此,日本企业在东亚区域生产网络中的分工位置主要位于产业间、产业内以及产品内的上游环节,并通过水平分工或垂直分工形式与中国企业在东盟国家展开第三方市场合作,从而使得中日两国企业在各自分工位置的基础上实现了比较优势的错位互补。然而,值得注意的是,后"雁行模式"时期的日本企业技术要素禀赋比较优势的逐渐弱化,成为抑制其保持高附加值区域分工位置的限制性因素,从而对日本企业在东亚区域生产网络中的优势地位形成了冲击。因此,日本政府为了巩固日本企业在东亚区域的分工优势地位,积极与中国在东盟等全球市场中进行第三方市场合作,从而寻求日本企业在东亚区域技术优势与分工位置的正向对应关系。[④]

表2.2 东亚区域生产网络分工形式与第三方市场合作分工的匹配

分工形式	产业间分工		产业内分工		产品内分工		混合型分工
具体结构	水平分工	垂直分工	水平分工	垂直分工	水平分工	垂直分工	水平与垂直混合
分工特点	在同一价值水平上从事不同产业间分工	在不同价值水平上从事不同产业间分工	在同一产业中从事相似价值含量的分工	在同一产业中从事不同价值含量的分工	在同一产品中从事相似价值含量的分工	在同一产品中从事不同价值含量的分工	兼具水平与垂直分工特征
分工基础	生产要素禀赋、相对价格差异		产品异质性、规模经济效益		产品生产工序国际化		经济发展与经济结构多元化

---

① 新宅纯二郎.东亚制造业网络的形成与日本企业的定位[J].东京大学制造管理研究中心 MMRC Discussion Paper,2006(92):2-16.

② Mitsuyo Ando, Fukunari Kimura. The Formation of International Production and Distribution Networks In East Asia[C]//Takatoshi Ito and Andrew K. Rose (eds.). International Trade In East Asia. Chicago: University of Chicago Press, 2005:177-216.

③ Kyoshi Kojima. Direct Foreign Investment: A Japanese Model of Multi-National Business Operations[M]. New York: Routledge, 2011:83-90.

④ 李天国."一带一路"框架下中日在越南的第三方市场合作:基于贸易关系的比较研究[C]//李向阳,深尾京司."一带一路"建设与中日第三方市场合作.北京:中国社会科学出版社,2020:85-105.

续表

分工形式	产业间分工		产业内分工		产品内分工		混合型分工
东亚地区分工体现	日韩等发达国家之间,以及日韩与中国、东盟发展中国家之间		日韩等发达国家之间、以及日韩与东亚新兴经济体或发展中国家之间	日韩与中国、部分东盟新兴经济体和发展中国家之间	日韩与中国、部分东盟新兴经济体和发展中国家之间		东亚发达国家与发展中国家之间交叉分工
第三方市场合作中分工位置	中国与日韩处于不同产业间相同价值分工位置	中国与日韩处于不同产业间不同价值分工位置	中国与日韩处于同一产业内相同价值分工位置	中国与日韩处于同一产业内不同价值分工位置	中国与日韩处于同一产品内相同价值分工位置	中国与日韩处于同一产品内不同价值分工位置	中国与日韩处于产业间、产业内以及产品内相同或不同价值分工位置
第三方市场合作的代表案例	印尼井里汶电厂2台桥式抓斗卸船机项目	1.越南宜山水泥厂水泥熟料二线扩建;2.印尼红土镍矿生产新能源材料	1.中日韩—东盟银联体;2.越南山阳港建设项目;	印尼中爪哇2×100万千瓦燃煤电站	1.印度尼西亚PKG合成氨尿素化肥工程;2.中缅天然气管道项目	1.泰国三井KSP糖厂;2.新加坡地铁车厢项目	1.越南海防火电站二期项目;2.马来西亚炼油和石化一体化发展项目
合作形式	工程合作类	产融结合类、投资合作类	产融结合类、工程合作类	产品服务类、产略合作类	工程合作类、投资合作类	工程合作类	工程合作类、战略合作类

资料来源:根据黄梅波.世界经济:理论、政策与实践[M].北京:北京大学出版社,2015:212-220;吴崇伯,丁梦.中韩第三方市场合作:进展、阻力与对策[J].东北亚论坛,2020(3):75-89;吴崇伯,丁梦.中日在越南的第三方市场合作[J].现代日本经济,2020(5):13-23等整理制表。

再次,对韩国来说,其作为东亚地区的重要经济体,优越的人力资源禀赋、持续攀升的技术要素禀赋以及明显改善的市场制度安排,促使韩国企业在如今东亚区域生产网络中的分工位置以及贸易附加值得到持续提升。韩国企业在东亚区域生产网络中的比较优势在于技术、人力以及资本等生产要素禀赋与其生产分工位置得到了协同发展,尤其是技术优势与人力资源优势的相互协调发展,为韩国经济创造了可观的规模经济效益,从而使得韩国企业凭借技术与人力资源的生产要素禀赋优势在东亚区域生产网络中处于价值含量较高的分工位置。因此,韩国在东亚区域的中间产品和制成品国际贸易中占有重要地位,韩国企业相较于中国企业,在核心零部件、精密仪器设备以及半导体等部分产业与产品中处于价值含量更高的分工位置。但在其他的中间产品和制成品国际贸易中,中韩两国企业又以水平分工的方式参与合作。基于此,韩国企业可以通过发挥其技术和人力资源的生产要素比较优势,与中国企业在东盟国家的第三方市场合作项目中展开产业间、产业内以及产品内的水平抑或垂直分工,从而能够实现合作项目的规模经济效益。①

最后,对东盟国家来说,东盟广大发展中国家和新兴经济体的比较优势主要集中在自然资源、廉价劳动力等传统低附加值产业,这导致其在东亚区域生产网络中面临价值链、产业链以及供应链的"低端锁定"风险②,由此可能导致东盟发展中国家长期所依赖的比较优势演化为"比较优势陷阱",从而进一步压缩其在东亚区域生产网络中的分工边际收益。③ 东盟国家(除去新加坡)在东亚区域的国际贸易主要以初级产品为主,日益增多的中间产品和制成品贸易也以加工组装为主,这表明东盟发展中国家和新兴经济体在技术、人力资源以及资本等诸多生产要素中均存在一定劣势,尤其与日本、韩国以及新加坡等东亚发达国家相比存在较大差距,从而导致其在东亚区域生产网络的分工位置长期处于生产链与生产环节的下游。因此,东盟发展中国家可以通过第三方市场合作的模式从中国与日本、韩国等东亚其他国家中获取自身发展所需要的稀缺生产要素,并在东亚区域分工中进一步提升自身在价值链低端的分工位置,进而实现在东亚区域生产网络分工阶梯中的向上攀升。

---

① 吴崇伯,丁梦.中韩第三方市场合作:进展、阻力与对策[J].东北亚论坛,2020(3):75-89.
② Aniceto Orbeta. Enhancing Labor Mobility In ASEAN: Focus on Lower-Skilled Workers[R]. PIDS Discussion Paper Series,2013:2-16.
③ Premachandra Athukorala. Singapore and ASEAN in the New Regional Division of Labor[J]. The Singapore Economic Review,2008,53(3):479-508.

第三章 中国与日韩两国在东盟第三方市场合作的发展基础

东亚区域自20世纪70年代以来发展至今,已经从原有单一产业间垂直分工形式发展为如今的产业间、产业内以及产品内水平抑或垂直的多元化分工形态。从经济学史的发展演进来看,东亚区域的国际贸易与国际分工主要表现为从"雁行模式"到"东亚区域生产网络"的发展过程。因此,以东亚区域生产网络的国际贸易与国际分工作为分析切入点,从东亚区域的产业间、产业内以及产品内国际贸易与国际分工视角来理清中国、日本、韩国以及东盟国家在东亚区域生产网络中的国际贸易流向、国际分工位置和比较优势基础,能够为后文探究中国与日韩两国在东盟的第三方市场合作提供研究思路与分析路径。

第一节 东亚区域产业间贸易奠定第三方市场合作分工基础

产业间国际贸易与国际分工是东亚区域生产网络中的经典贸易与分工形式,通过不断发展和演变,该种贸易与分工方式已经成为连接中国与日本、韩国以及东盟国家进行国际产业间分工协作的关键纽带,同时也是分析中国与日韩两国在东盟进行第三方市场合作的有效切入路径。基于此计算和整理中国与日本、韩国以及东盟国家的产业间贸易互补性指数,有助于考察中国与日本、韩国在东盟第三方市场合作的比较优势、重点产业、分工方式以及潜在合作领域等诸多合作环节。

一、国际贸易产品分类与数据说明

在东亚区域生产网络中,产业间、产业内以及产品内多种国际贸易与国际分工方式并存的生产模式为中国与日本、韩国在东盟进行第三方市场合作提供了有利的合作环境。因此,本节通过选取国际贸易中产业间相关指标体系来探究中国与日韩两国在东盟展开第三方市场合作背后所蕴藏的比较优势、重点产业以及分工位置等相关合作基础,以便更加立体化地展示中国与日本、韩国在东盟进行第三方市场合作的产业间分工协作情况,从而为中国与日本、韩国在东盟进行第三方市场合作的发展方向与研究路径提供相应的参考与借鉴。

为了有针对性地研究中国与日本、韩国以及东盟国家之间在产业间国际贸易上的相互依存关系,选取拉尔(Lall,2000)对 SITC(第二次修订版)[①]三位数国际贸易产品编码的分类方法,将其分为初级产品、资源密集型产品、弱技术产品、中等技术产品和强技术产品五个大类和九个小类[②],并将相应的三位数编码置于对应的分类产品之中,如表 3.1 所示。在此基础上,本节的数据分为这样几个部分:一部分是在东亚范围内,中国、日本、韩国以及东盟国家在 SITC(第二次修订版)三位数编码相对应产品的进出口额,以及东亚经济体相应年份的进出口总额;另一部分是在全球范围内,SITC(第二次修订版)三位数编码相对应产品在全球市场的进出口额,以及相对应年份全球的进出口总额。上述数据均来源于联合国贸易数据库(UN Comtrade)。

表 3.1　国际贸易产品 SITC(第二次修订版)三位数分类表

产品分类	产品细分	对应 SITC 三位数编码
初级产品		001、011、022、025、034、036、041、042、043、044、045、054、057、071、072、074、075、081、091、121、211、212、222、223、232、244、245、246、261、263、268、271、273、274、277、278、291、292、322、333、341、681、682、683、684、685、686、687

[①]　国际贸易标准分类(第二次修订版)是联合国使用时间较长的一套分类方法,对国际贸易中的生产材料、加工阶段、产品用途以及技术发展等内容进行了描述,由于拉尔(Lall,2000)对国际贸易产品的分类立足于 SITC 的第二次修订版,为了统计数据的一致性与可得性,本文也采用 SITC(第二次修订版)的分类标准,参见 United Nations. Standard International Trade Classification (SITC) Revision 2[R]. New York: United Nations Publication,1975.

[②]　拉尔(Lall,2000)在其论文中通过结合 OECD(1994)和拉尔(1998)年对国际贸易产品 SITC 分类标准的长期研究,认为三位数码下的 SITC(Rev.2)产品分类能够较为准确地反映国际贸易产品的价值含量情况,从而在此基础上将 SITC 分类标准下所有编码的国际贸易产品统一分类为五个种类别和九个小类别,即初级产品、资源密集型产品(农产品、其他资源密集型产品)、弱技术产品(纺织、服装和鞋类、其他弱技术产品)、中等技术产品(汽车产品、加工产品、工程产品)和强技术产品(电子和电器、其他强技术产品)。这为研究国际贸易产品的分工及价值含量提供了有效的分类方法,本书将在此分类方法的基础上对中国与日本、韩国以及东盟国家的国际贸易情况进行分析,参见:Sanjaya Lall. Technological Structure and Performance of Developing Country Manufactured Exports,1985-98[J]. Oxford Development Studies,2000,28(3):339-369;OECD. Globalization and Competitiveness:Relevant Indicators [R]. Pairs:OECD Directorate for Science,Technology and Industry,1994;Sanjaya Lall. Exports of Manufactures by Developing Countries:Emerging Patterns of Trade and Location[J]. Oxford Review of Economic Policy,1998,14(2):54-73.

续表

产品分类	产品细分	对应SITC三位数编码
资源密集型产品	农产品	012、014、023、024、035、037、046、047、048、056、058、061、062、073、098、111、112、122、233、247、248、251、264、265、269、423、424、431、621、625、628、633、634、635、641
	其他资源密集型产品	281、282、286、287、288、289、323、334、335、411、511、514、515、516、522、523、531、532、551、592、661、662、663、664、667、688、689
弱技术产品	纺织、服装和鞋类	611、612、613、651、652、654、655、656、657、658、659、831、842、843、844、845、846、847、848、851
	其他弱技术产品	642、665、666、673、674、675、676、677、679、691、692、693、694、695、696、697、699、821、893、894、895、897、898、899
中等技术产品	汽车产品	781、782、783、784、785
	加工产品	266、267、512、513、533、553、554、562、572、582、583、584、585、591、598、653、671、672、678、786、791、882
	工程产品	711、713、714、721、722、723、724、725、726、727、728、736、737、741、742、743、744、745、749、762、763、772、773、775、793、812、872、873、884、885、951
强技术产品	电子电器产品	716、718、751、752、759、761、764、771、774、776、778
	其他强技术产品	524、541、712、792、871、874、881

资料来源：根据Sanjaya Lall. Technological Structure and Performance of Developing Country Manufactured Exports, 1985-98[J]. Oxford Development Studies, 2000, 28(3): 339-369 进行整理。

二、产业间贸易互补性指数的测算

在东亚区域生产网络中，中国与日本、韩国在东盟的第三方市场合作涉及中国与日本、中国与韩国以及中国与东盟国家在国际贸易与国际分工中复杂的合作关系。其中，东亚区域内产业间、产业内以及产品内多种分工方式的相互交叉状态，使得中国与日韩两国在东盟所进行的第三方市场合作也同样存在着多元的分工协作方式。因此，为了全面反映中国与日韩两国在东盟第三方市场合作的产业间国际贸易互补的合作状况，以及进一步探究中国与日本、韩国以及东盟在产业间国际分工的协作位置，此处选用产业间贸易互补性指数来测度中国、日本、韩国以及东盟国家在相关产业的国际贸易互补情况。根据已有研究成果，相关产业间贸易互补性指数的公式推导过程[①]为：

---

① 此处关于贸易互补性指数的推导主要参照于津平在其2003年论文《中国与东亚主要国家和地区间的比较优势与贸易互补性》中的相关论述，该文指出贸易互补性指数可以从简单的显性出口比较优势指数来进行推导，即一国在某一产品中存在出口比较优势，那么对应的进口国则在该产品中存在比较劣势，那么两者的乘积就可以用来表示出口与进口国在某一产品上的贸易互补性。

$$\mathrm{RCA}_{x\alpha}^{\mu} = \frac{X_{\alpha}^{\mu}}{X_{\alpha}} \Big/ \frac{M_{\theta}^{\mu}}{M_{\theta}} \tag{3.1}$$

$$\mathrm{RCA}_{m\beta}^{\mu} = \frac{M_{\beta}^{\mu}}{M_{\beta}} \Big/ \frac{X_{\theta}^{\mu}}{X_{\theta}} \tag{3.2}$$

$$C_{\alpha\beta}^{\mu} = \mathrm{RCA}_{x\alpha}^{\mu} \times \mathrm{RCA}_{m\beta}^{\mu} \tag{3.3}$$

从产业间贸易互补性指数的推导过程可以发现,该指数由显性出口比较优势指数演变而来。其中,在公式(3.1)中,$\mathrm{RCA}_{x\alpha}^{\mu}$ 表示 α 国在出口产品 μ 上的比较优势,X_{α}^{μ} 表示 α 国在 μ 产品上的出口额,X_{α} 表示 α 国的出口总额,M_{θ}^{μ} 表示全球在 μ 产品上的进口额,M_{θ} 表示全球的进口总额;在公式(3.2)中,$\mathrm{RCA}_{m\beta}^{\mu}$ 表示 β 国在进口 μ 产品上的比较优劣势,M_{β}^{μ} 表示 β 国在 μ 产品上的进口额,M_{β} 表示 β 国的进口总额,X_{θ}^{μ} 表示全球在产品 μ 上的出口额,X_{θ} 表示全球的出口总额。在此基础上,在公式(3.3)中,$\mathrm{RCA}_{x\alpha}^{\mu} \times \mathrm{RCA}_{m\beta}^{\mu}$ 的乘积用来表示 α 国出口 μ 产品与 β 国进口 μ 产品之间的贸易互补性指数 $C_{\alpha\beta}^{\mu}$,$C_{\alpha\beta}^{\mu}$ 越大表示两国之间在某产品上的贸易互补性较强,反之则表示在某产品上的贸易互补性较小,该指数能够在一定程度上表示产业间国际贸易的互补情况,有助于探究中国与日本、韩国在东盟进行第三方市场合作产业间国际分工的协作形态。

表 3.2 和表 3.3 分别从中国出口与其他东亚经济体进口以及中国进口和其他东亚经济体出口两个角度对中国与日本、韩国以及东盟国家在产业间国际贸易以及国际分工的互补性情况进行了整体性和具体性的展示,二者均以 2000 年为计算起点,并以 10 年的间隔计算了 2010 年和 2020 年的产业间贸易互补性情况,同时还对 2021 年产业间贸易互补性情况也进行了计算整理,这对从时间纵向了解中国与日本、韩国以及东盟国家的产业间贸易互补性的有一定帮助。

表 3.2 中国出口与日韩、东盟进口的产业间贸易互补性指数表

产品分类	产品细分	年份	日本	韩国	印尼	马来西亚	菲律宾	新加坡	泰国	越南	东盟
初级产品		2000	1.16	1.04	0.77	0.30	0.61	0.36	0.64	0.23	—
		2010	0.38	0.33	0.18	0.16	0.22	0.11	0.25	0.13	0.17
		2020	0.37	0.35	0.26	0.22	0.21	0.12	0.31	0.20	0.21
		2021	0.32	0.30	0.22	0.14	0.17	0.11	0.26	—	—
资源密集型产品	农产品	2000	0.74	0.40	0.72	0.36	0.42	0.28	0.37	0.50	—
		2010	0.47	0.28	0.47	0.51	0.43	0.23	0.33	0.57	0.32
		2020	0.46	0.29	0.46	0.49	0.56	0.24	0.32	0.30	0.29
		2021	0.42	0.28	0.44	0.55	0.55	0.23	0.31	—	—
	其他	2000	0.68	0.79	1.67	0.50	0.42	0.64	0.62	1.36	—
		2010	0.50	0.59	0.81	0.39	0.45	0.86	0.25	0.52	0.52
		2020	0.63	0.74	0.77	0.79	0.56	0.78	0.42	0.06	0.54
		2021	0.58	0.68	0.69	0.72	0.58	0.72	0.35	—	—

续表

产品分类	产品细分	年份	日本	韩国	印尼	马来西亚	菲律宾	新加坡	泰国	越南	东盟
弱技术产品	纺织、服装和鞋类	2000	4.93	1.95	2.30	0.87	1.89	1.55	1.57	6.70	—
		2010	4.13	1.84	2.13	0.77	0.99	0.88	1.26	5.23	1.82
		2020	3.45	2.22	2.15	0.94	1.07	0.86	1.19	2.85	1.79
		2021	2.95	2.12	2.19	0.90	1.02	0.67	1.14	—	—
	其他	2000	1.36	0.93	1.24	1.35	1.01	1.29	1.98	1.35	—
		2010	1.21	1.26	1.37	1.33	0.90	1.09	2.21	1.75	1.48
		2020	1.60	1.29	1.72	1.29	1.84	1.03	2.49	1.63	1.66
		2021	1.50	1.29	1.75	1.39	1.86	1.12	2.51	—	—
中等技术产品	汽车产品	2000	0.06	0.02	0.12	0.04	0.06	0.04	0.07	0.15	—
		2010	0.10	0.08	0.20	0.16	0.23	0.07	0.19	0.13	0.13
		2020	0.26	0.30	0.22	0.18	0.43	0.09	0.29	0.16	0.18
		2021	0.33	0.33	0.34	0.25	0.57	0.12	0.38	—	—
	加工产品	2000	0.48	0.99	1.67	0.78	0.95	0.65	1.33	2.29	—
		2010	0.41	0.88	1.09	0.76	0.66	0.47	1.06	1.79	0.92
		2020	0.43	0.67	1.37	0.84	0.89	0.53	0.96	1.09	0.94
		2021	0.48	0.71	1.54	0.91	0.96	0.55	1.15	—	—
	工程产品	2000	0.51	0.76	1.13	0.98	0.67	0.95	0.95	0.78	—
		2010	0.85	1.27	1.59	1.25	0.76	1.27	1.37	1.45	1.40
		2020	1.00	1.18	1.59	1.11	1.02	1.24	1.37	1.07	1.33
		2021	0.99	1.14	1.42	1.02	1.06	1.24	1.33	—	—
强技术产品	电子电器产品	2000	1.12	1.50	0.25	2.82	2.69	2.74	1.64	0.68	—
		2010	2.00	2.13	1.69	4.94	5.08	4.65	2.62	1.71	3.38
		2020	1.70	2.15	1.28	2.97	2.85	3.75	1.90	3.43	2.89
		2021	1.69	2.12	1.19	3.18	2.64	4.02	1.89	—	—
	其他	2000	0.43	0.44	0.20	0.33	0.22	0.41	0.33	0.31	—
		2010	0.48	0.42	0.43	0.41	0.36	0.44	0.29	0.32	0.47
		2020	0.61	0.46	0.26	0.34	0.39	0.48	0.32	0.34	0.41
		2021	0.81	0.54	0.43	0.44	0.61	0.53	0.41	—	—

资料来源：根据联合国贸易数据库（UN Comtrade）测算整理。

注：由于文莱、柬埔寨、老挝和缅甸四国的数据部分缺失且已计算结果显著性不够，故此表中不对这四国的数据进行展示；联合国贸易数据库（UN Comtrade）数据库中没有更新2021年越南，2000年和2021年东盟的相应数据，故此表中对应处以"—"表示。

表 3.3　中国进口与日韩、东盟出口的产业间贸易互补性指数表

产品分类	产品细分	年份	日本	韩国	印尼	马来西亚	菲律宾	新加坡	泰国	越南	东盟
初级产品		2000	0.09	0.17	2.33	0.79	0.27	0.17	0.91	3.77	—
		2010	0.14	0.15	2.52	1.06	0.40	0.10	0.73	1.87	1.03
		2020	0.34	0.37	3.09	1.27	1.07	0.12	1.22	1.13	1.20
		2021	0.32	0.37	3.01	1.20	0.95	0.17	1.19	—	—
资源密集型产品	农产品	2000	0.30	0.43	2.11	1.26	0.55	0.30	1.38	0.47	—
		2010	0.30	0.31	2.12	1.57	0.92	0.24	1.28	0.55	1.01
		2020	0.27	0.32	2.82	1.19	0.70	0.42	1.50	0.49	1.05
		2021	0.27	0.30	2.78	1.26	0.76	0.38	1.40	—	—
	其他	2000	0.54	1.12	1.12	0.42	0.34	1.32	0.83	0.45	—
		2010	0.84	1.29	1.36	0.74	0.53	2.47	1.07	0.50	1.19
		2020	1.09	1.63	1.18	1.52	0.84	2.03	1.09	0.39	1.01
		2021	0.99	1.63	1.09	1.47	0.70	1.91	1.15	—	—
弱技术产品	纺织、服装和鞋类	2000	0.16	1.27	2.02	0.47	1.16	0.28	1.39	3.58	—
		2010	0.06	0.17	0.57	0.20	0.19	0.05	0.32	1.88	0.45
		2020	0.06	0.11	0.62	0.33	0.14	0.06	0.25	1.32	0.63
		2021	0.07	0.13	0.68	0.46	0.18	0.07	0.31	—	—
	其他	2000	0.51	0.62	0.62	0.44	0.26	0.37	0.70	0.38	—
		2010	0.38	0.35	0.23	0.37	0.12	0.21	0.40	0.75	0.32
		2020	0.23	0.25	0.23	0.27	0.14	0.15	0.27	0.44	0.26
		2021	0.22	0.23	0.21	0.22	0.15	0.13	0.26	—	—
中等技术产品	汽车产品	2000	0.41	0.19	0.02	0.01	0.04	0.01	0.08	0.01	—
		2010	1.42	0.86	0.14	0.06	0.27	0.09	0.72	0.07	0.19
		2020	1.28	0.70	0.29	0.06	0.11	0.06	0.68	0.11	0.18
		2021	1.24	0.70	0.27	0.06	0.12	0.06	0.82	—	—
	加工产品	2000	2.15	3.06	1.88	1.25	0.27	1.56	1.81	0.34	—
		2010	1.49	1.63	0.78	1.02	0.30	1.03	1.23	0.45	0.85
		2020	1.58	1.81	1.63	0.99	0.24	1.24	1.18	0.44	0.93
		2021	1.34	1.55	1.54	0.86	0.23	1.00	1.08	—	—
	工程产品	2000	1.91	1.10	0.41	0.86	0.66	0.85	0.85	0.21	—
		2010	1.90	1.58	0.39	0.67	0.48	0.82	0.98	0.39	0.63
		2020	1.18	0.90	0.24	0.42	0.56	0.77	0.80	0.37	0.54
		2021	1.20	0.84	0.20	0.39	0.57	0.74	0.80	—	—

续表

产品分类	产品细分	年份	日本	韩国	印尼	马来西亚	菲律宾	新加坡	泰国	越南	东盟
强技术产品	电子电器产品	2000	1.99	2.63	0.87	3.87	5.04	4.27	2.26	0.40	—
		2010	1.72	2.66	0.60	3.80	3.85	4.28	2.23	1.09	3.17
		2020	1.42	2.84	0.44	3.44	5.05	3.39	1.62	3.59	2.89
		2021	1.44	2.95	0.41	3.41	5.19	3.68	1.71	—	—
	其他	2000	0.76	0.16	0.07	0.25	0.10	0.39	0.12	0.05	—
		2010	0.93	1.61	0.08	0.59	0.08	1.02	0.29	0.18	0.60
		2020	0.74	0.58	0.07	0.54	0.31	0.85	0.30	0.13	0.42
		2021	0.67	0.51	0.05	0.45	0.31	0.72	0.20	—	—

注：由于文莱、柬埔寨、老挝和缅甸四国的数据部分缺失且已计算结果显著性不够，故此表中不对这四国的数据进行展示；联合国贸易数据库（UN Comtrade）数据库中没有更新2021年越南、2000年以及2021年东盟的相应数据，故此表中对应处以"—"表示。

资料来源：根据联合国贸易数据库（UN Comtrade）测算整理。

三、产业间国际贸易互补性指数分析

通过计算和整理中国与日本、韩国以及东盟国家的产业间贸易互补性指数，可以看出中国与东亚经济体在不同产业和产品中的产业间国际贸易与国际分工情况，这有助于进一步明晰中国与其他东亚经济体在不同领域的比较优势基础，从而对中国与日本、韩国如何在东盟展开第三方市场合作具有一定的参考意义。

（一）中国出口视角下的产业间贸易互补性分析

依托中国出口视角来探究其与日本、韩国以及东盟国家在东亚区域产业间国际贸易的发展情况[1]，能够理清中国在不同阶段相对于东亚经济体在不同产业中所持有的优势基础，可以从自身比较优势的发展角度来探究中国企业相对于日韩等发达国家企业所具有的比较优势，进而能够为中国企业与日韩两国企业在第三方市场合作过程中如何选择优势产业和发挥比较优势提供相应参考。与此同时，还可以从中国出口与东盟国家产业间贸易进口的角度来寻找和定位中国在东盟进行第三方市场合作的重点产业与潜在领域。

首先，从中国出口与日本、韩国等东亚发达经济体进口的角度来看，中国与日本、韩国在部分产业中存在较为明显的产业间国际贸易互补性，这就为中国企业依托不同产业的比较优势与日韩两国企业进行第三方市场合作提供了分析路径。一方面，从中国出口与

---

[1] Sim-Yee Lau, Takashi Shirasu. China, Japan and Korea: Prospects for Enhancing Closer Economic Relations[J]. Global Economic Review, 2003, 32(1): 3-19.

日本进口的视角来审视,如表3.2和图3.2所示,自2000年至2021年,中国出口与日本进口贸易互补性指数均大于1的为弱技术产品、强技术产品中的电子电器,这表明中日两国企业在弱技术产品的劳动密集型产业、强技术产品中电子电器的技术密集型产业具有较强的互补性,这就为中日两国企业在东亚区域进行第三方市场合作的产业间水平抑或垂直分工奠定了合作基础。其中,中国在弱技术产品中的纺织、服装和鞋类出口与日本进口的互补性指数虽然呈现递减趋势,但中日两国企业在该产业中的贸易互补性仍处于高位互补状态,即2000年、2010年、2020年和2021年的互补性指数均在2.9以上,这反映出中国企业相对于日本企业的比较优势主要体现在劳动密集型产业。与此同时,在表3.2、图3.2和图3.3中2000年至2021年的产业间贸易互补性递增趋势来看,中国在中等技术产品的工程产品、强技术产品的其他产品出口与日本进口的贸易互补性呈现增强趋势,这从侧面表明中国企业在技术密集型产业中的比较优势得到逐渐增强,部分附加值较高的产业以及产品可能成为中日第三方市场合作的潜在领域,能够推动中日两国企业在东亚区域内进行第三方市场合作的产业间水平分工协作。

其次,从中国出口与韩国进口的视角来看,如表3.2和图3.2所示,在2000年至2021年期间,中国出口与韩国进口贸易互补性指数都超过1的为弱技术产品中的纺织、服装和鞋类以及强技术产品中的电子电器,这表明中韩两国在纺织、服装和鞋类的劳动密集型产业以及电子电器的技术密集型产业中具有较强的互补性。其中,中国在电子电器产品的出口与韩国进口的贸易互补性指数呈现高位波动递增趋势,其在2010年、2020年和2021年的贸易互补性指数均大于2,反映出中国企业相对韩国企业的比较优势主要体现在电子电器的中间产品加工与制成品出口方面,这在一定程度上推动了中韩两国企业在东亚区域第三方市场合作的产业间水平和垂直分工。与此同时,从时间纵向来看中韩两国产业间贸易互补性的递增趋势,相较于韩国企业,中国企业在弱技术产品的其他产品、中等技术产品的工程产品以及强技术产品的电子电器等产业的比较优势呈现递增趋势,这为中国企业凭借自身比较优势与韩国企业在东亚区域拓展第三方市场合作的潜在项目奠定了发展基础。

最后,从中国进口与东盟国家出口的角度来看,整体上中国出口与东盟国家进口的贸易互补性指数呈现较强互补性的产业集中在劳动密集型产业、资本密集型产业与技术密集型产业,但中国的比较优势相对不同的东盟国家在不同产业之间又存在一定的差异性。[①]一方面,从中国出口与东盟进口的整体视角来看,如表3.2所示,中国在弱技术产品、中等技术产品的工程产品以及强技术产品的电子电器产品等产业的出口与东盟整体进口存在较强的互补性,这表明中国企业在部分劳动密集型产业、资本密集型产业以及技术密集型产业中相对于东盟整体市场具有一定的比较优势,反映出中国企业在东盟进行第三方市

---

① Kozo Kiyota. Exports and Employment in China, Indonesia, Japan, and Korea[J]. Asian Economic Papers, 2016, 15(1): 57-72.

场合作具有较大的市场空间与较深的产业深度,能够对接东盟国家不同产业的发展需求。另一方面,如表3.2、图3.1、图3.2和图3.3所示,从中国出口与东盟不同国家进口的具体视角来看,中国在弱技术产品出口与印尼、泰国、越南等国家的进口存在较强的贸易互补性,在中等技术产品的加工产品和工程产品的出口与印尼、泰国以及越南等国家的进口存在较强的互补性,在强技术产品的电子电器出口与印尼、马来西亚、菲律宾、新加坡、泰国以及越南等国家存在较强的互补性。由此可以看出,中国在弱技术产品的劳动密集型产业、中等技术产品的资本密集型产业以及强技术产品的技术密集型产业中与印尼、泰国以及越南等东盟代表性国家存在紧密的合作关系,这为中国依托自身比较优势在东盟国家有重点地展开第三方市场合作提供了分工协作的基础。

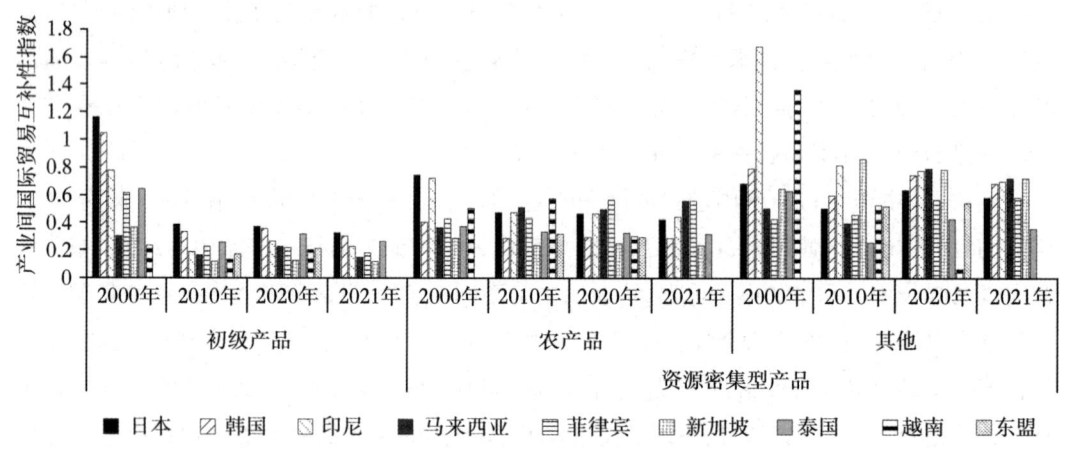

图 3.1 中国出口视角下初级产品与资源密集型产品的产业间贸易互补性指数图

资料来源:根据联合国贸易数据库(UN Comtrade)测算整理。

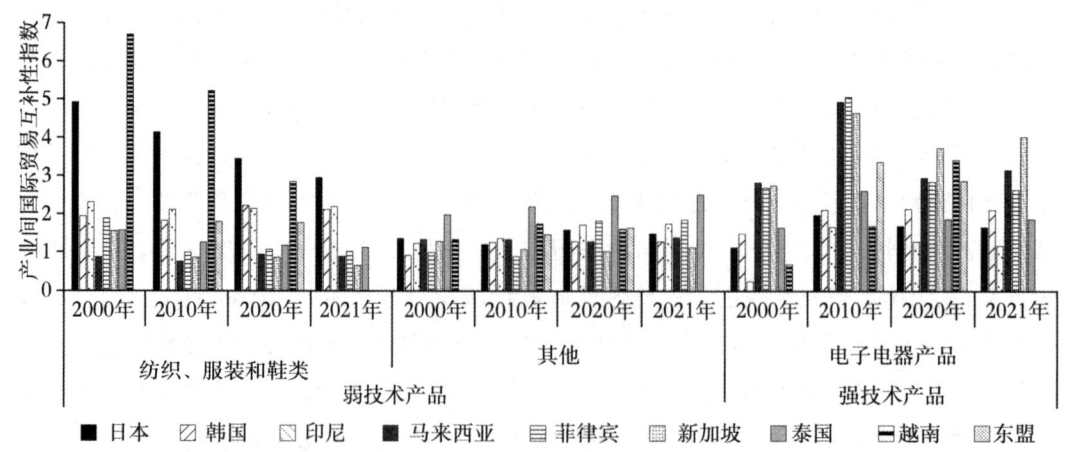

图 3.2 中国出口视角下弱技术产品与强技术产品的产业间贸易互补性指数图

资料来源:根据联合国贸易数据库(UN Comtrade)测算整理。

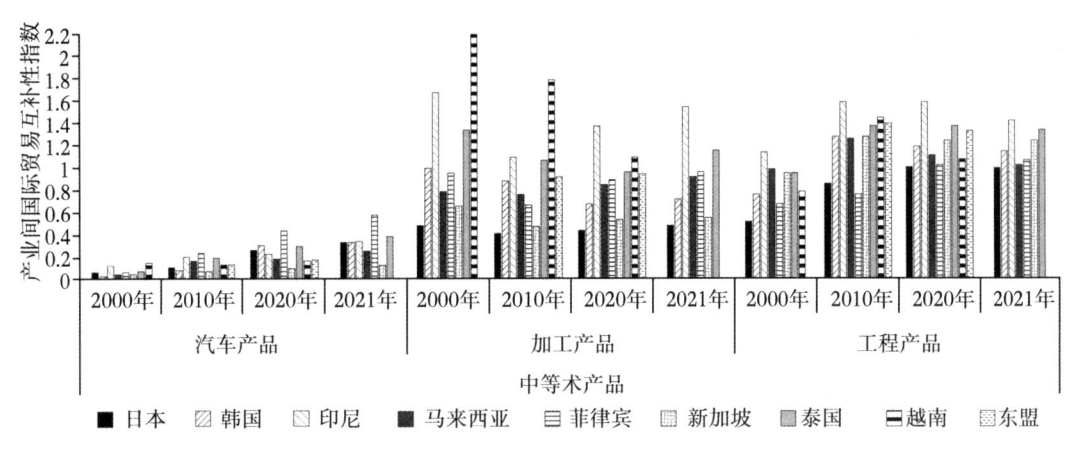

图 3.3 中国出口视角下中等技术产品的产业间贸易互补性指数图

资料来源：根据联合国贸易数据库（UN Comtrade）测算整理。

（二）中国进口视角下的产业间贸易互补性分析

通过中国进口视角来展示中国与日本、韩国等东亚发达经济体在该区域内的产业间国际贸易情况，可以进一步明晰日本、韩国相对于中国的比较优势产业及其比较优势的具体来源[1]，这有助于中国企业借助日韩两国企业的比较优势来弥补自身在技术领域的发展短板，从而为中国与日本、韩国在东盟展开第三方市场合作如何选择协作领域以及分工方式提供了研究思路。与此同时，还可以从中国进口与东盟国家出口的角度来探究如何利用东盟国家的比较优势在当地进一步拓展第三方市场合作的发展空间。

首先，从中国进口与日本、韩国等东亚发达经济体出口的角度来看，日本与韩国相对中国的比较优势主要集中在资本密集型产业和技术密集型产业，这为中国企业如何利用日韩两国企业的比较优势来展开第三方市场合作提供了发展参考。一方面，从中国进口和日本出口的角度来看，如表3.3和图3.4所示，在2000年至2021年期间，中国进口和日本出口的贸易互补性指数均大于1的为中等技术产品的加工产品、工程产品以及强技术产品的电子电器产品，这表明日本企业相对于中国企业的比较优势主要集中在技术含量较高的部分资本密集型产业和技术密集型产业，这与中国企业相对于日本企业在劳动密集型产业的比较优势形成呼应，从而推动了中日两国企业在东亚地区第三方市场合作的产业间垂直分工。其中，虽然日本在加工产品、工程产品以及电子电器产品的出口与中国进口的产业间贸易互补性呈现递减趋势，但中日两国在这些产业中的贸易互补性仍呈现较强互补状态，这表明中国企业在这些产业领域与日本企业已经形成了紧密的合作关系，从而为中国企业与日本企业在第三方市场合作的重点协作领域提供了方向。另一方面，从中国进口

---

[1] William C. Sawyer., Richard L. Sprinkle, Kiril Tochkov. Patterns and Determinants of Intra-Industry Trade in Asia[J]. Journal of Asian Economics, 2010, 21(5): 485-493.

和韩国出口的角度来看,如表3.3、图3.4和图3.5所示,在2000年至2021年期间,中国进口与韩国出口的贸易互补性指数均大于1的为资源密集型产品的其他产品、中等技术产品的加工产品以及强技术产品的电子电器产品,反映出韩国企业相对于中国企业的比较优势主要集中在资源密集型产业、资本密集型产业以及技术密集型产业等不同价值含量的产业领域,这与中国企业相对于韩国企业在资本密集型产业和技术密集型产业的比较优势发生部分重叠,从而为中韩两国企业在东亚区域进行第三方市场合作的产业间水平和垂直分工奠定了基础。其中,韩国在强技术产品的电子电器出口与中国进口的贸易互补性指数持续保持在较强合作状态,即2000年、2010年、2020年和2021年的贸易互补性指数均在2.6以上,这就为中国企业利用韩国企业的比较优势有重点地展开第三方市场合作奠定了市场基础。

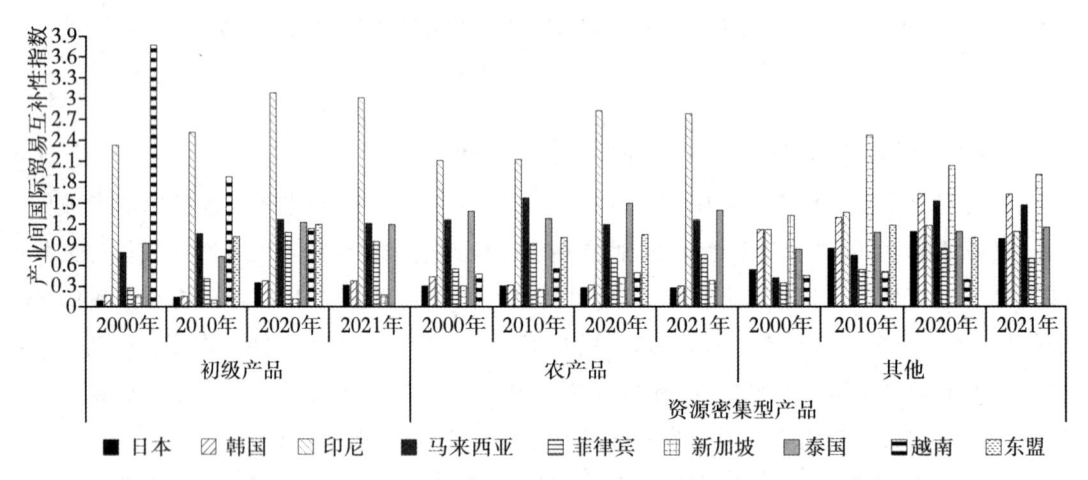

图 3.4 中国进口视角下初级产品与资源密集型产品的产业间贸易互补性指数图

资料来源:根据联合国贸易数据库(UN Comtrade)测算整理。

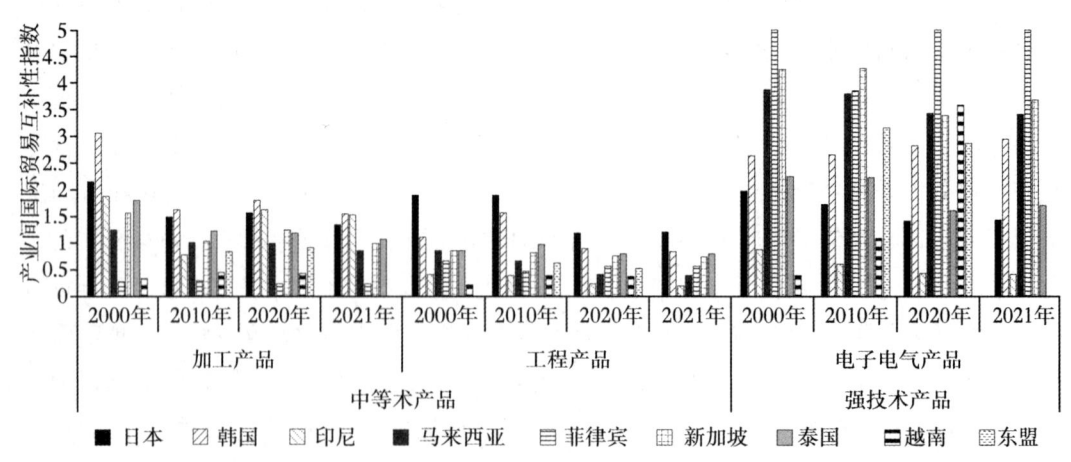

图 3.5 中国进口视角下中等技术产品与强技术产品的产业间贸易互补性指数图

资料来源:根据联合国贸易数据库(UN Comtrade)测算整理。

其次,从中国进口与东盟国家出口的角度来看,整体上中国进口与东盟出口的贸易互补性较强的产业主要为初级产品、资源密集型产品和强技术产品的电子电器,但具体到东盟每个国家,其相对于中国在不同产业之间所呈现的比较优势存在一定的差异性。[①] 一方面,从中国进口和东盟整体出口的角度来看,表 3.3、图 3.4 和图 3.5 中的 2010 年和 2020 年的指数显示,中国进口与东盟出口的贸易互补性指数均大于 1 的为初级产品、资源密集型产品和强技术产品的电子电器,这表明东盟整体相对于中国的比较优势主要表现在资源密集型产业和技术密集型产业,与中国相对于东盟的比较优势集中在劳动密集型产业、资本密集型产业和技术密集型产业的市场分布,共同构成了中国与东盟在东亚区域产业间分工协作的网络体系。另一方面,从中国进口和东盟不同国家出口的角度来看,如表 3.3 所示,2000 年至 2021 年,印尼、马来西亚和越南等东盟国家在初级产品的出口与中国进口呈现出较强的贸易互补性,印尼、马来西亚和泰国等东盟国家在资源密集型产品的农产品出口与中国进口呈现出较强的贸易互补性,印尼、新加坡和泰国等在资源密集型产品的其他产品出口与中国进口呈现出较强贸易互补性,越南则在弱技术产品的纺织、服装和鞋类的出口与中国进口呈现出较强的互补性,新加坡和泰国在中等技术产品的加工产品出口与中国进口呈现出较强的互补性,马来西亚、菲律宾、新加坡、泰国和越南在强技术产品的电子电器出口与中国进口呈现出较强的互补性。由此可以看出,在资源密集型产业相对于中国具有比较优势的国家主要集中在印尼、马来西亚、泰国和越南,在劳动密集型产业相对于中国具有比较优势的国家则为越南,在资本密集型产业相对于中国具有比较优势国家为新加坡和泰国,在技术密集型产业相对于中国具有比较优势国家为马来西亚、菲律宾、新加坡和泰国。基于以上事实,中国企业可充分利用东盟国家在不同产业的比较优势基础,从而有针对性地在东盟市场展开不同领域的第三方市场合作。

第二节 东亚区域产业内贸易推动第三方市场合作分工深化

产业内国际贸易与国际分工不同于依托劳动生产率和生产要素异质性等关键因素的产业间贸易与分工[②],而是立足于规模经济和产品异质性来获得经济效益。这对分析中

[①] Murshed S. Mansoob. Patterns of East Asian Trade and Intra-Industry Trade in Manufactures [J]. Journal of the Asia Pacific Economy,2001,6(1):99-123.

[②] Jacob Wood,Yilin Li,Jie Wu. An Analysis of The Trends and Determinants of Intra-Industry Trade Between China and Asia-Pacific Economic Cooperation Member Countries[J]. The Singapore Economic Review,2021,66(3):743-766.

国如何与日本、韩国等发达经济体在东亚区域实现高质量的生产分工提供了思考路径。[①]基于此,通过测算中国与日本、韩国在东亚区域中等技术产品、强技术产品的产业内贸易互补指数,能够理清中国与日韩两国在各自具有比较优势的产业上如何进行更加深化的产业内分工协作,从而以此为切入点为中国与日本、韩国在东盟展开第三方市场合作提供更多的分析视角。

一、数据来源与说明

通过前文对中国与东亚经济体产业间贸易互补性的测算与分析可知,由于中国、日本和韩国在中等技术产品的资本密集型产业、强技术产品的技术密集型产业都具有一定的比较优势,这就在一定程度上导致中国与日韩两国在这些产业部分细分领域中的产业间贸易互补性指数呈现较低状态。这可以从侧面反映出中国与日本、韩国在资本密集型产业和技术密集型产业的产业内贸易与分工中得到逐步深化发展,中国与日韩两国仍然能够通过发挥各自的比较优势在相关产业上实现产品异质性合作[②],进而推动中国与日本、韩国在产业内贸易上获得规模经济效益。因此,为了进一步理清中国与日本、韩国在中等技术产品以及强技术产品的产业内贸易与具体分工协作情况,本节通过选取 Grubel-Lloyd 指数(GL 指数)和修正后的 Aquino 指数(AQ 指数)来明晰中国、日本和韩国在中等技术产品的资本密集型产业和强技术产品的技术密集型产业的产业内贸易互补性状况,进而为中国企业与日韩两国企业在东盟的第三方市场合作项目中如何进行产业内分工协作提供分析框架与研究思路。

为了保持与产业间数据分析的统一性和可比性,本节对产业内国际贸易产品的分类继续采用 Lall 对 SITC(第二次修订版)的三位数国际贸易产品编码分类,即对中国与日韩两国在中等技术产品的汽车产品、加工产品和工程产品,以及强技术产品的电子电器和其他产品进行产业内贸易互补强弱的测算与整理。基于此,本节的数据主要从以下几个方面构成:一是基础数据,包括 2010—2021 年中国与日本、韩国在中等技术产品、强技术产品上的双边进出口贸易额,相关数据均来源于联合国贸易数据库(UN Comtrade);二是计算数据,在基础数据和相关公式的测算下,计算和整理出 2010 年至 2021 年中国分别于日本、韩国在中等技术产品、强技术产品上的 GL 指数和 Aquino 指数等产业内贸易互补性指标,从而为中国与日本、韩国的第三方市场合作提供分析路径。

---

① James A. Brander. Intra-industry Trade in Identical Commodities[J]. Journal of International Economics,1981,11(1):1-14.

② Kyoji Fukao, Hikari Ishido, Keiko Ito. Vertical Intra-industry Trade and Foreign Direct Investment in East Asia[J]. Journal of the Japanese and International Economies,2003,17(4):468-506.

二、产业内贸易互补性指数的测算

为了量化中国与日本、韩国在中等技术产品和强技术产品中的产业内贸易互补性强弱,此处引入 GL 指数和 AQ 指数等具有一定代表性的产业内贸易互补性指标体系,以此来进一步探究中国企业与日韩两国企业在东亚区域进行产业内国际贸易与国际分工的具体情况,从而为中国与日本、韩国在东盟展开第三方市场合作的产业内水平和垂直分工提供分析视角。首先,GL 指数是 Grubel 和 Lloyd[①] 在 1971 年论文中提出的专门在 SITC 分类标准下测算产业内贸易互补性强弱的指标体系,该指标体系对旧有生产要素禀赋决定论下的传统国际贸易进行了重新审视,但其仍然立足于国际贸易中比较优势的前提基础,是对国际贸易中产业内贸易的一次重要拓展,目前该指数已经成为国际贸易中认可度较高的测度产业内贸易互补性的指标体系。[②] 其公式表达为:

$$\mathrm{GL}_{\alpha\beta}^{\mu} = \left[1 - \frac{\mid X_{\alpha\beta}^{\mu} - M_{\alpha\beta}^{\mu} \mid}{(X_{\alpha\beta}^{\mu} + M_{\alpha\beta}^{\mu})}\right] \times 100 \qquad (3.4)$$

在 GL 指数公式中,$\mathrm{GL}_{\alpha\beta}^{\mu}$ 表示 α 国与 β 国在 μ 产业上的产业内贸易互补指数,$X_{\alpha\beta}^{\mu}$ 表示在 μ 产业上 α 国向 β 国的出口总额,$M_{\alpha\beta}^{\mu}$ 表示在 μ 产业上 α 国从 β 国的进口总额。其中,$\mathrm{GL}_{\alpha\beta}^{\mu}$ 指数的取值范围在 [0,100],$\mathrm{GL}_{\alpha\beta}^{\mu}$ 越靠近 100,表明在 μ 产业上 α 国与 β 国的国际贸易趋向于产业内贸易合作,即两国在 μ 产业上的产业内贸易程度较高;反之,$\mathrm{GL}_{\alpha\beta}^{\mu}$ 越靠近 0,则表明 α 国与 β 国在 μ 产业上的产业内国际贸易程度较低。

但是,由于 GL 指数在推导过程中所包含的原始数据较为简单,且没有对原始数据进行差异化纠正,这就使得该指数在表示产业内贸易互补性方面存在一些不足。[③] Aquino[④] 在其论文进一步指出,Grubel 和 Lloyd[⑤] 在 1975 年论文中所提出的产业内贸易指数是基于一种经验性的归纳总结,并不能完全反映国家之间相关产业内国际贸易的真实情况,尤其是该指数在国家间贸易存在不平衡状况时可能会产生较大偏差,可能会进一步导致对国家之间产业内贸易合作的情况产生误判,进而影响国家间相应的国际贸易政策制定与

---

① Herbert G. Grubel, Peter J. Lloyd. The Empirical Measurement of Intra-Industry Trade[J]. Economic record, 1971, 47(4): 494-517.

② Azhar Abdul KM, Robert JR Elliott. On the Measurement of Product Quality in Intra-Industry Trade[J]. Review of World Economics, 2006, 142(3): 476-495.

③ Stefano Vona. On the Measurement of Intra-Industry Trade: Some Further Thoughts[J]. Weltwirtschaftliches Archiv, 1991, 127(4): 678-700.

④ Aquino Antonio. Intra-Industry Trade and Inter-Industry Specialization as Concurrent Sources of International Trade in Manufactures[J]. Review of World Economics, 1978, 114(2): 275-296.

⑤ Herbert G. Grubel, Peter J. Lloyd. Intra-Industry Trade: The Theory and Measurement of International Trade in Differentiated Products[J]. The Economic Journal, 1975, 85(339): 646-648.

实施。因此，Aquino(1978)在已有研究的基础上对 GL 指数进行了重新调整，即先通过调整国家之间相关产业的进口额和出口额，对原始数据进行纠正和优化，然后在此基础上根据 GL 指数的算法来计算国家之间的产业内贸易互补性强弱，这样调整过后所测度的结果相较于 GL 指数能够更加精细地反映出国家间在相关产业上的产业内贸易互补情况。Aquino 指数的推导公式为：

$$\gamma = \frac{1}{2} \sum_{\mu=1}^{\eta} (X_{\alpha\beta}^{\mu} + M_{\alpha\beta}^{\mu}) / \sum_{\mu=1}^{\eta} X_{\alpha\beta}^{\mu} \tag{3.5}$$

$$\lambda = \frac{1}{2} \sum_{\mu=1}^{\eta} (X_{\alpha\beta}^{\mu} + M_{\alpha\beta}^{\mu}) / \sum_{\mu=1}^{\eta} M_{\alpha\beta}^{\mu} \tag{3.6}$$

$$AQ_{\alpha\beta}^{\mu} = \left[1 - \sum_{\mu=1}^{\eta} |\gamma X_{\alpha\beta}^{\mu} - \lambda M_{\alpha\beta}^{\mu}| / \sum_{\mu=1}^{\eta} (\gamma X_{\alpha\beta}^{\mu} + \lambda M_{\alpha\beta}^{\mu}) \right] \times 100 \tag{3.7}$$

根据 Aquino 指数的推导过程可知，该指数衍生于 GL 指数，只是在测度 GL 指数之前，将 μ 产业上 α 国与 β 国的双边进出口额进行去差异化纠正，最后把调整之后的两国间进出口额再带入 GL 指数公式中进行运算。其中，$AQ_{\alpha\beta}^{\mu}$ 表示在 μ 产业上 α 国与 β 国的产业内贸易互补性指数，γ 表示在 μ 产业上 α 国向 β 国出口额的调整系数，λ 表示在 μ 产业上 α 国从 β 国进口额的调整系数。其中，$AQ_{\alpha\beta}^{\mu}$ 的取值区间为 $[0,100]$，$AQ_{\alpha\beta}^{\mu}$ 指数越接近100，表明在 μ 产业上 α 国与 β 国的产业内贸易互补性较强；反之 $AQ_{\alpha\beta}^{\mu}$ 指数越接近 0，表明在 μ 产业上 α 国与 β 国的产业内贸易互补性较弱。

表 3.4 和表 3.5 分别从 GL 指数和 AQ 指数两个角度展示了中国与日本、韩国在中等技术产品、强技术产品上的产业内贸易互补性状态，进而勾勒出了中国与日韩两国在东亚地区重点产业和产品中进行产业内国际贸易与国际分工的市场布局。其中，以 2010 年为计算起点，并以时间顺序为轴线计算了 2010 年至 2021 年中国与日韩两国的产业内贸易互补情况，有助于理清近十年来中国与日本、韩国在东亚地区中等技术产品、强技术产品产业内贸易与分工的发展情况。

表 3.4 2010—2021 年中国与日韩在中等技术和强技术产品的 GL 指数表

年份	中等技术产品						强技术产品			
	汽车产品		加工产品		工程产品		电子电器		其他产品	
	日本	韩国	日本	韩国	日本	韩国	日本	韩国	日本	韩国
2010	29.67	42.44	40.19	48.41	57.65	65.81	85.67	63.28	44.51	24.50
2011	31.60	41.44	53.65	44.24	59.02	67.22	88.37	62.93	54.14	29.31
2012	37.14	43.57	47.41	41.79	70.20	72.43	95.53	65.34	50.73	30.96
2013	40.55	42.88	47.58	43.16	79.03	68.30	97.22	63.25	45.28	31.04
2014	39.81	38.21	48.11	50.66	77.25	67.79	95.11	65.97	46.52	33.42

续表

年份	中等技术产品					强技术产品			
	汽车产品		加工产品		工程产品		电子电器		其他产品	
	日本	韩国	日本	韩国	日本	韩国	日本	韩国	日本	韩国
2015	45.63	42.85	49.70	51.48	79.61	71.47	98.38	65.18	46.87	36.30
2016	42.04	48.46	46.02	50.68	74.16	76.47	98.42	64.03	44.88	38.19
2017	45.39	82.37	42.70	64.00	66.84	77.33	99.50	60.03	46.95	44.47
2018	44.32	92.66	43.79	59.01	65.39	72.28	98.88	55.81	46.54	45.99
2019	45.19	86.60	39.34	55.70	68.99	85.27	97.67	64.32	47.09	53.41
2020	46.72	63.00	34.09	49.14	67.14	92.42	96.53	59.84	44.77	55.22
2021	59.35	54.83	39.24	61.46	67.80	98.41	93.36	59.23	46.30	61.72
平均	42.28	56.61	44.32	51.60	69.42	76.27	95.39	62.43	47.05	40.38

资料来源：根据联合国贸易数据库（UN Comtrade）测算整理。

表 3.5　2010—2021 年中国与日韩在中等技术和强技术产品的 AQ 指数表

年份	中等技术产品					强技术产品			
	汽车产品		加工产品		工程产品		电子电器		其他产品	
	日本	韩国	日本	韩国	日本	韩国	日本	韩国	日本	韩国
2010	30.11	36.00	46.51	51.54	64.95	70.27	95.18	74.75	56.41	25.72
2011	33.49	35.43	60.91	48.85	65.96	72.52	91.22	77.15	65.35	30.82
2012	40.55	37.95	55.88	47.11	77.92	78.95	83.67	75.90	60.96	31.02
2013	44.48	35.84	55.79	47.70	85.26	73.41	76.49	72.57	56.39	31.52
2014	45.73	32.09	57.33	56.98	85.96	72.23	74.68	74.60	56.02	34.60
2015	52.92	36.77	58.36	57.17	88.34	72.90	78.06	76.11	57.00	37.51
2016	47.82	45.79	53.28	55.10	82.26	75.06	79.64	78.28	55.93	38.23
2017	55.35	82.24	48.78	67.28	75.17	79.59	80.37	71.65	54.90	44.68
2018	53.62	92.48	49.50	61.72	73.18	76.84	80.87	67.12	54.96	48.64
2019	53.93	87.96	45.38	58.68	77.43	85.72	79.41	77.90	55.17	55.77
2020	50.12	69.48	39.30	50.85	74.82	95.91	81.02	75.59	53.71	56.05
2021	60.67	64.23	44.77	61.74	75.48	99.36	83.45	76.64	57.71	58.31
平均	47.40	54.69	51.32	55.39	77.23	79.40	82.01	74.86	57.04	41.07

资料来源：根据联合国贸易数据库（UN Comtrade）测算整理。

三、产业内国际贸易互补性指数分析

通过测度中国与日本、韩国在中等技术产品与强技术产品的产业内贸易互补性指数,展示中国、日本以及韩国三个东亚重要经济体在重点产业和产品上的产业内贸易与分工情况,有助于进一步明晰中国企业与日韩两国企业在产品异质性上展开合作的各自比较优势基础[1],从而为中国与日本、韩国在东亚地区实现第三方市场合作的规模经济效益提供分析思路。

(一)中日两国的产业内贸易互补性分析

中日两国的双边贸易在 2010 至 2021 年间呈现波动增长趋势,并在 2021 年达到近十年贸易总额的最高值,表明中日的经贸关系得到进一步加强(如图 3.6 和图 3.7 所示)。其中,中等技术产品与强技术产品是中日两国进行国际贸易与区域分工的重点产业,通过研究中日两国在这些产业与产品的产业内贸易互补性强弱,可以理清中国企业与日本企业在产业及产品异质性上各自不同的比较优势,从而为中日两国进行高质量的第三方市场合作提供相应参考。

从表 3.4 和表 3.5 中可以发现,中国与日本在中等技术产品和强技术产品的产业内贸易互补性呈现出比较明显的差异化产业分布,展示出中日两国企业在中等技术产品的资本密集型产业和强技术产品的技术密集型产业中具备不同的比较优势基础。一方面,从中日两国中等技术产品的产业内贸易来看,中等技术产品的工程产品是中日两国进行产业内贸易程度最高的产业,其中工程产品在 2010 至 2021 年间的平均 Aquino 指数超过 75[2],表明中日两国企业近十年来在中等技术产品的工程产品中呈现出较高程度的产业内国际贸易与国际分工,其中 2014—2016 年、2020—2021 年间,中日两国在工程产品的 Aquino 指数均超过 75,反映出中国企业与日本企业在工程产品异质性合作上具备各自不同的比较优势基础,并进一步在产业中实现了规模经济效益,从而为中国企业与日本企业在第三方市场的工程产品中进行产业内分工协作奠定了合作基础。与此同时,从产业内贸易互补性的增长趋势来看,从图 3.6 和图 3.7 可以看出,中等技术产品中的汽车产品

---

[1] Michael Thorpe, Zhaoyang Zhang. Study of the Measurement and Determinants of Intra-Industry Trade in East Asia[J]. Asian Economic Journal,2005,19(2):231-247.

[2] Grubel 和 Lloyd 在其 1975 年的著作中对澳大利亚等其他国家产业内贸易互补性指数进行了测算,指出在 SITC 国际贸易产品 2 位数、3 位数和 5 位数分类方法下的产业内国际贸易中,如果对应的分类编码产品所计算出来的产业内贸易互补性指数大于或等于 75,则在一定程度上表明相关国家在该产品或产业上具有较强的产业内贸易互补性,笔者以此为参考系来研究中国与日本、韩国的产业内贸易互补性强弱。参见:Herbert G. Grubel, Peter J. Lloyd. The Theory and Measurement of International Trade in Differentiated Products[M]. London:The Macmillan Press,1975:19-48.

成为中日两国在产业内贸易互补性中由弱到较强发展的典型代表,2010 年至 2021 年期,中日两国在汽车产品的产业内贸易互补性中呈现波动上升趋势,其中 2021 年中日两国在汽车产品产业内贸易的 Aquino 指数较 2010 年已经提升了 2.15 倍,反映出中日两国企业在汽车产品的产业内贸易互补性得到不断加强,从而为中日两国在第三方市场合作中拓展新领域提供了方向。

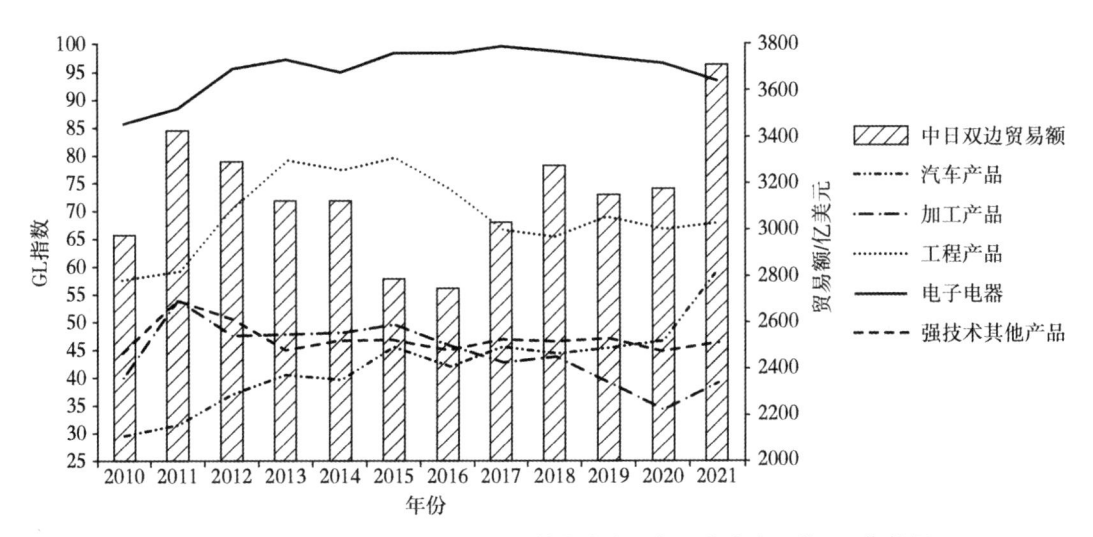

图 3.6　2010—2021 年中日两国在中等技术产品与强技术产品的 GL 指数图

注:折线图参考左边坐标轴、柱状图参考右边坐标轴。

资料来源:根据联合国贸易数据库(UN Comtrade)、中华人民共和国海关总署数据库测算整理。

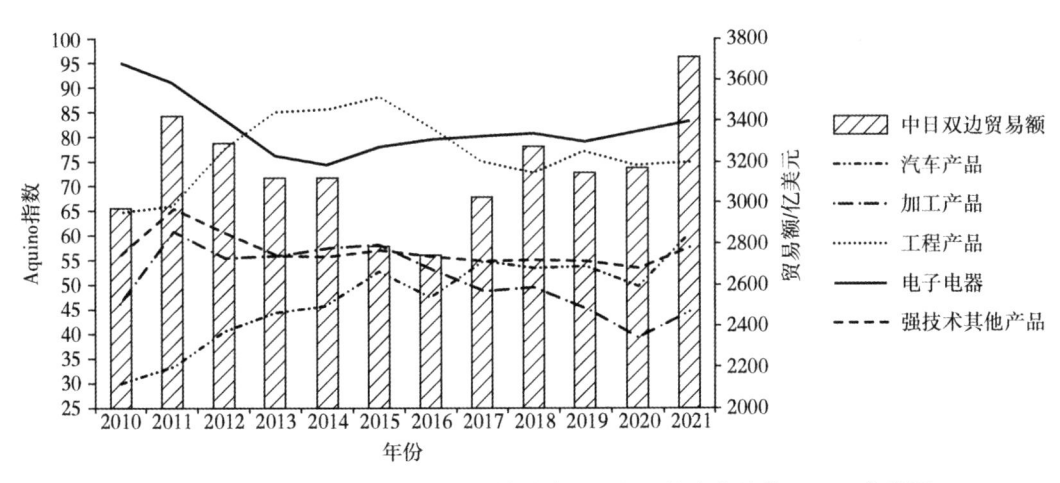

图 3.7　2010—2021 年中日两国在中等技术产品与强技术产品的 Aquino 指数图

注:折线图参考左边坐标轴、柱状图参考右边坐标轴。

资料来源:根据联合国贸易数据库(UN Comtrade)、中华人民共和国海关总署数据库测算整理。

另一方面,从中日两国强技术产品的产业内贸易来看,强技术产品的电子电器是中日两国在该领域进行产业内贸易程度较高的产业,其中电子电器在 2010 年至 2021 年期间的产业内贸易平均 Aquino 指数超过 80,除去 2014 年之外,其余每年中日两国在电子电器的产业内贸易 Aquino 指数均超过 75,表明电子电器是中日两国近十年间进行产业内国际贸易与国际分工的重要领域,反映出中日两国企业在电子电器产业中具备各自不同的比较优势,并在电子电器的产品异质性中实现了规模经济效益,这就为中国与日本在东亚地区进行第三方市场合作的产业内贸易与分工奠定了基础。与此同时,结合中日两国在电子电器产业间贸易互补性强弱来进行横向对比可知,中国与日本在电子电器的产业间贸易与产业内贸易中都具有较强的互补性,表明强技术产品的电子电器是中国企业与日本企业进行国际贸易与国际分工深化合作的典型代表产业,即中日两国企业依托各自的比较优势在电子电器的产业间与产业内贸易与分工中形成了紧密协作关系[1],这为中国与日本在第三方市场合作中如何选择协作领域和分工方式提供了参考路径。

(二)中韩两国的产业内贸易互补性分析

中韩两国双边贸易额在 2010 至 2014 年、2016 至 2018 年以及 2019 至 2021 年出现连续增长(图 3.8 和图 3.9),反映出中韩两国在经贸领域的强劲发展动力。通过测度中韩两国在中等技术产品与强技术产品中的产业内贸易互补指数可以进一步发现,中韩两国企业在产品异质性基础上是如何发挥各自的比较优势,进而依托各自的比较优势在产业内国际贸易与国际分工中实现更大的规模经济效益[2],这为中韩两国在东亚地区展开第三方市场合作提供了分析思路。

从表 3.4 和表 3.5 中可以发现,中国与韩国在中等技术产品与强技术产品中的产业内贸易互补性存在较大的差异性,这反映出中国企业与韩国企业在以中等技术产品为主的资本密集型产业和以强技术产品为主的技术密集型产业中存在各自不同的比较优势基础,从而为中韩两国企业在第三方市场合作中的优势互补提供了协作基础。一方面,从中韩两国中等技术产品的产业内贸易来看,中等技术产品的工程产品是中韩两国企业进行产业内贸易合作互补性较高的产业,其中工程产品自 2010 至 2021 年以来的产业内贸易平均 Aquino 指数超过 75,表明中韩两国在工程产品中存在紧密的产业内贸易与分工合作基础。

---

[1] Hyun-Hoon Lee, Chan-Hyun Sohn. South Korea's Marginal Intra-Industry Trade and the Choice of Preferential Partners[J]. Asian Economic Papers, 2004, 3(3): 94-116.

[2] Mitsuyo Ando. Fragmentation, Vertical Intra-Industry Trade in East Asia[J]. The North American Journal of Economics and Finance, 2006, 17(3): 257-281.

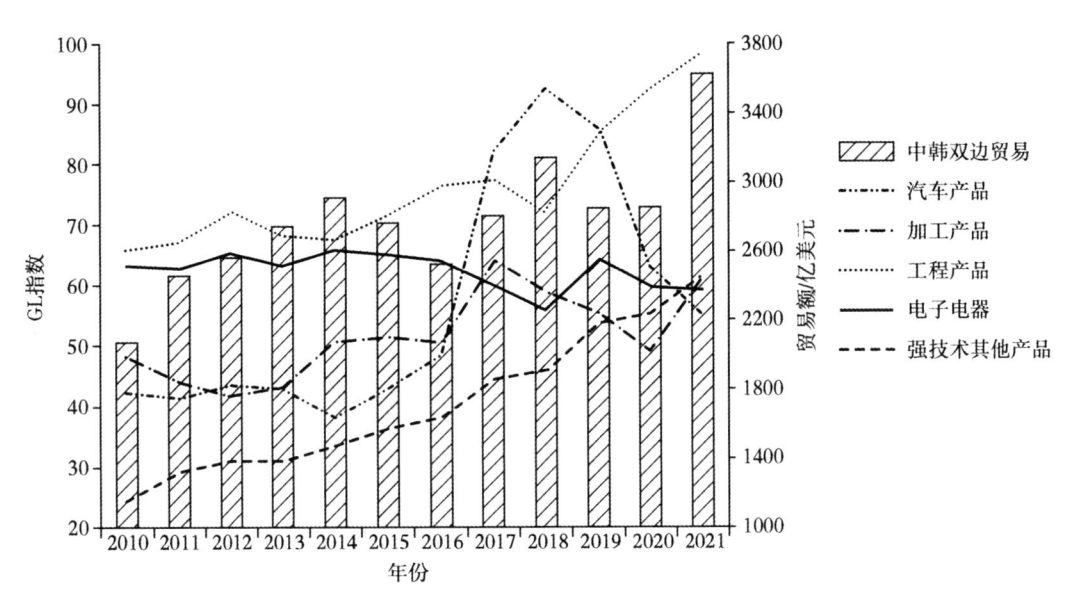

图 3.8　2010—2021 年中韩两国在中等技术产品与强技术产品的 GL 指数图

注：折线图参考左边坐标轴、柱状图参考右边坐标轴。

资料来源：根据联合国贸易数据库（UN Comtrade）、中华人民共和国海关总署数据库测算整理。

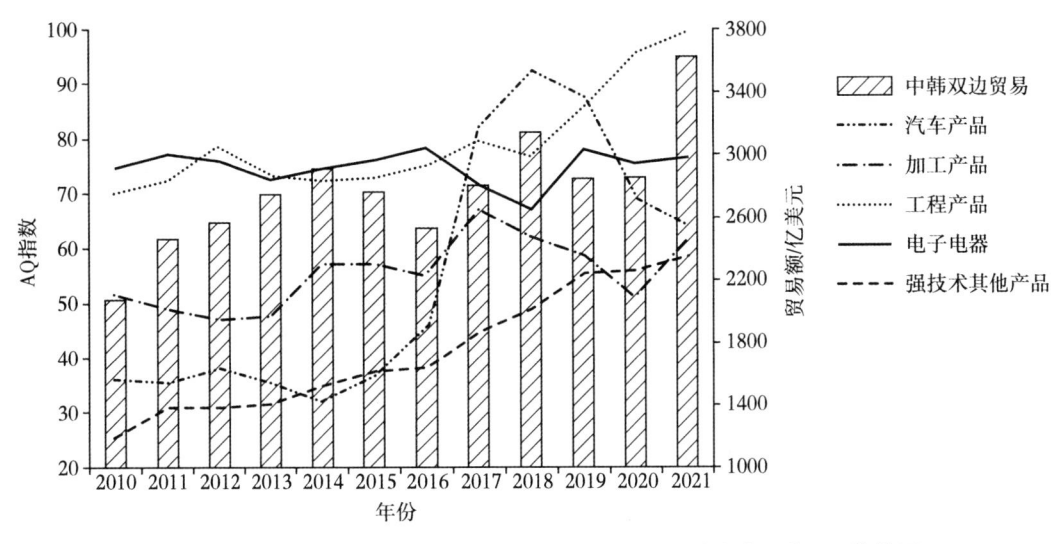

图 3.9　2010—2021 年中韩两国在中等技术产品与强技术产品的 AQ 指数图

注：折线图参考左边坐标轴、柱状图参考右边坐标轴。

资料来源：根据联合国贸易数据库（UN Comtrade）、中华人民共和国海关总署数据库测算整理。

从更细的层面来看，如图3.8和图3.9所示，自2018年以来，中韩两国在工程产品的产业内贸易互补性呈现快速递增趋势，其中2021年工程产品的产业内贸易Aquino指数已经达到99.36，达到近十年间中韩两国在中等技术产品中产业内贸易互补的最高水平，这反映出中韩两国企业依托各自的比较优势在以工程产品为主的资本密集型产业中已经积淀了深厚的产业内水平抑或垂直的分工协作基础,其中不仅包括中韩两国在相同产品价值链或生产工序的水平分工,还包括不同产品价值链或上下游生产工序的垂直分工[①],从而为中韩两国在第三方市场合作中进行多层次的产业内分工协作奠定了发展基础。与此同时,从波动趋势来看,中韩两国在中等技术产品的汽车产品产业内贸易互补性呈现出较大波动,2010至2016年中韩两国汽车产品产业内贸易互补性一直处于较低水平,但在2017至2019年间,中韩两国在汽车产品的产业内贸易互补性指数均超过80,呈现出较高程度的产业内贸易合作水平,但在2020至2021年间又出现了快速回落趋势,反映出中韩两国在汽车产品的产业内贸易互补性存在较大的不稳定性,即并没有在较长时间内形成稳定的产业内贸易与分工的合作形态,从而使得中韩两国企业在该领域中的第三方市场项目偏少。

另一方面,从中韩两国强技术产品的产业内贸易来看,强技术产品的电子电器是中韩两国企业在该领域进行产业内贸易水平较高的产业,其中2010至2021年电子电器的产业内贸易Aquino平均指数为74.86,在除2018年之外的其余每年电子电器的Aquino指数均在70以上,这基本可以表明中韩两国近十年来在电子电器的产业内贸易互补性始终保持在较高水平,说明电子电器已经成为双方在技术密集型产业进行产业内贸易的代表行业之一,反映出中国企业与韩国企业基于各自比较优势在电子电器的产业内贸易与分工中形成了紧密的合作关系,进而为中国与韩国在第三方市场合作中进行技术密集型产业的产业内分工协作奠定了发展基础。与此同时,横向对比中国与韩国在电子电器的产业间贸易互补性可知,中韩两国企业在电子电器的产业间国际贸易与产业内国际贸易中均存在较强的互补性,反映出中韩两国企业依托不同的比较优势基础,在以电子电器为代表的技术密集型产业中形成了产业间与产业内水平、垂直抑或混合的复杂分工协作方式,这种多元的分工协作方式为中国与韩国展开高质量的第三方市场合作提供了分工框架与协作基础。另外,从增长趋势来看,如图3.8和图3.9可知,强技术的其他产品成为中韩两国产业内国际贸易互补性由弱变较强的集中体现,自2010至2021年期间,双方在强技术产品的其他产品中一直呈现逐年递增趋势,反映出中韩两国在该产业中具有较大的产业内贸易与分工的合作空间与潜力,从而为中国与韩国进一步开拓第三方市场合作的新领域提供了方向。

---

① Jaimin LEE, Sangyong HAN. Intra-Industry Trade and Tariff Rates of Korea and China[J]. China Economic Review, 2008, 19(4): 697-703.

第三节　东亚区域产品内贸易构建第三方市场合作网络体系

为了明晰如今东亚区域生产网络国际贸易与国际分工的发展态势,需要从宏观层面对中国、日本、韩国以及东盟国家在东亚区域生产网络中的分工位置进行整体刻画。由于东亚各个经济体在生产要素禀赋以及经济发展水平上存在各自的差异性,为了数据统计与分析的可得性,此处选择从产品内分工视角作为研究路径,同时根据联合国 Comtrade Database 数据库来获取相关基础数据,从而对东亚区域生产网络产品内分工视角下的国际贸易与国际分工来进行整体分析。

一、东亚区域产品内国际贸易市场发展状况

在如今的东亚区域生产网络中,以零部件和半成品为主导的中间产品贸易迅猛发展,产业间、产业内以及产品内垂直与水平分工的相互交错[1],为中国与东亚经济体展开第三方市场合作创造了广阔的合作空间。东亚经济体在产品内的不同生产环节凭借自身比较优势从事不同的专业化分工协作,产品之间的价值链、产业链和供应链合作跨越国界在东亚区域内相互交织,使得东亚各个经济体之间形成了紧密合作而又相互独立的生产关系网络。[2] 基于此,为了进一步理清中国与日本、韩国在东盟国家展开第三方市场合作的分工优势与合作领域,通过结合 2020 年东亚区域生产网络中初级产品、中间产品以及制成品的贸易流向、贸易比重和贸易结构等不同领域的变化特点[3],对东亚经济体在该区域中

---

[1] Mona Haddad. Trade Integration in East Asia: the Role of China and Production Networks[J]. World Bank Policy Research Working Paper,2007(4160):2-30.

[2] Ernst Dieter,Paolo Guerrieri. International Production Networks and Changing Trade Patterns in East Asia: The Case of the Electronics Industry[J]. Oxford Development Studies,1998,26(2):191-212.

[3] 产品类生产阶段一般分为初级产品、中间产品(包括零部件和半成品)以及制成品(包括资本品和消费品),分类方法参照 Lemoine Fand Unal Kesenci D. China in the International Segmentation of Production Processes[R]. CEPII Working Paper,2002(2)。基于此,结合联合国经济大类分类(BEC)原则,初级产品主要包括编号为 111、21 以及 31 类产品,中间产品主要包括编号为 42、53 的零部件产品以及编号为 121、22 和 322 的半成品产品,制成品主要包括编号为 41 和 521 的资本产品以及编号为 112、122、51、522、61、62 和 63 的消费品,BEC 分类方法参照 United Nations. Classification by Broad Economic Categories(Series M No53,Rev.4)[R]. New York:United Nations Publication,2002:1-13.

的贸易流向以及分工位置进行描述,并在此基础上进一步探究中国与东亚经济体如何发挥和利用彼此的比较优势与分工位置来推动第三方市场合作在该区域的高质量发展。

表3.6 2020年东亚区域生产网络初级产品贸易表

单位:亿美元

出口国	进口国												
	中国	日本	韩国	文莱	柬埔寨	印尼	老挝	马来西亚	缅甸	菲律宾	新加坡	泰国	越南
中国	—	23.83	16.89	0.0058	0.28	4.51	0.057	3.62	1.34	1.53	2.28	3.33	6.34
日本	13.91	—	13.36	0.0002	0.16	1.21	0.0049	6.4	0.033	0.57	0.49	2.41	11.3
韩国	6.15	5.26	—	0.0041	0.33	0.42	0.00099	0.78	0.000049	0.44	1.11	1.03	0.78
文莱	0.52	0.25	0.68	—		0.17		0.51	—		2.89	2.17	0.82
柬埔寨	0.25	0.0084	0.05			0.02	—	0.24	0.00014		0.045	0.15	2.08
印尼	69.71	41.58	17.9	0.53	1.26	—	0.00027	19.02	0.076	13.74	22.34	12.87	6.77
老挝	6.76	0.03	0.012	—	0.043	0.00003		0.00077	—	0.0000043	0.00012	0.36	3.41
马来西亚	16.62	9.06	3.8	0.88	0.1	2.93	0.000056	—	0.055	0.6	12.42	7.79	1.23
缅甸	25.35	0.31	0.34	—	0.0012	0.08	0.0021	0.89	—	0.9	0.16	21.47	0.26
菲律宾	14.07	8.05	0.83		0.042	0.22		1.1	0.26	—	1.14	1.08	0.32
新加坡	1.13	1.42	0.76	0.0075	0.017	1.26	0.00046	2.23	0.0043	0.067	—	0.43	0.7
泰国	21.12	6.71	4.25	0.0062	2.91	1.09	1.5	8.97	0.72	0.32	1.34	—	2.13
越南	23.82	10.08	5.75	0.008	0.6	0.54	0.49	2.72	0.019	1.56	1.53	4.81	—

资料来源:根据UN Comtrade Database数据测算。

表3.7 2020年东亚区域生产网络中间产品贸易表

单位:亿美元

出口国	进口国												
	中国	日本	韩国	文莱	柬埔寨	印尼	老挝	马来西亚	缅甸	菲律宾	新加坡	泰国	越南
中国	—	490.85	664.85	1.9	57.82	219.26	8.84	310.75	64.34	191.24	239.01	263.8	774.21
日本	791.35	—	269.49	0.42	1.58	65.94	0.25	81.76	2.77	54.62	87.54	181.8	110.37
韩国	1000.63	148.63	—	0.39	2.57	44.89	0.24	53.63	3.29	51.71	51.03	50.02	403.21
文莱	10.26	15.92	0.67	—		0.17	—	3.31	—	1.26	2.07	0.74	1.12
柬埔寨	4.01	1.46	0.4			0.15	0.0012	0.18	0.01	0.02	25.41	5.55	0.69
印尼	212.58	61.34	33.9	0.23	0.53	—	0.03	44.72	7.54	17.17	59.3	21.51	25.66
老挝	4.68	0.19	0.03	—	0.36	0.43		0.08	0.13	0.09	0.38	12.3	1.17
马来西亚	301.49	96.65	64.39	2.03	2.06	33.78	0.1	—	5.02	28.62	209.28	75.28	49.83

续表

出口国	进口国												
	中国	日本	韩国	文莱	柬埔寨	印尼	老挝	马来西亚	缅甸	菲律宾	新加坡	泰国	越南
缅甸	12.49	0.28	0.11	0.0002	0.0064	0.74	—	0.18	—	0.044	5.14	3.11	0.84
菲律宾	53.64	60.2	17.65	0.0081	0.12	3.14	0.0022	11.9	0.15	—	31.62	24.62	9.56
新加坡	359.59	93.15	90.77	3.49	8.59	119.27	0.13	207.9	4.89	41.05	—	93.02	85.46
泰国	170.79	103.04	21.06	0.44	21.71	43.73	12.44	45.28	15.41	24.47	64.56	—	59.61
越南	342.92	74.6	89.34	0.11	32.47	19.84	2.95	18.34	3.78	13.36	13.92	24.18	—

来源:根据 UN Comtrade Database 数据测算。

表3.8 2020年东亚区域生产网络制成品贸易表

单位:亿美元

出口国	进口国												
	中国	日本	韩国	文莱	柬埔寨	印尼	老挝	马来西亚	缅甸	菲律宾	新加坡	泰国	越南
中国	—	888.32	416.4	2.07	22.31	180.99	5.29	228.09	42.9	190.95	277.36	223.6	339.92
日本	513.31	—	126.41	0.42	2.8	21.14	1.17	25.75	2.98	24.92	52.53	55.51	40.57
韩国	260.17	68.55	—	0.29	2.75	14.2	0.25	25.49	2.72	9.07	26.07	15.41	63.77
文莱	0.054	0.0018	0.0018	—	0.00018	0.00025	0.00000036	0.082	—	0.0054	0.16	0.03	0.0072
柬埔寨	6.63	9.15	1.4	—	—	0.17	0.012	0.57	0.022	0.32	0.77	0.83	1.11
印尼	31.4	30.8	11.81	0.53	3.63	—	0.02	14.89	2.7	27.65	23.77	16.54	15.48
老挝	3.21	0.61	0.067	—	0.037	0.018	—	0.021	0.0018	0.0013	0.038	4.99	5.41
马来西亚	43.52	40.33	11.22	3.27	0.78	21.63	0.029	—	1.24	8.76	72.42	22.84	13.57
缅甸	14.7	11.57	3.84	0.0042	0.3	0.83	0.0012	0.83	—	0.17	1.62	5.24	0.67
菲律宾	30.51	31.89	9.91	0.035	0.11	1.22	0.002	3.55	0.084	—	4.36	3.06	2.9
新加坡	132.14	76.89	69.35	3.11	3.12	50.94	0.13	63.15	4.91	23.07	—	39.34	29.29
泰国	101.88	115.26	15.28	0.69	24.23	30.93	14.65	27.27	18.64	25.33	22.94	—	44.87
越南	115.6	101.98	91.43	0.042	6.46	7.49	2.01	11.62	2.52	20.47	13.94	19.26	—

资料来源:根据 UN Comtrade Database 数据测算。

首先,从东亚区域内部的初级产品进出口贸易来看,据表3.6可知,2020年东亚区域生产网络初级产品的出口市场与进口市场存在较大的差异性,初级产品出口国家主要为东盟的广大发展中国家,进口国家则为中国、日本以及韩国等。一方面,从出口市场来看,印尼、马来西亚、缅甸、菲律宾、泰国以及越南等东盟国家的初级产品出口数量在东亚区域生产网络中占有重要地位,其中2020年印尼、马来西亚和泰国初级产品出口额分别为

205.8亿美元、55.49亿美元和51.07亿美元,其出口规模在整个东亚区域生产网络中分列第一、第三和第四位。东盟国家之所以有如此庞大的初级产品出口规模,得益于其在资源密集型以及劳动密集型产业领域的比较优势,尤其是在农业初级产品、初级工业用品以及初级能源产品等生产原料行业中具备丰富的自然资源要素储备。[1] 另一方面,从进口市场来看,东盟发展中国家初级产品主要出口至中国、日本以及韩国等东亚重要经济体,2020年中日韩三国在东亚区域初级产品的进口额分别为199.41亿美元、106.59亿美元和64.62亿美元,其进口规模在东亚区域分列前三名,这表明中日韩三国已经成为东亚区域初级产品的重要进口市场。其中中国与日本更是该区域内初级产品贸易的关键节点,不仅吸收了东盟发展中国家大部分的初级产品,还通过初级产品产业链与供应链体系有效地串联起了东盟广大发展中国家与中日韩三国之间在东亚区域产品内分工协作的上下游合作关系,形成了产品内垂直分工与水平分工相互交织的分工体系,从而为中国与日本、韩国在东盟国家进行第三方市场合作奠定了贸易与分工的基础。[2]

其次,从东亚区域内部的中间产品进出口贸易来看,通过表3.7可以得知,中间产品贸易是东亚区域生产网络的主要贸易形式,其贸易规模明显高于该区域内的初级产品和制成品贸易。一方面,从贸易额的绝对数值来看,中、日、韩三国在东亚区域内部中间产品贸易中占有重要比重,其中又以中国为主导。2020年中国在东亚区域中间产品的进出口贸易总额为6551.33亿美元,成为该区域中间产品最大的进出口贸易市场,日、韩两国虽然分列二、三位,但中国比日韩两国的进出口总额之和还要多,且分别是日韩两国在该区域中间产品进出口贸易总额的2.34倍和2.14倍。由此可以看出,中国中间产品进出口贸易规模远超其他东亚经济体,这主要得益于中国在劳动密集型、资本密集型产业上具有高性价比的劳动力和土地等生产要素资源,以及在部分技术密集型产业上积累了科技等稀缺生产要素,使得中国超越日本成为如今东亚区域中间产品贸易的关键枢纽[3],并进一步巩固了中国在东亚区域生产网络中区域分工的中心地位。另一方面,从贸易流向来看,东亚区域的中间产品贸易主要流向中、日、韩三国以及东盟国家越南,这四个国家的中间产品进口额在2020年均超过1000亿美元,尤其是中日韩三国在该区域的中间产品贸易中既是出口大国也是进口大国。与此同时,基于东亚区域产品内分工协作的流程,日本、韩国以及新加坡等东亚发达经济体的中间产品主要流向中国以及越南、马来西亚和印尼等东盟发展中国家,因为这些国家普遍存在廉价的劳动力和土地等成本比较优势,能够对零部件以及半成品进行大量简单的组装和加工。与此同时,中国与东

---

[1] Ayako Obashi, Fukunari Kimura. Deepening and Widening of Production Networks in ASEAN [J]. Asian Economic Papers, 2017, 16(1): 1-27.

[2] 吴崇伯,丁梦.中韩第三方市场合作:进展、阻力与对策[J].东北亚论坛,2020(3):75-89.

[3] Charles Harvie. East Asian Production Networks-the Role and Contribution of SMEs[J]. International Journal of Business and Development Studies, 2010, 2(1):27-62.

盟广大发展中国家则把加工好的零部件和半成品又出口至日本、韩国以及新加坡等东亚发经济体进行进一步深加工,从而发挥东亚发达经济体在科技生产要素上的比较优势。基于此,东亚经济体通过产品内分工合作形式在区域内形成了紧密的上下游协作关系[1],有效地将中日韩以及东盟国家在东亚区域生产网络中进行了生产工序以及生产环节的分工适配,从而为中国企业与日韩两国企业在东盟国家展开第三方市场合作积累了深厚的分工协作基础。

最后,从东亚区域内部的制成品进出口贸易来看,结合表3.8可知,东亚区域的制成品贸易呈现出明显的两极化分布态势,即中国、日本与韩国无论在制成品的出口和进口方面都显著高于东盟国家,而东盟发展中国家则在制成品贸易中的进口额明显高于出口额。一方面,从出口数额来看,中国与日本、韩国、新加坡等东亚重要经济体的制成品出口规模在东亚区域生产网络中占有重要比重,其中中国作为该区域制成品的最大出口国,其2020年制成品出口规模达到2818.2亿美元,分别是日本、韩国和新加坡的3.25倍、5.77倍和5.69倍,这表明中国已经成为东亚区域制成品贸易的重要枢纽,并与东亚其他经济体在以资本品和消费品为代表的制成品区域分工中形成了紧密的上下游产品工序合作关系。[2] 与此同时,虽然日本、韩国以及新加坡等东亚发达经济体在制成品贸易出口额方面落后于中国,但其在东亚区域的制成品贸易中仍然保有关键地位,尤其是在涉及技术要素密集度比较高的产品生产中具有绝对比较优势,比如半导体、精密仪器等科技要素含量较高的产品。[3] 另一方面,从进口数额来看,中、日、韩三国依旧在制成品进口规模方面遥遥领先于东盟国家,日本作为东亚区域制成品贸易的最大进口国,其2020年在该区域制成品进口额为1375.35亿美元,但其中有888.32亿美元制成品来自中国市场,占比高达64.59%;中国作为该区域制成品贸易的第二大进口国,2020年进口贸易额为1253.12亿美元,其中来日韩两国的出口分别为513.31亿美元和260.17亿美元,占比共达到61.72%,这进一步表明中日韩三国在东亚区域的制成品贸易中存在深厚的合作基础,同时也塑造了中日韩三国企业在东亚区域生产网络中的分工协作位置。与此同时,东盟广大发展中国家的制成品进口主要来源于中、日、韩三国制成品的对外出口,如中、日、韩三国制成品对外出口在印尼、马来西亚、菲律宾、泰国以及越南等东盟经济体的进口占比均高达到65%以上,这表明中、日、韩三国与东盟广大发展中国家依托各自的比较优势,在

---

[1] Zhi Wang, William Powers, JinWei Shang. Value Chains in East Asian Production Networks: An International Input-Output Model Based Analysis[R]. U.S. International Trade Commission Office of Economics Working Paper, 2009(2009-10-C): 2-33.

[2] Sarah Y. Tong., Yi Zheng. China's Trade Acceleration and the Deepening of An East Asian Regional Production Network[J]. China & World Economy, 2008, 16(1): 66-81.

[3] Ayako Obashi, Fukunari Kimura. Are Production Networks Passé in East Asia? Not Yet[J]. Asian Economic Papers, 2018, 17(3): 86-107.

东亚区域的制成品分工协作中已经形成了紧密的上下游合作关系,从而为中国与日、韩两国在东盟国家展开第三方市场合作奠定了经济基础。

二、东亚区域产品内国际贸易与市场分工形态

东亚区域的分工形态立足于该区域国际贸易的市场状况,使得中国与日本、韩国以及东盟国家在东亚区域内形成了复杂的分工协作网络。[①] 基于上述对东亚区域主要经济体在初级产品、中间产品以及制成品等产品内贸易流向、产业结构以及市场分布情况和特点的梳理和分析,可以发现东亚区域生产网络已经形成了以中国和日本为中心的双枢纽区域生产、分工以及贸易的关键连接节点,并通过产品内区域分工协作的纽带有效地将韩国、东盟国家等东亚其他经济体串联起来,构成了以"中国—日本"为区域分工核心、东亚其他经济体为重要参与者的多主体、复合型以及多元化的东亚区域生产网络。[②]

在东亚区域生产网络中,中国、日本、韩国以及东盟等其他东亚经济体在初级产品、中间产品以及制成品贸易中形成了紧密而又复杂的分工协作关系,并进一步在东亚区域产品内贸易下衍生出了产品内水平分工与垂直分工相互独立抑或相互交织的分工形态。[③] 基于此,根据东亚区域生产网络国际贸易市场状况的已有分析,通过借鉴琼斯和基尔茨科夫斯基(Jones and Kierzkowski)关于国际贸易中的分裂理论[④]的细化切分思想,以及在此学理基础上福成和绫子(Fukunari and Ayako)所构建的东亚—北美区域生产网络(如图3.10)的实际应用[⑤],并在结合2020年东亚区域内贸易合作情况的基础上,对东亚经济体在东亚区域生产网络中的贸易流向、分工流程以及分工位置进行初步刻画(图3.10)。因

[①] Ayako Obashi. Stability of Production Networks in East Asia: Duration and Survival of Trade[J]. Japan and the World Economy, 2010, 22(1): 21-30.

[②] Premachandra Athukorala. Production Networks and Trade Patterns in East Asia: Regionalization or Globalization? [J]. Asian Economic Papers, 2011, 10(1): 65-95.

[③] Ayako Obashi, Kimura Fukunari. The Role of China, Japan and Korea in Machinery Production Networks[J]. International Economic Journal, 2016, 30(2): 169-190.

[④] 琼斯和基尔茨科夫斯基对国际贸易中的分裂理论进行了发展,指出中间产品贸易与制成品贸易之间的异质性在于跨国公司对生产环节与生产工序的灵活性决策,为了实现规模经济效益,跨国公司将会根据生产过程类型把不同生产环节分别布局在与其资源禀赋相适应的目标市场,这一过程推动了跨国公司及其业务的分裂发展,参见:Ronald W. Jones, Henryk Kierzkowski. International Trade and Agglomeration: An Alternative Framework[J]. Journal of Economics, 2005, 86(1): 1-16.

[⑤] 福成和绫子通过对东亚区域生产网络的长期研究,在结合碎片化理论的基础上,通过结合日本、韩国以及东盟等东亚国家与墨西哥和美国等北美国家的国际贸易情况,构建出了东亚区域跨国公司与北美区域跨国公司的生产合作网络,这对本书关于构建东亚区域内部的生产网络起到了重要启示性作用,参见:Fukunari Kimura and Ayako Obashi. Production Networks in East Asia: What We Know So Far[R]. ADB Institute Working Paper Series, 2011(320):1-19.

此,在国际贸易碎片化理论及其实际应用的有效推动下,本节所构建的东亚区域内产品内贸易与分工合作图有助于明晰中国、日本、韩国以及东盟国家在区域内部的贸易流向、贸易种类以及国际分工等不同领域的合作关系,从而通过东亚区域生产网络中产品内分工的研究视角与研究思路为中国与日韩两国在东盟进行第三方市场合作奠定协作基础。

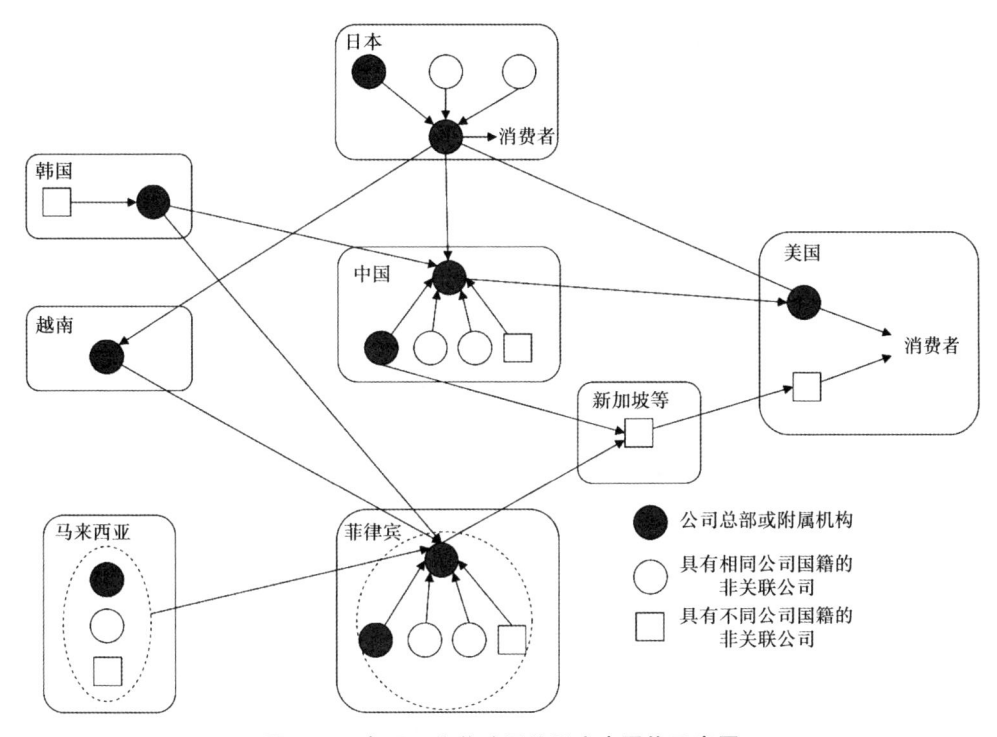

图 3.10　东亚—北美跨国公司生产网络示意图

资料来源:根据 Fukunari Kimura and Ayako Obashi. Production Networks in East Asia: What We Know So Far[R]. ADB Institute Working Paper Series,2011(320)整理与调整。

如图 3.11 所示,在全球分工协作深度发展的背景下,东亚主要经济体在该区域内已经形成了连接紧密且高度复杂的生产分工网络,不同经济体依托自身比较优势进行着水平抑或垂直的专业化分工协作,区域规模经济效益日益明显。[1] 首先,从区域分工的整体网络来看,中国、日本、韩国以及东盟国家在该区域内的产品内贸易与分工中已经形成紧密的相互协作关系,为中国与日韩两国在东盟展开第三方市场合作提供了生产分工基础。一方面,从中国、日本以及韩国三国之间的生产网络来看,中国、日本以及韩国在东亚区域的国际贸易主要以中间产品和制成品为主,并在该区域的中间产品以及制成品贸易中已经处于核心位置,从而推动中、日、韩三国企业在该区域内的产品内水平分工和垂直分工

---

[1]　陈延天,金丹.以中国为中心的东亚国际分工发展:基于 2005 年亚洲投入产出表的估计[J].东北亚研究,2012(18):49-71.

中形成了深厚的合作基础,进而为中国与日韩两国在东亚区域展开第三方市场合作奠定了扎实的分工基础。另一方面,从中、日、韩三国与东盟十国之间的生产网络来看,中、日、韩三国与东盟十国在东亚区域内部的初级产品、中间产品以及制成品国际贸易中形成了错综复杂的协作关系,并构成了以"中国—日本"为核心、其余东亚经济体为外围的分工协作体系。[①] 其中,中、日、韩三国主要从东盟十国进口初级产品,而东盟十国则主要从中、日、韩三国进口中间产品以及制成品,这种产品内水平与垂直的分工协作关系为中国与日韩两国在东盟进行第三方市场合作奠定了市场基础。

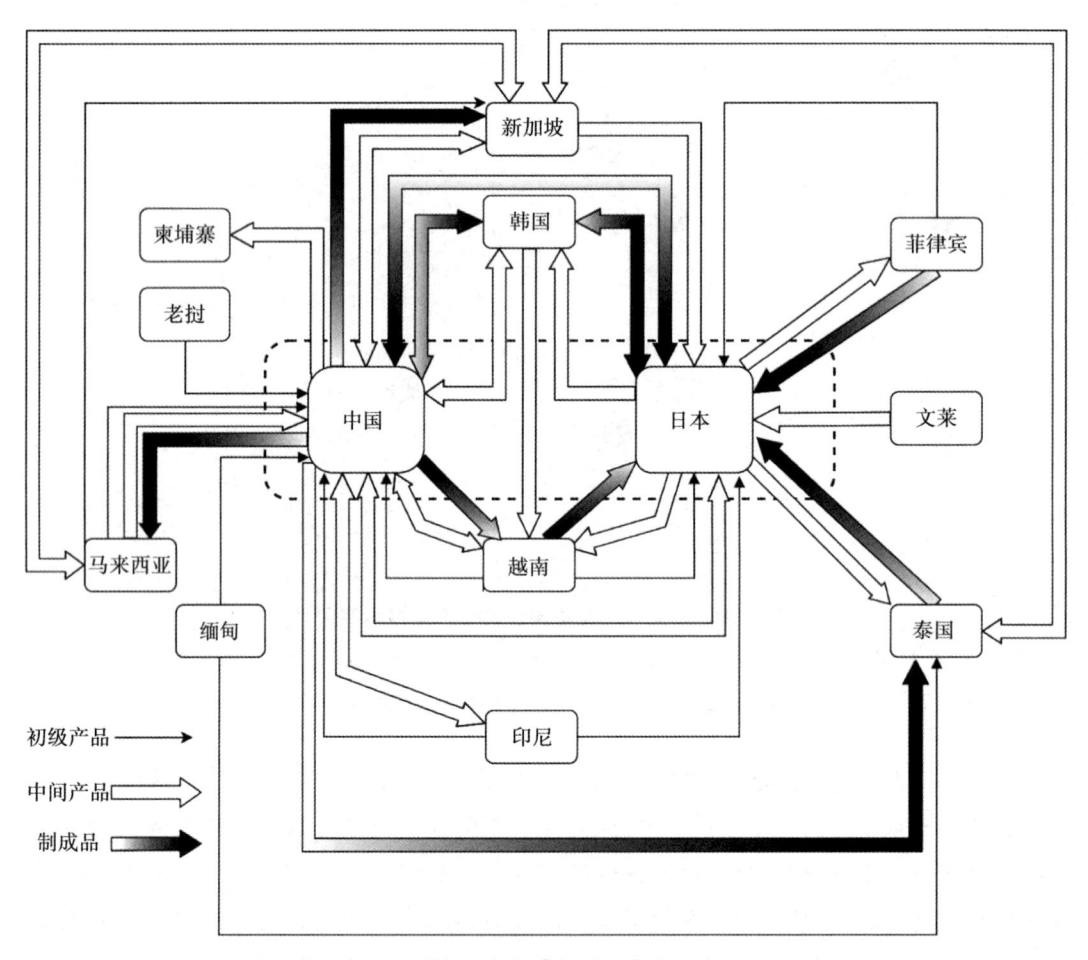

图 3.11 东亚区域产品内贸易与分工合作示意图(2020 年)

资料来源:基于 Fukunari Kimura, Ayako Obashi. Production Networks in East Asia:What We Know So Far[R]. ADB Institute Working Paper Series,2011(320)研究基础整理制图。

---

① 下田充,渡边隆俊.亚太地区的国际分工——基于国际投入产出表的定量分析[J].投入产出,2015(2):42-53.

其次,从区域分工生产节点来看,中国与日本作为东亚区域生产网络中的重要枢纽,在初级产品、中间产品以及制成品贸易中占据主导地位,与东亚其他经济体在产品内贸易中形成了水平、垂直抑或相互交叉的分工形式,这使得中、日两国成为东亚其他经济体参与区域内分工协作的关键依托平台,并对东亚区域生产网络的国际贸易、国际分工以及产业升级都产生了重要影响。[①] 一方面,对中国来说,中国与其他东亚经济体的产品内贸易存在明显的产差异化特征,即中国与东亚发达经济体的国际贸易集中在中间产品的半成品以及制成品的资本品和消费品等领域,而中国与东盟发展中国家的国际贸易则主要产生于初级产品以及半成品中的零部件等领域,这表明中国与东亚发达经济体、发展中经济体在产品内贸易中已经形成了水平和垂直的分工协作关系,这为中国与日韩两国在东盟进行第三方市场合作奠定了分工基础。另一方面,对日本来说,日本在"雁行模式"时期就已经与东亚其他经济体形成了产业间垂直分工的国际经济合作体系,在如今的东亚区域生产网络中更是与中国、韩国以及东盟国家在初级产品、中间产品以及制成品贸易中形成了水平与垂直相互交叉的分工关系。[②] 这表明,经过较长周期的市场积累与生产网络构建,日本在东亚区域内部的国际贸易、国际分工以及国际投资等不同领域已经形成了深厚的市场网络基础与成熟的分工协作体系。基于此,日本在东亚生产网络中的市场优势与分工基础,为其与中国在东盟国家展开第三方市场合作建立了比较优势基础。

最后,从区域分工的外围网络来看,韩国和东盟国家等东亚其他经济体在该区域生产网络中也发挥了重要作用,承担了初级产品、中间产品以及制成品其他环节的生产分工,并与中日两国共同构成了东亚区域复杂的生产分工网络。一方面,对韩国和新加坡等经济体来说,得益于其在"雁行模式"时期的经济快速发展,其在工业化进程中有效地推动了产业结构升级,并在如今东亚区域生产网络的中间产品和制成品国际贸易中形成了区域内次核心,即韩国与新加坡依托自身比较优势搭建了连接中国、日本与东盟发展中国家之间的生产分工网络体系。这种区域次核心的分工位置不仅在初级产品中与东盟发展中国家形成了紧密合作,而且还在中间产品与制成品中与区域内分工枢纽的中国与日本构建了相应的分工体系。另一方面,对于东盟的发展中国家和新兴经济体来说,其生产要素禀赋以及经济发展水平的差异性,使得东盟广大发展中国家在该区域分工协作中主要处于东亚区域生产网络的外围。其中,印尼、马来西亚以及越南等东盟国家在该区域中输出了大量价值含量较低且分工较为简单的初级产品以及中间产品的零部件等;[③]在此基础上,

---

① Henry Wai-chung Yeung. Governing the Market in a Globalizing Era: Developmental States, Global Production Networks and Inter-Firm Dynamics in East Asia[J]. Review of International Political Economy,2014,21(1):70-101.

② 安田信之助,小林孝雄.东亚国际分工与日本 EPA 战略[J].国际文化研究所公报,2008(13):67-88.

③ 山尾政博.东亚海产品贸易:以分工和系统化为中心[J].农林问题研究,2015(5):245-254.

越南、印尼、菲律宾以及泰国等东盟国家通过大量进口中间产品的零部件进行组装加工，然后又将半成品出口至中国、日本、韩国以及新加坡等国家进行深加工，并最终以制成品的形式再出口至区域内部的东盟国家市场以及区域外部的欧美国家市场。[①] 因此，韩国和东盟国家等东亚区域生产网络的外围经济体依托自身的比较优势，在该区域的生产环节以及生产工序中都发挥了重要作用，凭借其所在的分工位置，能够为中国与日本、韩国在东盟进行第三方市场合作提供协作条件。

基于此，通过对东亚区域生产网络下中国、日本、韩国以及东盟国家等不同经济体参与区域产品内分工协作的比较优势以及分工位置的刻画可以发现，以中国和日本为主导的区域生产分工枢纽国家，通过产业链与供应链体系已经将东亚其他经济体紧密地串联起来，并在初级产品、中间产品以及制成品国际贸易中共同构建了相互交叉又互相独立的区域分工协作网络[②]，这使得整个东亚区域经济体都处在区域价值链的分工体系之中，进而为中国与日本、韩国在东盟国家进行第三方市场合作提供了重要的经济合作基础。

第四节 东亚区域贸易关联性夯实第三方市场合作发展基础

东亚区域的国际贸易和国际分工深刻反映了该区域内不同经济体之间的国际经济竞合状态。在如今的东亚区域生产网络中，中国、日本、韩国以及东盟国家之间已经在国际贸易中形成了相互依赖、互相影响的竞争抑或合作关系。[③] 基于此，本节拟选取相关国际贸易数据来测度中、日、韩与东盟国家相互之间的贸易关联性，进而在此基础上探究东亚区域贸易关联性与中国和日、韩两国在东盟展开第三方市场合作的内在联系。

一、数据选取与变量设定

本节数据来源为联合国 Comtrade 数据库，以中国、日本、韩国、东盟[④]的双边往来贸

[①] Hongzhong Liu, Daqian Shi. China's Role in the New Round of Restructuring of Regional Division of Labor in East Asia[J]. Asian Education and Development Studies，2018，7(4)：343-363.

[②] Xiaobo Zhang, Yang Jin, Reardon Thomas. Mechanization Outsourcing Clusters and Division of Labor in Chinese Agriculture[J]. China Economic Review，2017(43)：184-195.

[③] 丁可.东亚生产网络转型和日中第三方市场合作[C]//李向阳，深尾京司主编."一带一路"建设与日中第三方市场合作.北京：中国社会科学出版社，2020：184-199.

[④] 为了数据的完整性和比较分析的可行性，此处的东盟国家包括文莱、柬埔寨、印尼、老挝、马来西亚、缅甸、菲律宾、新加坡、泰国以及越南全部10个成员国。

易数据为研究对象,运用 Stata 软件进行时间序列分析。数据选取以月度为单位,时间跨度为 2013 至 2022 年①之间的 120 个月。第一,在双边贸易总额中,涉及中国(Z)—日本(R)、中国(Z)—韩国(H)、中国(Z)—东盟(D)、日本(R)—东盟(D)、韩国(H)—东盟(D)、日本(R)—韩国(H)四方相互之间以美元单位进行计算的 120 个月度双边贸易总额(S);第二,在双边进出口贸易中,包括中国与日本、韩国、东盟,日本与东盟,韩国与东盟,日本与韩国之间的 120 个月度进口额(J)与出口额(C)。在此基础上,将上述贸易数据分别记为 ZRS、ZHS、ZDS、RDS、HDS、RHS、ZRJ、ZHJ、ZDJ、RDJ、HDJ、RHJ、ZRC、ZHC、ZDC、RDC、HDC、RHC,其结果如表 3.9 所示。与此同时,为增加数据分析的可行性与科学性,降低季节更替、节假日等客观因素可能衍生的影响,消除已有数据中可能存在的异方差性,对上述各变量同时取自然对数,分别记为 LNZRS、LNZHS、LNZDS、LNRDS、LNHDS、LNRHS、LNZRJ、LNZHJ、LNZDJ、LNRDJ、LNHDJ、LNRHJ、LNZRC、LNZHC、LNZDC、LNRDC、LNHDC、LNRHC,其变量结果如图 3.12、图 3.13、图 3.14 所示。

表 3.9 变量描述性统计结果

变量名	样本量	平均值	标准差	最大值	最小值
ZRS	120	263.54	35.28	143.16	339.21
ZHS	120	247.80	38.98	135.34	350.17
ZDS	120	510.75	162.83	241.44	900.95
RDS	120	179.42	19.08	127.85	224.58
HDS	120	143.07	42.99	84.62	247.42
RHS	120	67.14	7.37	49.55	84.44
ZRJ	120	141.04	21.45	76.71	191.74
ZHJ	120	153.63	21.41	85.26	208.09
ZDJ	120	223.75	69.67	108.64	397.24
RDJ	120	91.31	11.11	69.67	122.58
HDJ	120	50.62	12.52	33.44	81.80
RHJ	120	25.28	3.40	18.29	34.96
ZRC	120	122.51	17.46	49.72	165.59
ZHC	120	94.17	22.08	48.01	154.16
ZDC	120	287.00	95.76	116.88	534.82
RDC	120	88.11	9.67	57.14	109.72
HDC	120	92.45	34.26	51.00	186.00
RHC	120	41.85	4.68	30.69	54.87

资料来源:根据 UN Comtrade Database 数据测算。

---

① 以 2013 年为起始年份,是因为"一带一路"倡议是在 2013 年提出的,以此时间节点为起点,可以综合分析"一带一路"倡议提出后中国与日本、韩国以及东盟国家之间的贸易发展情况。

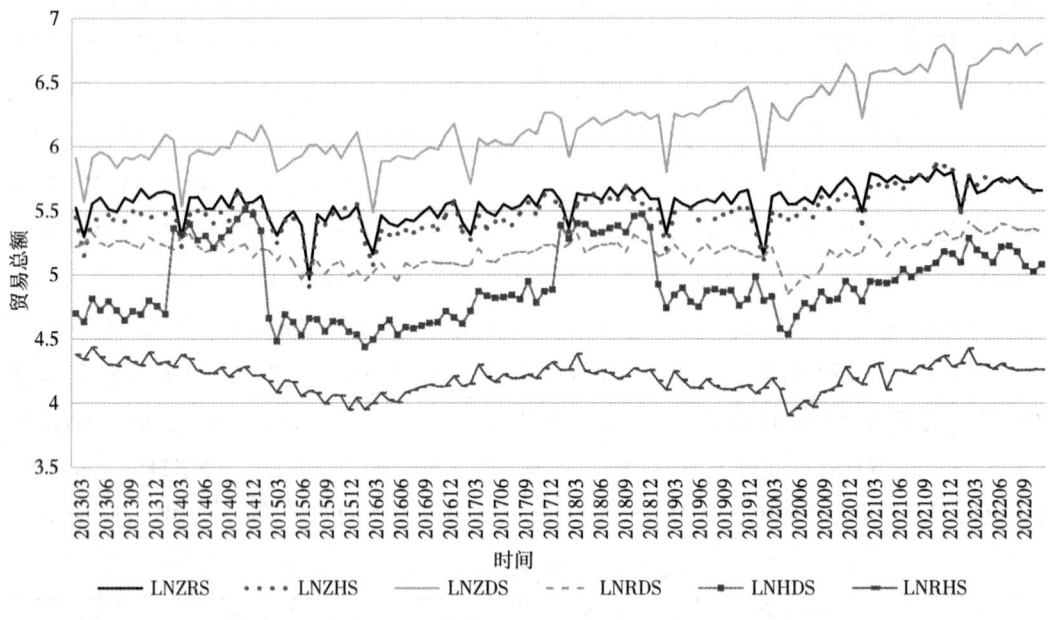

图 3.12　2013—2022 年中、日、韩与东盟间贸易总额(取自然对数)

资料来源:根据 UN Comtrade Database 数据测算。

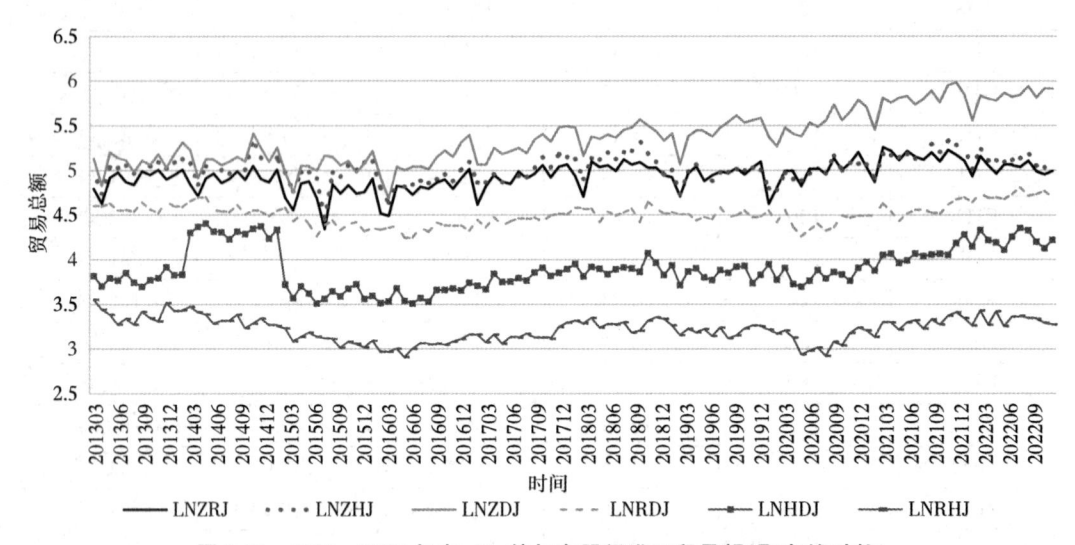

图 3.13　2013—2022 年中、日、韩与东盟间进口贸易额(取自然对数)

资料来源:根据 UN Comtrade Database 数据测算。

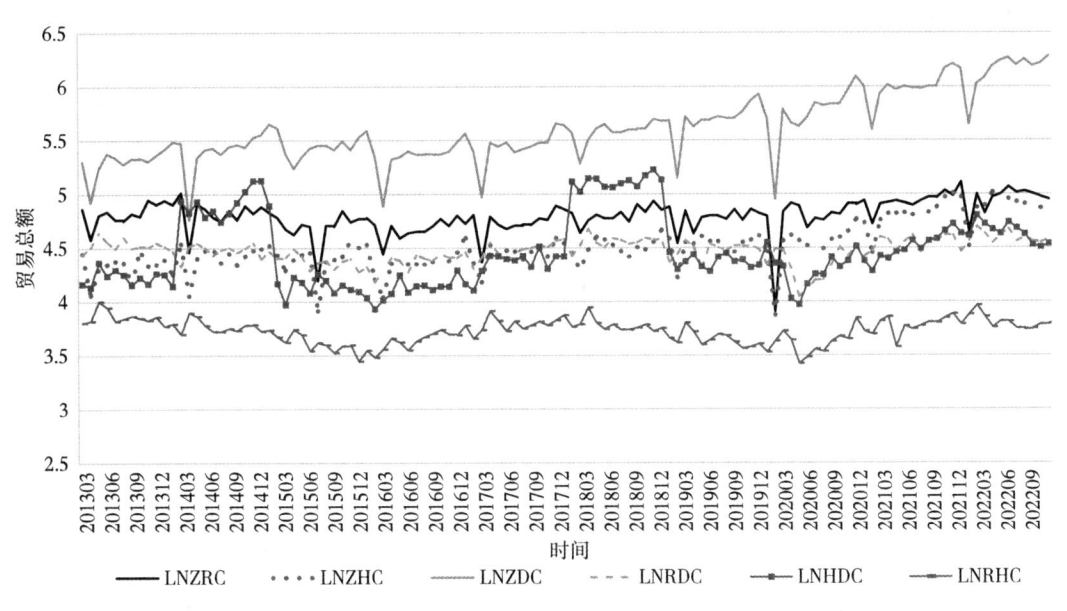

图 3.14 2013—2022 年中、日、韩与东盟间出口贸易额（取自然对数）

资料来源：根据 UN Comtrade Database 数据测算。

结合图 3.12、图 3.13 和图 3.14 可知，即使对原有数据进行了取自然对数的技术处理，但是在图中仍可以看出，中、日、韩与东盟国家相互之间的月度贸易数据呈现出较大的季节性变化趋势，即在每年农历春节假期期间，中国与日本、韩国以及东盟国家的贸易规模出现明显下降，而在农历春节假期之后贸易规模又迅速回升。基于此，为进一步弱化这些客观因素影响，我们对数据进行相应调整。鉴于既有数据序列均为正值，故通过乘法模型，对所有第 1 个月乘以相同的"影响因子"，以此类推，其公式表达如下：

$$Y_t = \mathrm{TC}_t \times S_t \times I_t \tag{3.8}$$

在该公式中，Y_t 为原序列，TC_t 为趋势循环要素，S_t 为季节假期要素，I_t 为不规则要素，用以表示其余不可观测的随机扰动。对乘法模型两边同时取对数可得如下表达公式：

$$\ln Y_t = \ln \mathrm{TC}_t + \ln S_t + \ln I_t \tag{3.9}$$

进行调整的目的在于将原序列 Y_t 分解为趋势循环要素 TC_t、季节假期要素 S_t，以及不规则要素 I_t，再去掉季节假期要素 S_t，即可得到更加平稳的调整序列。其调整后的各组变量如图 3.15、图 3.16、图 3.17 所示，为与原数据进行区分，在各变量名称后分别加上"M"。经调整后，季节假期因素影响在一定程度上有所降低，同时经测算，各时间序列数据的极差也相应减小，时间序列数据更加平稳。

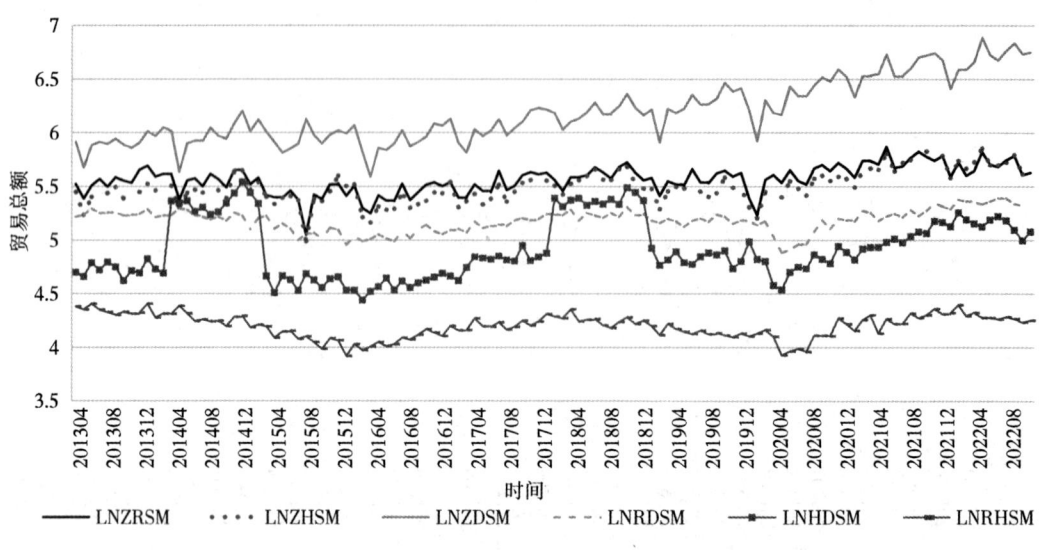

图 3.15 2013—2022 年经季节调整后中、日、韩与东盟间贸易总额

资料来源:根据 UN Comtrade Database 数据测算。

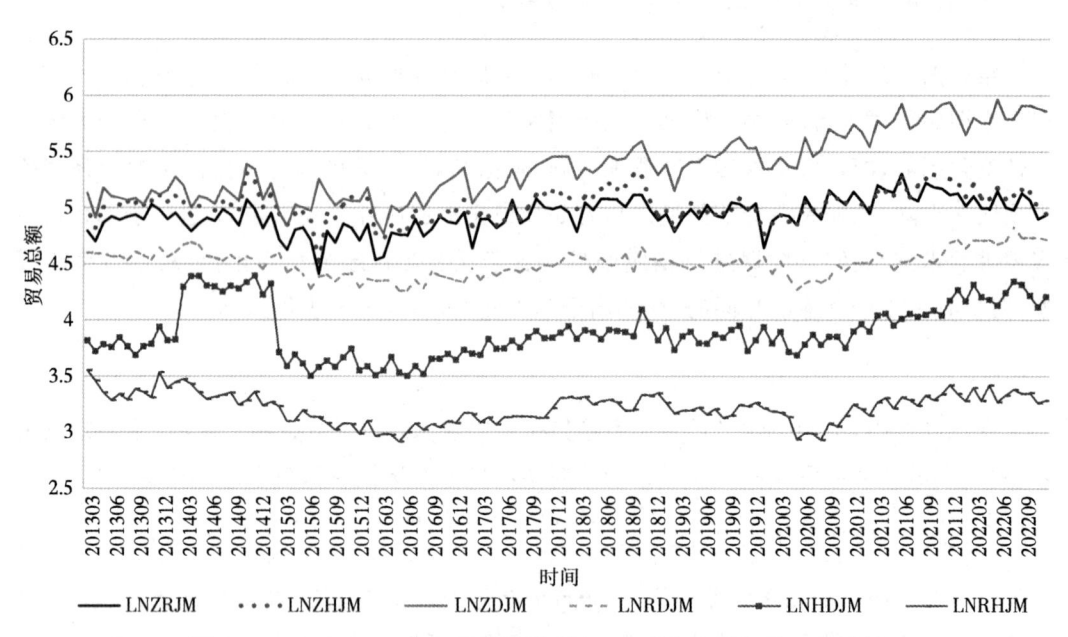

图 3.16 2013—2022 年经季节调整后中、日、韩与东盟间进口贸易额

资料来源:根据 UN Comtrade Database 数据测算。

第三章　中国与日韩两国在东盟第三方市场合作的发展基础

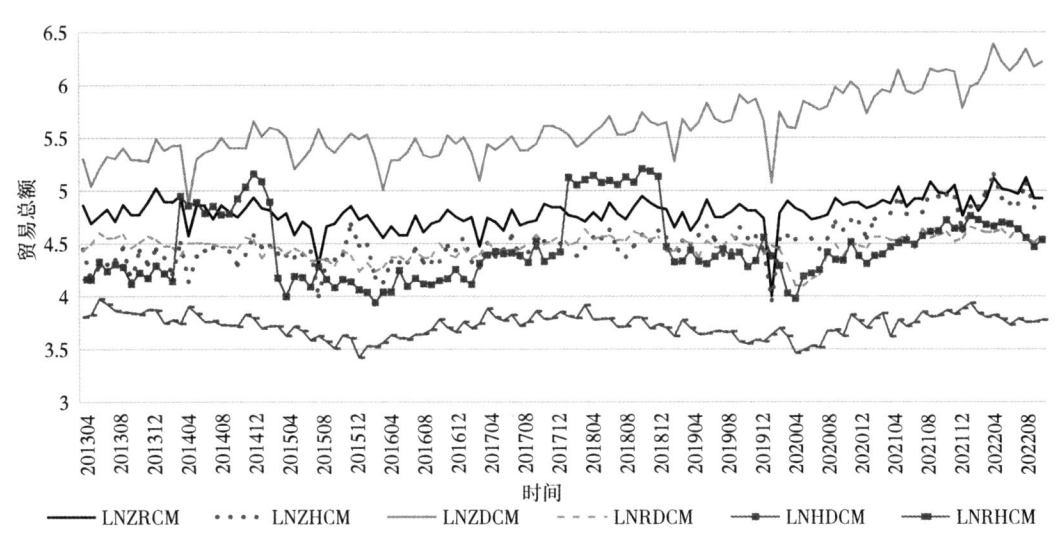

图 3.17　2013—2022 年经季节调整后中、日、韩与东盟间出口贸易额

资料来源：根据 UN Comtrade Database 数据测算。

二、模型设定与实证分析

为保障设计模型的可行性与稳定性，本节将通过时间序列数据分析方法进行实证检验。在此之前，需要对数据的平稳性进行检验，即检验现有时间序列数据是否存在单位根，并依托该检验结果来展开后续研究。

（一）单位根检验

为减少单位根检验过程中检验功效低所可能出现的误差，本节将运用 ADF 检验、DF-GLS 检验与 KPSS 检验三种方式对其进行综合分析。[1] 在此基础上，对既有时间序列数据进行一阶差分后的 $|\Delta Y_t|$ 再次检验，当检验统计量都在 5% 水平以下时，就表明时间序列整体呈现为平稳状态。基于此，本节所研究的对象为、日、韩三国与东盟国家之间国际贸易时间序列数据的一阶单整过程。

（二）协整分析

通过单位根的检验结果可以发现，2013 至 2022 年期间的中、日、韩及东盟国家间的月度贸易数据存在单位根且均为一阶单整。因此，为了进一步探究其中不同变量之间可能存在的长期均衡关系，可以借助线性组合的方式来消除不同变量之间的随机趋势，即对中国、日本、韩国以及东盟国家之间的月度贸易数据进行协整分析。基于此，构建的回归模型如下：

---

[1]　通过这三种方式进行检验，其检验统计量均大于 5% 的临界值，即可以认为本节的现有数据 $|Y_t|$ 存在单位根。

$$LNY_t = \mu + \varphi_1 LNX_{1t} + \varphi_2 LNX_{2t} + \cdots + \varphi_n LNX_{nt} + \varepsilon_t \tag{3.10}$$

在该回归模型中，LNY_t 为被解释变量，$LNX_{1t} \cdots LNX_{nt}$ 为解释变量。μ 为常数列向量。$\varphi_1 \cdots \varphi_n$ 为回归系数，φ 的大小和符号为 LNY_t 与 $LNX_{1t} \cdots LNX_{nt}$ 的关联系数，即某两方之间贸易往来对另两个经济体间贸易往来的影响情况。当 φ 为正时，说明某两个经济体间的贸易活跃度与另两个经济体间贸易活跃度是相辅相成的，即双方之间存在合作关系；当 φ 为负时，说明某两个经济体间的贸易活跃度与另两个经济体间贸易活跃度是反向作用的，即双方之间存在竞争关系。ε_t 为随机扰动列向量。n 为解释变量的个数，中日韩及东盟四方之间存在 6 个贸易额时间序列，即 n 最大为 6。

在 Johansen 检验过程中，如果序列 $X_{1t}, X_{2t} \cdots X_{nt}$ 都是 d 阶单整，存在向量 $\alpha = (\alpha_1, \alpha_2 \cdots \alpha_n)$，使得 $Z_t = \alpha X^T \sim I(d-b)$，其中 $b > 0$，$X = (X_{1t} \cdots X_{nt})^T$，则认为序列 $(X_{1t} \cdots X_{nt})$ 是 (d, b) 阶协整，记为 $X_t \sim CI(d, b)$，α 为协整向量。以 LNZRSM 为例，即中日两国之间总贸易额作为因变量时，其协整秩迹检验结果说明存在 2 个线性无关的协整向量，具体结果如表 3.10 所示。

表 3.10 协整秩检验结果

原假设协整方程数目	迹统计量
0	137.72
1	91.39
2	51.68*

在此基础上，进一步检验相应的滞后阶数，根据 AIC 和 FPE 等多数准则体系表明，本节的数据分析应该选择滞后 4 阶，结果如表 3.11 所示。

表 3.11 中、日、韩及东盟间贸易总额协整关系

	LNZRSM	LNZHSM	LNZDSM	LNRDSM	LNHDSM	LNRHSM
LNZRSM	—	—	—	—	—	—
LNZHSM	—	—	−1.336***	0.310**	−7.853***	−0.388***
LNZDSM	—	−0.749***	—	−0.232***	5.879***	0.291***
LNRDSM	−1.556***	3.223***	−4.306***	—	−25.312***	−1.252***
LNHDSM	—	—	—	—	—	—
LNRHSM	—	−2.574***	3.439***	−0.799***	20.214***	—
常数项	0.406	−6.147	8.212	−1.907	48.275	2.388
chi²	64.927	63.639	145.451	228.959	38.798	257.381
P>chi²	0.0000	0.0000	0.0000	0.0000	0.0000	0.0000

注：*、**、*** 分别表示在 10%、5% 以及 1% 水平上显著，无数据的空格表示变量间关系在统计上不显著。

表 3.12 中、日、韩及东盟间进口贸易协整关系

	LNZRJM	LNZHJM	LNZDJM	LNRDJM	LNHDJM	LNRHJM
LNZRJM	—	—	—	—	—	—
LNZHJM	—	—	−4.186***	0.902***	186.540***	−0.745***
LNZDJM	−0.451***	−0.239***	—	−0.216***	−44.559***	0.178***
LNRDJM	1.670***	1.108***	−4.639***	—	206.719***	−0.826***
LNHDJM	−0.157**	—	—	—	—	—
LNRHJM	−1.468***	−1.342***	5.619***	−1.211***	−250.356***	—
常数项	−4.699	−4.433	18.560	−4.000	−827.004	3.303
chi²	234.305	61.349	87.155	131.748	40.766	244.096
P>chi²	0.0000	−0.0000	0.0000	0.0000	0.0000	0.0000

注：*、**、*** 分别表示在 10%、5% 以及 1% 水平上显著，无数据的空格表示变量间关系在统计上不显著。

表 3.13 中、日、韩及东盟间出口贸易协整关系

	LNZRCM	LNZHCM	LNZDCM	LNRDCM	LNHDCM	LNRHCM
LNZRCM	—	—	—	—	—	—
LNZHCM	—	—	−0.733***	—	—	—
LNZDCM	1.126***	−1.364***	—	−0.213*	2.798***	0.350**
LNRDCM	−11.643***	6.411***	−4.699***	—	−13.148***	−1.645***
LNHDCM	0.837**	−0.488**	0.357**	−0.076**	—	0.125**
LNRHCM	5.862***	−3.897***	2.856***	−0.608***	7.992***	—
常数项	15.396	−8.860	6.494	−1.382	18.172	2.274
chi²	35.037	49.878	82.327	110.940	41.916	113.322
P>chi²	0.0000	0.0000	0.0000	0.0000	0.0000	0.0000

注：*、**、*** 分别表示在 10%、5% 以及 1% 水平上显著，无数据的空格表示变量间关系在统计上不显著。

从表 3.11 可以看出，在 2013 至 2022 年 120 个月的 30 个贸易总额数据中，中国、日本、韩国及东盟之间的贸易总额解释变量对被解释变量的显著性检验多得以通过，其中解释变量显著比例达 56.7%。

从表 3.12 可知，2013 至 2022 年 120 个月的 30 个进口贸易数据中，中、日、韩三国及东盟国家之间的进口贸易额解释变量对被解释变量显著比例达 66.7%。从表 3.13 可知，2013 至 2022 年 120 个月的 30 个出口贸易数据中，中、日、韩三国及东盟国家之间的出口贸易解释变量对被解释变量显著比例达 70%。由此可知，中国、日本、韩国以及东盟国家之间的进口与出口单向贸易模型解释变量显著的比例均高于贸易总额模型。

为了检验上述分析的稳定性,再一次以 LNZRSM 为例,即以中、日两国间贸易总额作为因变量时的模型进行残差自相关检验,结果显示可以接受无自相关假设。VECM 系统的稳定性检验如图 3.18 所示,除了其原有设定的单位根,其余都分布在坐标轴的实线圆内,这表明其具有稳定性,其余协整方程检验结果与之类似。

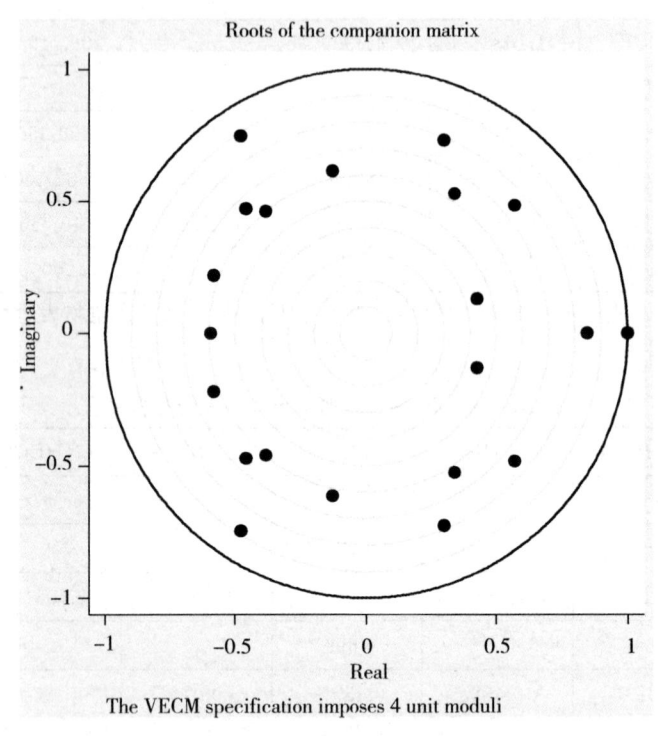

图 3.18 vecm 系统稳定性判别图

(三)稳健性检验

为了进一步检验已有回归模型的稳定性,本节通过更改滞后阶数来展开稳健性检验,即对滞后 3 阶序列数据进行协整分析(见表 3.14、表 3.15、表 3.16),并将其与滞后 4 阶结果(见表 3.11、表 3.12、表 3.13)进行对照分析,表明原有分析结果是具有稳健性的。

表 3.14 中、日、韩及东盟间贸易总额协整关系(滞后 3 阶)

	LNZRSM	LNZHSM	LNZDSM	LNRDSM	LNHDSM	LNRHSM
LNZRSM	—	—	—	—	—	—
LNZHSM	—	—	—	—	—	—
LNZDSM	0.563***	−1.657***	—	−0.196***	52.805***	0.254***
LNRDSM	−4.819***	8.449***	−5.098***	—	−269.196***	−1.297***
LNHDSM						

续表

	LNZRSM	LNZHSM	LNZDSM	LNRDSM	LNHDSM	LNRHSM
LNRHSM	3.076***	−6.515***	3.931***	−0.771***	207.589***	—
常数项	3.745	−11.561	6.976	−1.368	368.366	1.774
chi2	28.761	35.094	68.773	186.272	27.686	184.041
P>chi2	0.0000	0.0000	0.0000	0.0000	0.0000	0.0000

注：*、**、***分别表示在10%、5%以及1%水平上显著，无数据的空格表示变量间关系在统计上不显著。

表3.15 中、日、韩及东盟间进口贸易协整关系（滞后3阶）

	LNZRJM	LNZHJM	LNZDJM	LNRDJM	LNHDJM	LNRHJM
LNZRJM	—					
LNZHJM	—	—	1.891**	−0.265*	−10.175*	0.413**
LNZDJM	−0.357***	0.529***	—	−0.140***	−5.380***	0.218***
LNRDJM	1.105***	−3.773***	−7.135***	—	38.390***	−1.558***
LNHDJM	−0.151***					
LNRHJM	−1.089***	2.421***	4.579***	−0.642***	−24.639***	—
常数项	−3.902	1.712	3.237	−0.454	−17.416	0.707
chi2	228.934	20.536	25.999	148.993	29.305	85.146
P>chi2	0.0000	0.0000	0.0000	0.0000	0.0000	0.0000

注：*、**、***分别表示在10%、5%以及1%水平上显著，无数据的空格表示变量间关系在统计上不显著。

表3.16 中、日、韩及东盟间出口贸易协整关系（滞后3阶）

	LNZRCM	LNZHCM	LNZDCM	LNRDCM	LNHDCM	LNRHCM
LNZRCM	—	—				
LNZHCM	—	—	−2.764***	−0.450**	17.237**	0.841**
LNZDCM	−0.768***	−0.362***	—			
LNRDCM	4.243***	−2.221***	6.139***	—	−−38.284***	−−1.868***
LNHDCM	—	—				
LNRHCM	−3.348***	1.189**	−3.285***	−0.535***	20.490**	—
常数项	−6.020	2.70	−7.655	−1.247	47.745	2.330
chi2	30.794	65.142	46.141	58.567	26.650	51.263
P>chi2	0.0000	0.0000	0.0000	0.0000	0.0000	0.0000

注：*、**、***分别表示在10%、5%以及1%水平上显著，无数据的空格表示变量间关系在统计上不显著。

由表3.14、表3.15和表3.16可知,滞后3阶稳健性检验结果表明:中、日、韩三国与东盟国家间贸易协整关系具有较强显著性,且与原滞后4阶回归结果大体保持一致,说明回归结果是稳健的。

三、东亚区域贸易关联性分析

通过测度中国、日本、韩国以及东盟相互之间的贸易协整关系,可知东亚主要经济体之间的贸易联系在时空序列上存在较为显著的关联性,同时也表明了东亚区域生产网络内部存在较为紧密的国际贸易协作关系,这为进一步分析中国与日本、韩国在东盟展开第三方市场合作提供了坚实的现实分析基础。

(一)东亚经济体在国际贸易中存在显著关联

东亚区域生产网络不同经济体之间的国际贸易在时间序列上存在较为显著的关联性,反映出东亚区域生产网络存在较大发展空间和较为强劲的经济活力。其中,中国、日本、韩国以及东盟国家相互之间的国际贸易协整关系呈现出较为明显的关联性,主要表现为不同经济体之间在国际贸易中的合作抑或竞争状态,这为中国与日本、韩国在东盟展开第三方市场合作创造了国际贸易深化与国际分工协调的发展条件。

一方面,在贸易竞争关系中,如表3.11、表3.12和表3.13所示,东亚经济体之间的贸易竞争关系总体占比较高,不仅中国与日本、韩国以及东盟的国际贸易会在东亚区域生产网络中对域内其他经济体之间的贸易合作形成冲击,而且日本、韩国以及东盟等其他国家之间的国际贸易也同样会对其他经济体之间的国际贸易造成竞争,但是良性的贸易竞争关系可以有效调节东亚区域国际贸易的活跃度,并能够在一定程度上激发区域内国际贸易协作的发展潜力。另一方面,在贸易合作关系中,从表3.11、表3.12和表3.13可以发现,虽然东亚经济体之间的贸易合作关系占比不高,但是中国与日本、韩国以及东盟国家在东亚区域生产网络中的贸易合作关系仍呈现出较为显著的关联性,能够对东亚区域不同经济体之间的国际贸易合作、国际产能协调以及国际分工协作起到有力的推动作用。

基于此,东亚区域生产网络中的国际贸易关系伴随着较为显著的竞争与合作特征,竞合关系在时间序列中也会对东亚区域生产网络的总体演进产生影响。但是良性竞合关系能够激发出更多的发展机遇与发展潜力,从而为中国与日本、韩国在东盟展开第三方市场合作拓展更多的发展空间。[①]

(二)贸易显著性关联为第三方市场合作奠定基础

东盟是中国、日本以及韩国重要的目标市场,中、日、韩三国分别与东盟的进出口贸易

---

① 张中元.中日在东盟地区的第三方市场产能合作分析[C]//李向阳,深尾京司."一带一路"建设与中日第三方市场合作.北京:中国社会科学出版社,2020:60-84.

协整关系呈现出十分显著的关联性,这反映出中国与日韩两国在东盟进行第三方市场合作具有深厚的经济基础。

首先,中国与东盟的国际贸易成为区域内经济合作的重要枢纽,对东亚区域生产网络的整体演进起到了关键推动作用。如表3.11所示,中国与东盟的贸易总额与日本与东盟的贸易总额、韩国与东盟的贸易总额呈现出较为显著的关联性,其中中国—东盟与日本—东盟贸易总额协整关系表现为竞争状态,中国—东盟与韩国东盟贸易总额协整关系表现为合作状态。与此同时,如表3.12和表3.13所示,中国与东盟的进出口贸易与中国—日本进出口贸易、中国—韩国进出口贸易、日本—东盟进出口贸易、韩国—东盟进出口贸易以及日本—韩国进出口贸易均呈现强关联,其中进口贸易协整关系主要以竞争为主,出口贸易协整关系则以合作为主。由此可见,中国与东盟的双边贸易合作在整个东亚区域内呈现出与不同经济体之间的强关联,对推动整个东亚区域经济的整体发展起到了枢纽作用,同时也为中国与日韩两国在东盟展开第三方市场合作创造了发展条件。

其次,日本与东盟的国际贸易在东亚区域内与其他经济体之间的国际贸易呈现出较强的关联性,表明日本在东亚区域生产网络中能够串联起不同经济体,使东亚区域经济能够在良性的竞合关系中得到快速发展。如表3.11、表3.12和表3.13所示,日本—东盟国际贸易与中国—日本国际贸易、中国—韩国国际贸易、中国—东盟国际贸易、韩国—东盟国际贸易以及日本—韩国国际贸易均呈现出显著的关联性。在贸易总额协整关系中,日本—东盟贸易总额与其他经济体之间贸易总额的协整关系主要以竞争为主,仅与中国—韩国贸易总额的协整关系呈现为合作状态。在进口贸易协整关系中,日本自东盟进口贸易与中国自日本进口贸易、中国自韩国进口贸易、韩国自东盟进口贸易呈现为正相关关系。在出口贸易协整关系中,日本对东盟出口贸易与其他经济体之间进口贸易主要呈现为竞争关系,仅与中国对韩国出口贸易体现为合作关系。由此可知,自"雁行模式"的分工状态发展至如今的东亚区域生产网络,日本在东亚区域国际贸易中对产业链的衔接、供应链的拓展以及价值链的构建起到了重要推动作用,这为中国与日本在东盟进行第三方市场合作奠定了国际经济协作基础。[1]

再次,韩国作为东亚区域生产网络的重要参与者,其与东盟贸易协整关系的显著性主要体现在出口贸易方面。如表3.13所示,韩国对东盟的出口贸易与中国对日本的出口贸易、中国对东盟的出口贸易、日本对韩国的出口贸易呈现为相辅相成的正相关关系,但与中国对韩国的出口贸易、日本对东盟的出口贸易表现为竞争关系。值得注意的是,韩国对东盟的出口贸易与中国对东盟的出口贸易呈现为正相关的合作关系,表明中、韩两国在与东盟的出口贸易中具有共同发展利益,这为中国与韩国在东盟进行第三方市场合作奠定

---

[1] Asei Ito. China's Belt and Road Initiative and Japan's Response: From Non-Participation to Conditional Engagement[J]. East Asia, 2019, 36(2): 115-128.

了协作基础。

通过上述分析可知,东亚区域国际贸易竞争性关系与合作性关系并存,利用第三方市场合作进一步优化现有国际贸易中的竞争关系进而打造良性的竞合关系,是实现东亚区域经济一体化发展的重要路径之一。[①] 在东亚区域生产网络中,东盟作为中、日、韩三国的共同目标市场,彼此之间的国际贸易协整关系呈现出强关联性,这为中国与日韩两国在东盟展开第三方市场合作奠定了深厚的经济基础。与此同时,中国与日本作为该区域内国际贸易与国际分工的重要连接节点,利用彼此在区域内国际贸易协整关系的强关联性,能够有效串联起东亚区域的主要经济体,并通过第三方市场合作的方式为中日、中韩在东盟的国际经济合作与国际产能协调拓展发展空间。

---

① Youyi Zhang. Third-Party Market Cooperation Under the Belt and Road Initiative: Progress, Challenges, and Recommendations[J]. China International Strategy Review, 2019, 1(2):310-329.

第四章　中国与日韩开展第三方市场合作的制度供给

如今在东亚区域生产网络中,中国、日本、韩国以及东盟国家通过不断的政策调整与产业升级,推动了东亚区域产业链以及供应链分工体系的重塑,并自觉通过政策支持、政企合作以及区域平台搭建等制度供给和制度创新来匹配与之相应的东亚区域生产分工位置,进而实现了东亚区域生产网络制度安排与规模经济效益的有效衔接。因此,无论是在"雁行模式"时期,还是东亚区域生产网络时期,东亚各经济体在推进区域分工时都采取了适合本身情况发展的制度性安排,这些制度供给与制度创新具有高效的"制度质量"[1],不仅通过减少交易成本促进了每个东亚经济体和东亚各国企业取得更多的边际收益,还凭借适时的制度供给和制度创新为东亚区域间的合作制度搭建了协作平台,从而为中国与日本、韩国在东盟展开第三方市场合作创造了有利的制度协作体系。

第一节　中国与日韩第三方市场合作政府层面制度供给

在半官方和民间机构的持续推动下,中国与日本、韩国政府间在第三方市场合作中的制度供给和制度创新逐步由合作共识转向实质性发展阶段,其突出表现为中国与日本、韩国致力于将第三方市场合作中的宏观领导人会晤共识转化为中观的政府间职能部门合作以及微观的政企间协作机制等诸多具体实践。[2] 由此直接推动了中国与日韩两国领导人、政府职能部门以及政企协作平台等不同参与主体围绕第三方市场合作展开了一系列的制度供给和制度创新,形成了第三方市场合作模式下"宏观领域的领导人会晤共识框架—中观领域的政府间职能部门制度安排—微观领域的政企间具体制度实践"由上及下的制度传导和形成机制,即"领导人—政府职能部门—政企合作平台"三位一体的制度供

---

[1] 李晓.东亚奇迹与"强政府"[M].北京:经济科学出版社,1996:15-31.
[2] 吴崇伯,丁梦.中日在越南的第三方市场合作[J].现代日本经济,2020(5):13-23.

给与制度创新体系,极大地丰富了中国与日本、韩国在第三方市场合作政府官方层面的制度安排内容与形式,从而对中国企业与日韩两国企业在第三方市场合作中的项目分工与深化合作产生了重要的推动作用。[①] 图 4.1 为中国与日韩第三方市场合作政府层面制度安排整体框架示意图。

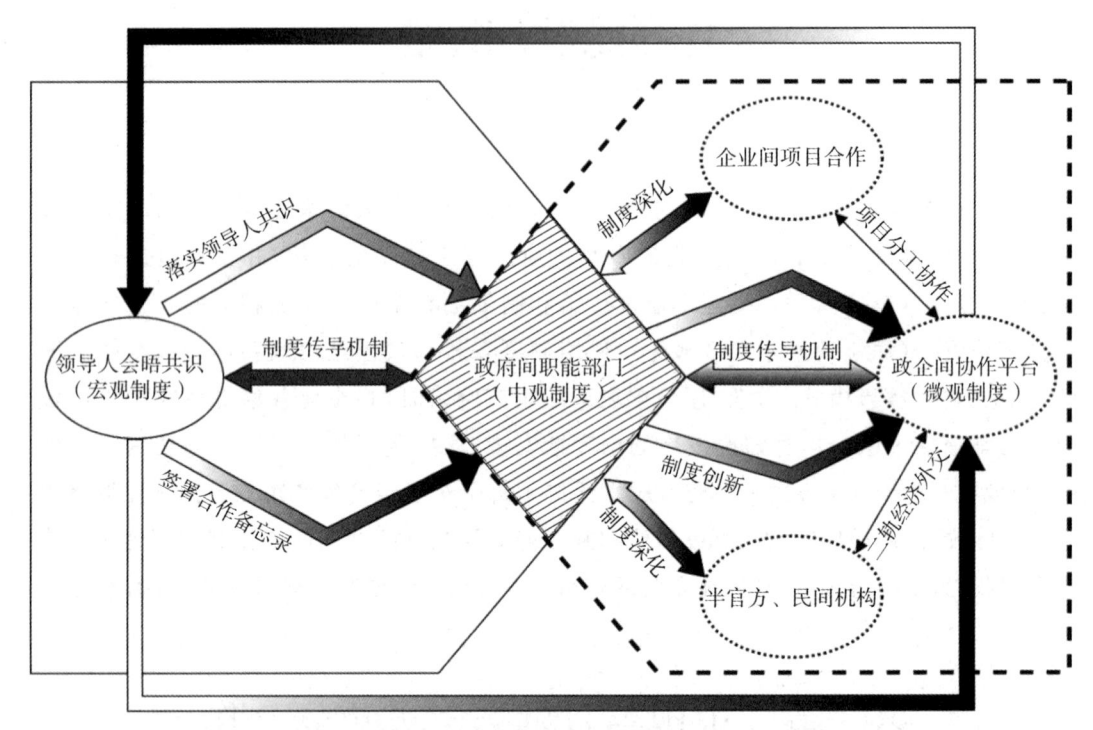

图 4.1　中国与日韩第三方市场合作政府层面制度安排整体框架示意图

注:图中实线五边形所代表的区域表示政府官方机构(领导人共识、政府职能部门),虚线五边形所代表的区域表示半官方和民间机构(企业、行业协会和研究机构等),中间菱形阴影部分表示政府官方机构与半官方、民间机构的重叠部分。

资料来源:根据中国与日韩第三方市场合作的政府间制度安排进行整理制图。

一、第三方市场合作领导人会晤共识机制的制度供给

领导人合作宏观共识是中国与日本、韩国在第三方市场合作中进行制度供给与创新的顶层设计,对政府职能部门中观层面的制度安排以及政企间微观层面的制度实践都发挥着重要作用。基于此,中国与日韩两国领导人所达成的合作共识成为第三方市场合作

---

① Asei Ito. China's Belt and Road Initiative and Japan's Response: From Non-participation to Conditional Engagement[J]. East Asia, 2019, 36(2): 115-128.

制度体系中的重要一环,为政府部职能门、企业生产部门以及行业协会参与第三方市场合作提供了政治互信基础。

(一)中日两国领导人在第三方市场合作中会晤共识的制度安排

中日两国第三方市场合作是立足于中国与日本两国领导人的共识基础而开展的国际经济合作。① 日本在参与第三方市场合作过程中经历了"消极抵制"、"保持中立"到"积极参与"的变化过程,其中的关键转变节点在于2017年中美关系的变化调整,客观上促进了日本安倍政府对"一带一路"以及第三方市场合作的态度转变②,并直接推动了中日两国领导人在第三方合作市场领域形成了诸多重要共识,从而为中日两国在第三方市场合作中的政府间职能部门和政企间协作平台的制度供给和制度创新奠定了基础。

2017年是中日双边关系逐步缓和的重要时间节点,美国特朗普政府在全球推行贸易保护主义政策,使日本安倍政府开始改变对"一带一路"的合作态度,即由最初的"消极排斥"向"有限合作"进行转变,其中中日两国领导人会晤共识在这一阶段为双方政府职能部门与相关企业参与第三方市场合作奠定了前期基础。③ 2018年2月,日本时任首相安倍晋三在日本众议院上明确表示将推动日本政府和企业积极参与到"一带一路"第三方市场合作的大型基础设施项目中,确定了日本政府将与中国政府在第三方市场合作领域进行发展战略对接,并进一步提出中日两国在第三方市场合作过程中要实现政府政策的协调性、企业之间的开放性以及合作项目的经济性。④ 这是日本安倍政府对"一带一路"由"有限参与"到"积极参与"的重要转变,为中日两国领导人共同推进"一带一路"合作的深化发展奠定了政治互信基础。⑤ 在此基础上,日本安倍政府快速推动了外务省、经济产业省等政府职能部门以及日本贸易振兴机构、日本国际协力银行和日本商业联合会等半官方和民间机构与中国相对应的部门进行第三方市场合作领域的制度对接。⑥

2017年以来,中日两国领导人通过双边或多边会晤机制在第三方市场合作领域形成了诸多重要共识,包括对第三方市场合作的概念定义、协作形式、比较优势、经济效应以及合作周期等不同领域进行了讨论和确定,这些在关键领域所达成的合作共识为双方具体职能部门和企业间合作项目具体分工提供了协作框架体系与合作边界,使中日两国在第三方市场合作的政府层面构建一套"领导人宏观会晤共识—政府职能部门中观政策制

---

① 大西康雄."一带一路"倡议的转机(总论)[C]//李向阳,深尾京司."一带一路"建设与中日第三方市场合作.北京:中国社会科学出版社,2020:127-151.

② 丁梦.中日在东南亚基础设施领域的第三方市场合作[J].广西财经学院学报,2021(3):21-30.

③ 大庭三枝.日本的"印太"概念[J].国际安全保障,2018(3):12-32.

④ 渡边筱野.审视参与"一带一路"倡议的风险[J].和平·安全保障研究所评论,2018,225.

⑤ Ministry of Foreign affairs of Japan. Japan-China Foreign Ministers' Meeting [EB/OL].(2017-04-28)[2022-11-08].https://www.mofa.go.jp/a_o/c_m1/cn/page4e_000598.html.

⑥ Ministry of Foreign affairs of Japan. Japan-China Summit Meeting [EB/OL].(2017-07-08)[2022-11-09].https://www.mofa.go.jp/a_o/c_m1/cn/page4e_000636.html.

定—政企之间微观领域项目对接"自上而下的制度供给与制度创新体系。

中日两国领导人关于第三方市场合作的会晤共识在2018年得到了进一步的深化和提升,其突出表现为中日两国将宏观层面的领导人会晤共识逐步转变为中观层面的第三方市场合作备忘录以及微观层面的政企协作平台,进而为双方政府职能部门、政企间对话合作以及企业间项目对接等提供了制度安排基础。2018年5月,在前期中日两国半官方、民间以及政府职能部门持续沟通对话的基础上,中日两国签订的第三方市场合作备忘录为双方第三方市场合作的深化发展提供了宏观制度框架体系,推动了双方由合作共识向合作实践的重要转变[①],这是中日两国第三方市场合作过程中在制度层面进行合作的实质性发展,直接推动了关涉中日多个政府职能部门的"中日第三方市场合作委员会机制"的建立[②],能够通过政策传导机制将第三方市场合作领域中的领导人会晤共识、政府职能部门政策制定以及政企间对话沟通紧密地联系起来,从而形成一个体系完备的制度供给与制度创新体系。

基于此,中日领导人在第三方市场合作领域的共识基础作为双方政府和企业进行协作的顶层设计,搭建了"领导人达成宏观共识—政府职能部门制定中观制度安排—政企间展开具体项目协作"的制度安排体系,从而为中日两国在政府之间、政企之间以及企业之间展开跨部门以及跨类别的第三方市场合作提供了宏观层面的制度框架体系。图4.2为中国与日本第三方市场合作领导人宏观制度体系示意图。

(二)中韩两国领导人在第三方市场合作中会晤共识的制度安排

中韩两国领导人关于第三方市场合作的会晤共识是一个渐进过程,其主要分为朴槿惠政府时期和文在寅政府时期两个发展阶段。[③] 前者主要为中韩两国在第三方市场合作中达成会晤共识以及签署合作备忘录奠定基础,后者则主要推动了中韩两国在第三方市场合作中的具体制度安排和项目分工。基于此,经过合作共识与合作实践两个阶段的共同推动,中韩两国在第三方市场合作中形成了"领导人会晤共识机制—政府职能部门制度供给机制—政企之间工作小组—企业间项目分工协作"从上至下的制度供给与制度创新体系,这种制度设计与运行模式也进一步构成了中韩两国"宏观合作共识—中观制度设计—微观制度实践"环环相扣式的制度传导机制与政策运行机制,从而进一步增强了中韩第三方市场合作制度安排的"制度质量"。

---

① Ministry of Foreign Affairs Japan. Premier of the State Council of China Li Keqiang Visits JapanJapan-China Summit Meeting and Banquet[EB/OL].(2018-05-09)[2022-11-21]. https://www.mofa.go.jp/a_o/c_m1/cn/page3e_000857.html.

② 外务省、日本经济产业省、中华人民共和国国家发展和改革委员会、商务部关于在第三国开展中日民营经济合作的谅解备忘录[EB/OL].(2018-05-09)[2022-10-26].https://www.mofa.go.jp/mofaj/a_o/c_m1/cn/page4_003987.html.

③ 吴崇伯,丁梦.中韩第三方市场合作:进展、阻力与对策[J].东北亚论坛,2020(3):75-89.

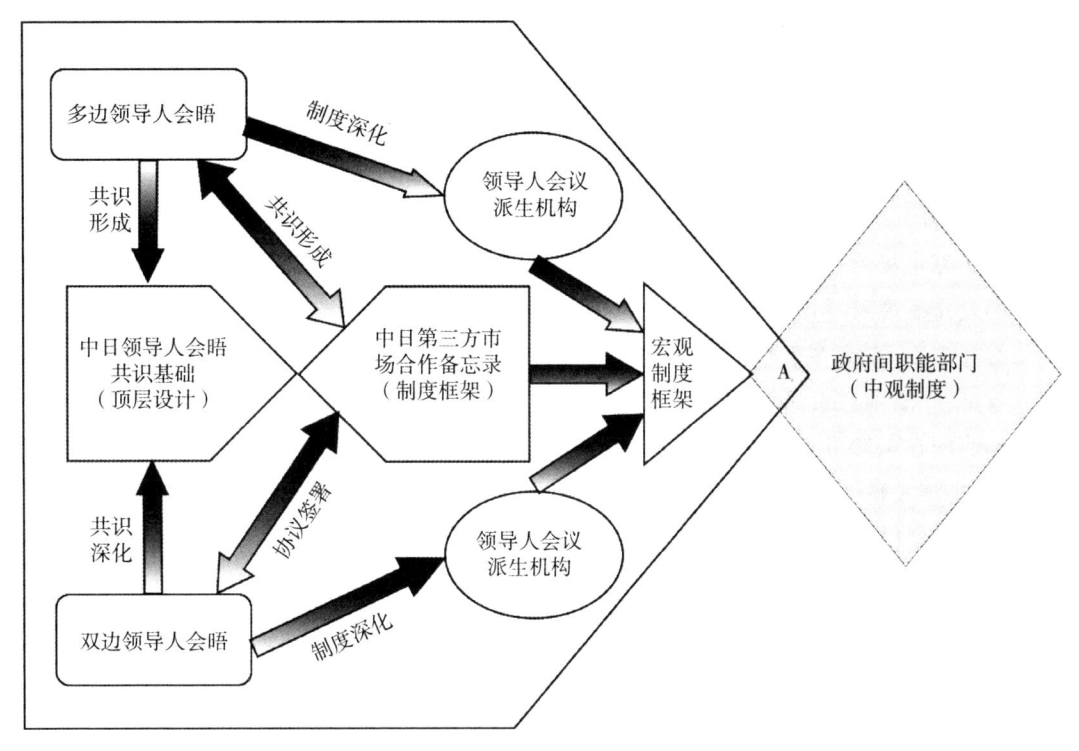

图 4.2 中国与日本第三方市场合作领导人宏观制度体系示意图

注：该图立足于图 4.1，此图只展现中日第三方市场合作领导人会晤共识宏观制度层面，其中图中 A 所代表的区域是基于中日两国领导人会议派生机构以及中日第三方市场合作备忘录基础上所形成和运行的政府间制度安排，如中日第三方市场合作委员会机制、中日经济高层对话等。

资料来源：根据中日两国第三方市场合作领导人会晤制度进行整理制图。

一方面，在朴槿惠政府时期，中韩两国在宏观战略层面主要表现为"一带一路"与"欧亚倡议"的相互对接。其中，中韩两国领导人在这一阶段就第三方市场合作达成了一系列会晤共识，并在此基础上进一步以"合作备忘录"的形式将其确定下来，从而为中韩两国政府和企业展开第三方市场合作构建了宏观层面的制度框架体系。[1] 2015 年 11 月，中韩两国领导人会晤直接推动了双方签署开展第三方市场合作的备忘录[2]，并在此基础上进一步衍生出直接关系中韩两国政府职能部门以及双方企业的"中韩第三方市场合作工作小组"。[3]

---

[1] Youyi Zhang. Third-Party Market Cooperation Under the Belt and Road Initiative: Progress, Challenges and Recommendations[J]. China International Strategy Review, 2019, 1(2): 310-329.

[2] Ministry of Foreign Affairs of the People's Republic of China. Li Keqiang Arrives in Seoul and Starts Official Visit to ROK[EB/OL].(2015-10-31)[2022-11-08].https://www.fmprc.gov.cn/mfa_eng/topics_665678/2015zt/lkqdhgjxzsfwbcxdlczrhldrhy/201511/t20151103_705481.html.

[3] Deals inked as Premier Li Starts South Korea Visit[EB/OL].(2015-11-01)[2022-11-09]. https://www.chinadailyasia.com/nation/2015-11/01/content_15337691.html.

该工作小组作为双方领导人关于第三方市场合作共识的直接派生机构,将中韩两国官方、半官方以及民间等不同组织纳入到了同一合作制度框架体系内,这标志着中韩第三方市场合作开始从理念共识转向具体合作实践,即中韩两国领导人达成的第三方市场合作宏观共识转变为政府职能部门中观的制度供给以及政企间微观层面的项目分工协作。与此同时,这也开启了中国与韩国在政府职能部门、企业生产部门以及行业协会等不同参与主体在第三方市场合作中的一系列制度安排与制度创新,尤其为文在寅政府时期中韩第三方市场合作制度安排体系的深化发展与具体实践提供了宏观框架体系。

另一方面,在文在寅政府时期,中韩两国在宏观战略上已经转变为"一带一路"与"新北方政策""新南方政策"的有效衔接,其中"一带一路"与"新南方政策"的交汇点之一在于中韩两国在东盟共同开展第三方市场合作。[①]"新南方政策"作为文在寅政府在东南亚、南亚拓展市场空间的发展战略,与"一带一路"产生了较大重叠,其中能源开采、国际金融、工业机械、清洁能源以及高速铁路等诸多产业将成为中韩企业进行第三方市场合作的新兴领域。[②] 2017年12月,中韩两国领导人在第三方市场合作中的经济制度框架、经济战略对接以及重点产业协作等领域形成了重要的合作共识基础[③],使得之前中韩两国在第三方市场合作领域的领导人会晤共识、政府职能部门制度安排以及政企间协作平台得以重新运转,从而为中韩两国官方、半官方以及民间等不同组织在第三方市场合作中进行深化发展与具体分工构建了新的宏观层面制度框架。

经过朴槿惠政府时期的协议签署以及文在寅政府时期的制度安排深化发展,中韩两国在第三方市场合作中的顶层制度框架得以确定下来并得到逐步细化,从而为中韩两国在政府职能部门以及政企间展开第三方市场合作提供了高质量的制度安排体系。展望中韩第三方市场合作的未来发展趋势,尹锡悦政府基本延续了文在寅政府时期中韩第三方市场合作的发展模式,并在政府职能部门、半官方组织以及企业间等不同层面推进第三方市场合作做出了新的尝试。[④] 然而,新冠疫情所衍生的负外部性对中韩两国的双边关系造成了冲击,进而阻碍了中韩两国政府和企业参与第三方市场合作的发展进程。但是,中韩两国在疫情防控政策领域的逐步优化,为中国与韩国在东盟的第三方市场合作创造了良性的市场环境,从而有助于减少中韩两国企业在合作中可能遇到的摩擦成本。图4.3

---

① 薛力.韩国"新北方政策""新南方政策"与"一带一路"对接分析[J].东北亚论坛,2018(5):60-69.
② Balbina Y. Hwang. Northeast Asian Perspectives on China's Belt Road Initiative:The View from South Korea[J]. East Asia,2019,36(2):129-150.
③ Ministry of Culture,Sports and Tourism and Korean Culture and Information Service. Korea,China Vow to Develop Partnership on NK,Economic Issues [EB/OL].(2017-12-15)[2022-11-18].https://www.korea.net/Government/Current-Affairs/Foreign-Affairs/view? articleId＝152162&subId＝618&newsCnt＝4&affairId＝613&categoryId＝105&language＝A020101&pageIndex＝1&viewId＝31064.
④ 中国对外承包工程商会.关于征集中韩第三方市场合作优秀项目的通知[EB/OL].(2022-09-19)[2022-11-12].https://www.chinca.org/cica/info/22091914223411.

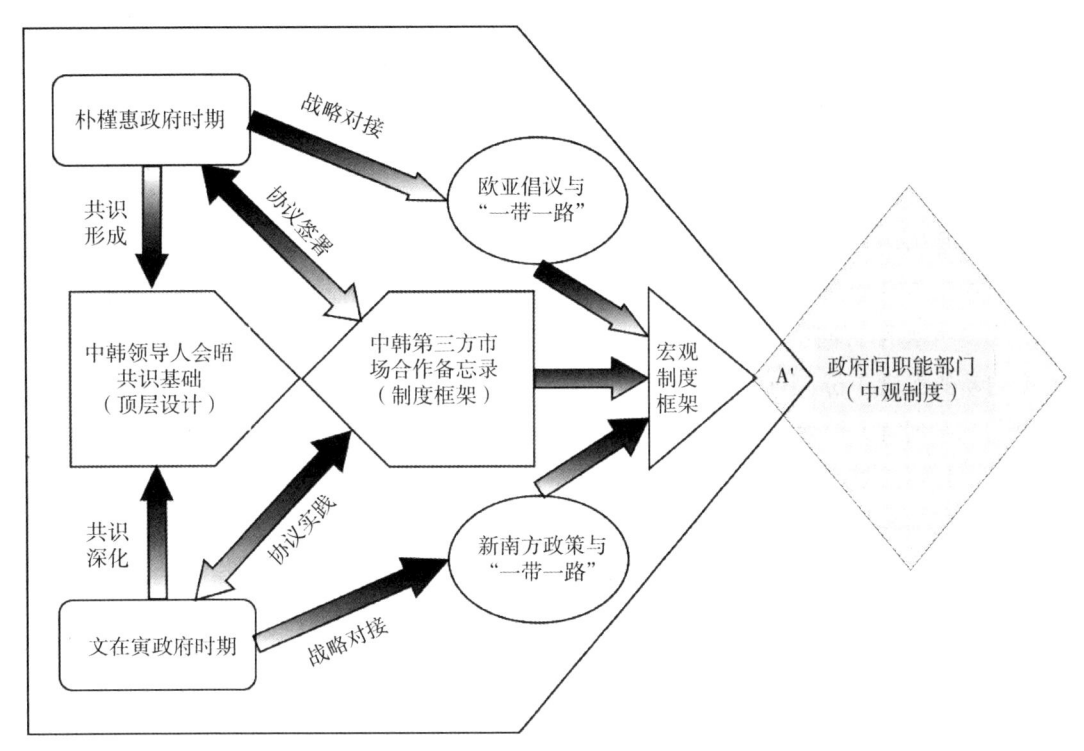

为中国与韩国第三方市场合作领导人宏观制度体系示意图。

图 4.3　中国与韩国第三方市场合作领导人宏观制度体系示意图

注：该图立足于图4.1,此图只展现中韩第三方市场合作领导人宏观制度层面,其中图中A′所代表的区域是基于中国政府与韩国朴槿惠政府、文在寅政府依据中韩第三方市场合作备忘录以及不同时期两国战略对接基础上所形成和运行的政府间制度安排,如中韩第三方市场合作工作小组、中韩经济部长会议、中韩经贸联委会等。

资料来源：根据中韩两国第三方市场合作领导人会晤制度进行整理制图。

二、第三方市场合作政府间相关职能部门的制度供给

政府间职能部门中观层面的制度供给与制度创新是第三方市场合作承上启下的重要制度枢纽,其不仅能够落实中国与日韩两国领导人宏观层面的合作共识,还可以推动中国企业与日韩企业在微观层面进行项目的分工协作。基于此,中国与日韩两国在政府职能部门所做出的制度安排是第三方市场合作重要的制度保障基础,为自上而下的制度传导机制提供了有效的制度支持。

(一)中日政府职能部门第三方市场合作的制度安排

在中日两国领导人会晤共识以及双方非官方沟通渠道的共同推动下,双方政府间职

能部门第三方市场合作进入快速发展轨道。① 政府间职能部门具体的制度内容安排是中日第三方市场合作由理念共识转为实质性合作的重要变量条件。基于中日两国领导人会晤机制所形成的合作共识,由上至下地直接推动了国家发展改革委、商务部以及日本外务省、经济产业省等相关政府职能部门在第三方市场合作领域进行具体的制度供给和制度创新。

中日两国政府职能部门在第三方市场合作中的制度安排与双方领导人会晤共识处于协同发展轨道,即政府职能部门的制度安排是领导人会晤共识的具体实践与内容细化。② 其突出表现为中日两国领导人在2018年达成的一系列会晤共识直接推动了双方政府职能部门在该年及后来的第三方市场合作中相应地制定了大量而具体的制度供给与制度创新。2018年是中日两国政府间职能部门在第三方市场合作过程中进行具体制度供给和制度创新的关键年份,中日两国领导人和政府职能部门在这一年中围绕第三方市场合作形成了一系列官方层面的合作备忘录、工作小组机制以及合作项目目录等,对2018年及以后的中日第三方市场合作可持续发展奠定了制度层面的发展基础。

中日两国政府职能部门在第三方市场合作制度层面的构建主要体现为"中日经济高层对话"这一涉及双方众多职能部门的政府间对话机制。"中日经济高层对话"这一既有政府间对话制度安排,能够将中国的发改委、商务部和财政部等职能部门与日本的经济产业省、外务省以及国土交通省等不同职能部门集中起来共同商讨和制定中日第三方市场合作的具体制度供给和制度创新③,从而在中观层面为中日政府和企业进行第三方市场合作提供制度合作基础。2018年4月,在中日双边关系迅速回温的有利背景下,时隔多年再次举行的"中日第四次经济高层对话"为双方在政府层面进行第三方市场合作的制度安排搭建了重要平台。此次对话机制从政府间职能部门的中观角度对中日两国企业在第三方市场合作中的项目协作方式进行了细化的制度安排,尤其为同年5月中日两国领导人会晤达成第三方市场合作备忘录这一关键性制度供给提供了强有力的前期铺垫。④ 与此同时,此次中日政府职能部门的经济对话还对双方政企之间协作机制的构建奠定了政府层面的制度合作基础,直接推动了同年9月"中日第三方市场合作推进委员会"以及同年10月"中日第三方市场合作论坛"等政企之间微观领域的制度供给和创新,从而在中观层面有效串联起了从领导人会晤共识到政府间职能部门制度制定,再到政企之间具体协

---

① 刘姝.亚洲命运共同体视域下中日第三方市场合作[J].国际论坛,2021(5):111-124.

② 吴崇伯,胡依林."一带一路"倡议下中日推进第三方市场合作的思考[J].广西财经学院学报,2019(4):11-19.

③ Ministry of Foreign Affairs of Japan. Japan-China Foreign Ministers' Meeting[EB/OL].(2018-04-15)[2022-11-15].https://www.mofa.go.jp/a_o/c_m1/cn/page4e_000815.html.

④ Ministry of Foreign Affairs Japan. Fourth Japan-China High-Level Economic Dialogue Joint Press Statement[EB/OL].(2018-04-17)[2022-11-15].https://www.mofa.go.jp/a_o/c_m2/ch/page23e_000521.html.

作制度运行等体系完整的制度性安排。[①]

"中日经济高层对话"作为中日政府间职能部门在第三方市场合作进行制度安排的重要对话平台,自 2018 年重新运行以来,已经为中日两国领导人、政府部门以及企业等在第三方市场合作中的制度供给与创新提供了重要的合作基础。2019 年 4 月,"中日第五次经济高层对话"在前期基础上进一步对政府职能部门在第三方市场合作中的制度安排进行了细化处理,通过在既有制度安排基础上不断延伸和拓展"中日第三方市场合作推进委员会""中日第三方市场合作论坛"等新型制度安排的协作空间、机制功能与适用范围,为推进双方第三方市场合作项目的有序进展提供了高质量的制度支撑体系[②],从而使得中日政府在第三方市场合作中的"制度质量"得到进一步提升与深化。

由此可以看出,中日两国政府间职能部门在第三方市场合作中观层面的制度供给与制度创新为宏观层面的领导人共识以及微观层面的政企协作创造了制度连接渠道与政策传递机制,使得第三方市场合作的制度安排能够在不同层面得到较好地运转,并可以在较大程度上减小政府之间以及企业之间进行第三方合作所可能产生的交易成本,进而进一步拓宽中日两国政府、企业以及商业团体等不同参与主体在第三方市场合作中不同层面的制度协作空间。图 4.4 为中国与日本第三方市场合作政府间中观制度体系示意图。

(二)中韩政府职能部门第三方市场合作的制度安排

依托中韩两国领导人在第三方市场合作领域所达成的一系列宏观合作共识,有效推动了中韩政府间职能部门在第三方市场合作中观层面的制度供给与制度创新,为领导人合作共识向制度设计以及项目实践的转变提供了关键连接节点,从而由上至下地构建了一套涵盖领导人共识、政府部门制度安排、政企间协作平台以及企业间项目分工的制度传导渠道和制度运行模式。基于此,政府间职能部门制度安排作为中韩第三方市场合作承上启下的制度枢纽,通过把中国的发改委、商务部以及韩国的企划财政部、产业通商资源部等相关部门集中起来共同进行第三方市场合作中观层面的制度安排,从而为中韩两国企业在第三方市场合作项目中进行微观层面的具体分工提供了制度支持。

中韩政府职能部门在第三方市场合作中的制度安排主要成形于朴槿惠政府时期,并在文在寅政府时期得到进一步的细化发展,双方依托既有政府间制度安排在第三方市场合作中展开了大量的制度供给与制度创新。根据 2015 年中韩两国在第三方市场合作中签署的备忘录,两国政府将依托"中韩经济部长会议"和"中韩经贸联委会"等既有政府间制度安排来构建中韩政府职能部门第三方市场合作的制度内容与形式,其中又以"中韩经

---

① 中国国务院总理李克强访日出席日中领导人会晤及晚宴[EB/OL].(2018-05-09)[2022-11-10]. https://www.mofa.go.jp/mofaj/a_o/c_m1/cn/page1_000526.html.

② Ministry of Foreign Affairs Japan. Fifth Japan-China High-Level Economic Dialogue [EB/OL]. (2019-04-14)[2022-11-12].https://www.mofa.go.jp/a_o/c_m2/ch/page4e_001005.html.

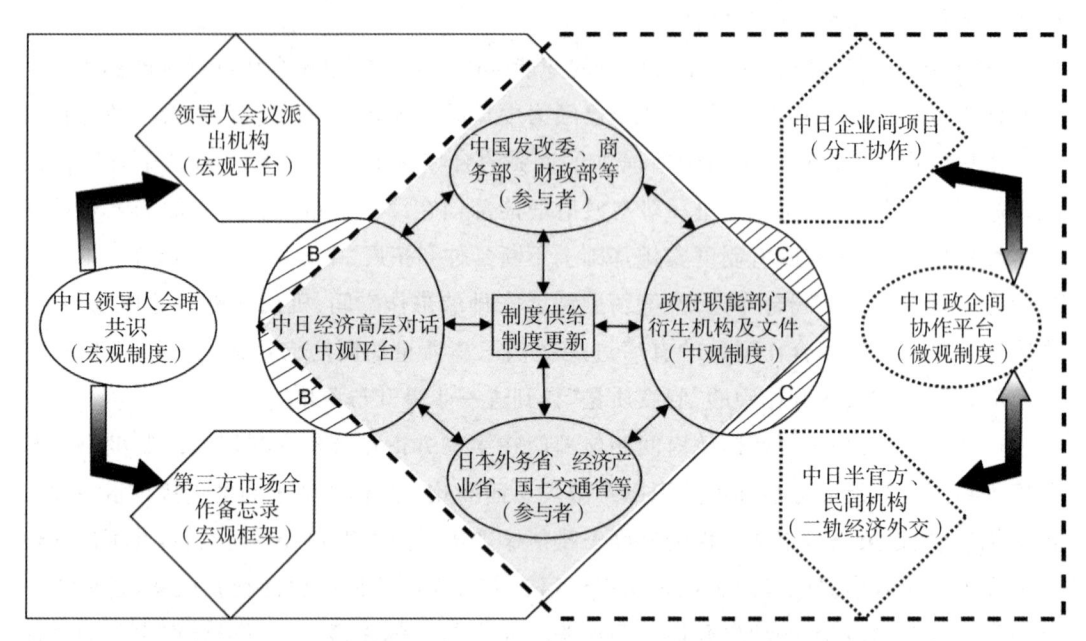

图 4.4　中国与日本第三方市场合作政府间中观制度体系示意图

注：该图立足于图 4.1、图 4.2，主要展现中日第三方市场合作政府间职能部门中观制度的供给与创新过程。图中 B 所代表的区域为中日领导人合作共识与政府间职能部门的交叉与衔接部分，主要为中日经济高层对话等既有政府间制度安排；C 所代表的区域为政府间职能部门与企业、行业协会以及研究机构等半官方和民间机构的交叉衔接部门，主要为中日第三方市场合作推进委员会、中日第三方市场合作论坛等。

资料来源：根据中日两国第三方市场合作政府间职能部门制度安排整理制图。

济部长会议"为第三方市场合作制度安排的主导。因此，这些既有政府间制度安排已经成为中韩两国政府和企业进行经贸合作的重要协作平台，其在运行和实践过程中所呈现出来的专业性、权威性以及广泛性为中韩政府职能部门进行第三方市场合作奠定了制度基础。

中韩经济部长会议是中韩两国相关职能部门推进第三方市场合作进行制度供给与制度创新的重要实践。该会议机制囊括了国家发展改革委以及韩国企划财政部、产业通商资源部等中韩两国重要职能部门，依托该对话平台及其衍生的相关工作小组，能够为中韩两国政府间、政企间以及企业间展开不同领域的第三方市场合作提供中观层面的制度安排体系。[①] 自 2015 年中韩两国领导人在第三方市场合作中达成重要共识以来，中韩两国相关政府职能部门依托"中韩经济部长会议"协商机制在第三方市场合作领域展开了长期合作，搭建了中韩政府部门之间以及政企之间合作交流的平台。

---

① 中华人民共和国国际发展和改革委员会.务实合作"硕果累累"携手迈入"而立之年"——第 17 次中韩经济部长会议成功召开[EB/OL].（2022-08-29）[2022-11-15].https://www.ndrc.gov.cn/fzggw/wld/hlf/lddt/202208/t20220829_1334158.html? code=&state=123.

通过回顾该会议机制的发展脉络,其从 2016 至 2021 年不仅通过制度供给渠道将领导人共识转变为具体实践,而且还凭借制度传递渠道为中韩两国企业在第三方市场合作中的产业协作提供了发展方向。其一,在合作重点产业领域,2016 年该会议平台在依托双方领导人会晤共识的基础上进一步确定了中韩企业进行第三方市场合作的重点产业[①],其中包括高速铁路、电子通信、石油化工以及钢铁制造等基础设施领域,从而为中韩企业在第三方市场合作中的多元化发展拓展了市场空间与市场腹地。

其二,在制度延续与构建领域,2018 年该会议机制是文在寅政府时期中韩两国举行的第一次财长会议,同时也是"一带一路"与"新南方政策"进行对接的关键时期。此次会议进一步充实了中韩两国在 2015 年所达成的第三方市场合作备忘录[②],并在此基础上进一步拓展了政府间"中韩经贸联委会"、政企间"第三方市场合作工作小组"以及民间"中日韩企业家论坛"等不同参与主体之间的对话与协商机制,从而为中韩政府和企业第三方市场合作制度体系的完善提供了重要基础,并由此开启了双方在第三方市场合作中的深化发展。[③]

其三,在制度深化合作领域,2020—2021 年连续两次"中韩经济部长会议"都对中韩两国政府和企业在第三方市场合作中的深化发展做出了更加细致的制度安排,尤其为双方领导人会晤共识的落实以及企业间的合作分工提供了有效的制度保障机制,从而进一步巩固了"领导人宏观共识—政府职能部门中观制度供给—政企间微观制度执行"自上而下且体系完整的制度传导机制。其中,2020 年中韩两国政府职能部门依托该平台达成了双方政府和企业在第三方市场合作中重点项目的合作共识与合作意向。在此基础上,2021 年中韩两国在该会议机制下进一步将双方潜在的第三方市场合作项目正式转变为项目合作清单[④],并以文件的形式将中韩第三方市场合作的制度安排与合作项目确定下来,从而使得中韩政府职能部门在第三方市场合作中的制度供给与制度创新愈发成熟和完善。图 4.5 为中国与韩国第三方市场合作政府间中观制度体系示意图。

---

① Ministry of Economy and Finance of the Republic of Korea. Korea and China Discuss Joint Project Development[EB/OL].(2016-05-27)[2022-11-15]. https://english.moef.go.kr/pc/selectTbPressCenterDtl.do?boardCd=N0001&seq=4079.

② Ministry of Economy and Finance of the Republic of Korea. Korea and China Agree on Strengthening Economic Cooperation [EB/OL]. (2018-02-05)[2022-11-12]. https://english.moef.go.kr/pc/selectTbPressCenterDtl.do?boardCd=N0001&seq=4435.

③ Ministry of Foreign Affairs of the Republic of Korea. Outcome of 24th Korea-China Meeting for Comprehensive Review of Economic Cooperation[EB/OL].(2020-12-14)[2022-11-15]. https://www.mofa.go.kr/eng/brd/m_5676/view.do?seq=321443.

④ The Korea Post. Korea, China sign first MOU on Supply Chain Cooperation[EB/OL].(2022-08-28)[2022-11-15].https://www.koreatimes.co.kr/www/nation/2022/10/113_335122.html.

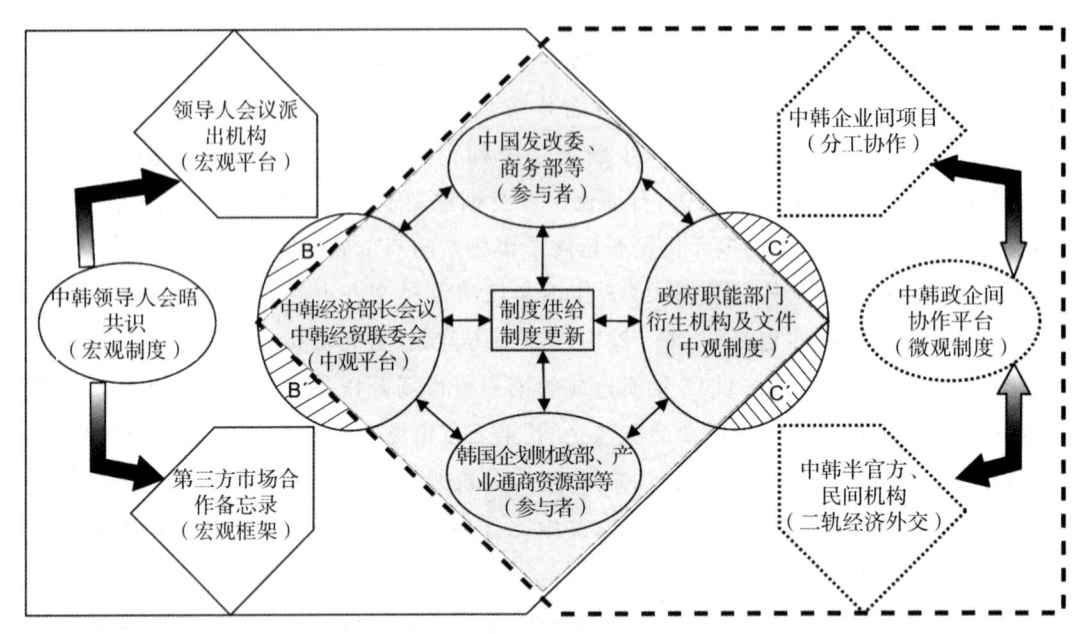

图 4.5　中国与韩国第三方市场合作政府间中观制度体系示意图

注：该图立足于图 4.1、图 4.3，主要展现中韩第三方市场合作政府间职能部门中观制度的供给与创新过程。图中 B′为中韩领导人合作共识与政府间职能部门的交叉与衔接部分，主要为中韩经济部长会议、中韩经贸联委会等既有政府间制度安排；图中 C′为政府间职能部门与企业、行业协会以及研究机构等半官方和民间机构的交叉衔接部门，主要为中韩第三方市场合作工作小组、中韩第三方市场合作论坛等。

资料来源：根据中韩两国第三方市场合作政府间职能部门制度安排整理制图。

三、第三方市场合作政府与企业之间具体的制度供给

政府与企业在微观层面的制度安排是第三方市场合作进行具体实践的现实基础，其在制度传导渠道的推动下不仅有效地延续了领导人宏观会晤共识以及政府部门中观制度安排，还通过政企协作平台将众多企业、行业协会以及研究机构等民间组织吸纳到制度体系之中，从而有效地推动了第三方市场合作制度安排从宏观、中观到微观的运行体系。

（一）中日政企之间第三方市场合作制度安排

中日两国政企之间第三方市场合作的制度供给和制度创新立足于中日两国领导人会晤共识以及双方政府间职能部门具体制度设计，并在结合中日企业第三方市场合作项目的具体需求基础上，通过制度传导机制为双方政府与企业之间的相互对话与沟通搭建了制度合作平台。其中以"中日第三方市场合作小组会议"、"中日第三方市场合作推进委员会"，以及"中日第三方市场合作论坛"等为代表的制度安排，通过将中日企业、商业团体以

及行业协会等直接参与第三方市场具体项目建设的主体纳入制度供给框架内,为中日政企之间第三方市场合作制度安排的"制度质量"提供了有效性和可行性保障。

自2017年中日双边关系逐步缓和以来,中日两国政府和企业在第三方市场合作过程中构建了一系列重要制度安排,同时也开启了中日两国在第三方市场合作中微观领域的具体实践。2017年12月,由中日两国政府职能部门共同举行的能源合作会议进一步讨论了双方政府与企业开展第三方市场合作的重点领域与协作机制,并依托国家发展改革委、商务部和日本经济产业省等政府职能部门设立了"中日第三方市场合作小组会议",该工作小组是中日政府与企业在第三方市场合作制度建设过程中成立较早的对话平台,其主要功能在于依托政企之间不同的反馈信息,对中日两国政府和企业的第三方市场合作示范项目进行总结,并在此基础上就中日企业在第三方市场合作中的潜在项目达成合作备忘录。[1]

中日两国领导人和双方政府职能部门在2018年就中日在不同层面展开第三方市场合作形成了诸多合作共识与合作备忘录,这有效推动了双方政府与企业在第三方市场合作中的制度供给与制度创新。2018年9月,基于同年5月中日两国领导人在第三方市场合作中达成的共识,作为其具体实践的"中日第三方市场合作推进委员会"第一次会议的正式召开标志着中日政府与企业在第三方市场合作中的制度安排逐转向成熟。该会议机制是中日两国跨政府部门、跨公私部门以及跨企业部门的综合性对话平台,囊括了中国的商务部、中国进出口银行和中国贸促会以及日本的经济产业省、贸易振兴机构和日本国际贸易促进协会等不同领域的参与者,使得这一政企之间的制度安排具备扎实的合作基础。[2] 与此同时,此次会议进一步确认了中日双方关于第三方市场合作基本理念的理解与共识,加强了政府部门、金融机构以及商业协会在第三方市场合作中的分工关系,并在此基础上将"中日第三方市场合作推进委员会"以及"中日第三方市场合作论坛"等政企之间的制度安排作为常设会议机制确定下来,从而为中日两国政府与企业在第三方市场项目中的分工协作提供了制度层面的支持体系。图4.6为中国与日本第三方市场合作政企间微观制度体系示意图。

依托中日两国领导人、政府职能部门、半官方和民间组织以及中日两国企业在第三方市场合作过程中的长期积累,中日两国政府和企业在第三方市场合作中的制度供给和制度创新进一步趋向成熟,其突出表现为2018年10月"中日第三方市场合作论坛"这一重要制度安排的正式运行。[3] 该论坛通过公共部门与私营部门的相互协作,集中了中日两

---

[1] 日中节能与环境事业推进协议会.中日节能环保领域第三国市场合作分会[EB/OL].(2017-12-22)[2022-11-20].https://jcpage.jp/f17/01_dai3goku.html.

[2] 中日民营企业第三国发展促进委员会召开(结果)[EB/OL].(2018-09-25)[2022-11-12].https://www.mofa.go.jp/mofaj/press/release/press4_006466.html.

[3] 安倍首相访华(概要)[EB/OL].(2018-10-26)[2022-11-15].https://www.mofa.go.jp/mofaj/a_o/c_m1/cn/page4_004452.html.

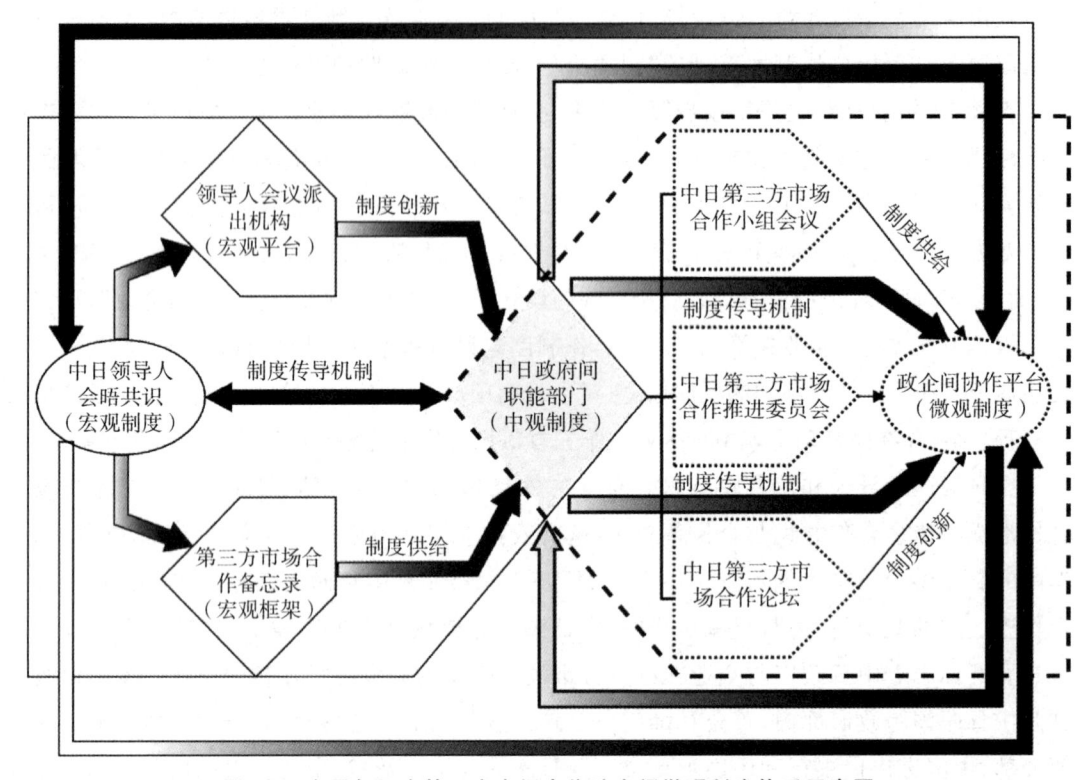

图4.6　中国与日本第三方市场合作政企间微观制度体系示意图

注：该图立足于图4.1、图4.2和图4.4，主要展现中日第三方市场合作政府与企业之间微观制度的运行与实践过程，同时展示中日第三方市场合作中政府层面制度安排"宏观—中观—微观"的制度传导机制。

资料来源：根据中日两国第三方市场合作政企间制度安排整理制图。

国从领导人、政府部门以及企业等不同领域的第三方市场合作参与主体，最大限度地实现了中日两国在第三方市场合作过程中的规模经济效益。此次论坛凭借中日政企之间第三方市场合作工作小组以及推进委员会的前期铺垫，在基础设施、健康医疗、可再生能源、国际金融以及智慧城市等领域达成了一系列政府之间、政企之间以及企业之间的合作备忘录[①]，从而为中日政企之间在第三方市场合作中的制度安排提供了现实基础。值得注意的是，此次合作论坛成为中日两国推进第三方市场合作快速发展的关键节点，不仅推动了中日政府间第三方市场合作的制度供给，还为中日两国企业进行项目对接创造了新的平台，进而与前期相关的制度安排共同形成了"领导人会晤共识基础—政府职能部门制度供给—政企间对话协商—企业间项目对接"层层递进式的第三方市场合作体

---

① Japan External Trade Organization. 1st Japan-China Third Country Market Cooperation Forum [EB/OL].(2018-10-26)[2022-11-22].https：//www.jetro.go.jp/en/jetro/topics/2018/1810_topics11/.

系,有助于进一步减少第三方市场合作制度安排与运行过程中所可能产生的交易费用与摩擦成本。

自2018年以后,中日两国第三方市场合作的制度安排逐渐趋于专业化和机制化,其中第三方市场合作中政府与企业的制度安排也愈发健全,但同时也面临较多挑战。拟定于2020年春季在日本举行的"第二届中日第三方市场合作论坛"将聚焦于中日两国企业在东南亚等第三方市场国家和地区的基础设施和国际金融等合作领域。[①] 然而,由于2020年全球新冠疫情的突发性影响及其所衍生的国际公共卫生安全挑战,中日第三方市场合作进程受到一定冲击,国际环境中的非传统安全因素加剧了中日两国政府和企业在第三方市场合作中的不确定性和不稳定性,使中日第三方市场合作面临较大风险与挑战。

基于此,中日政府和企业在第三方市场合作中的制度安排经历了较长时间的构建、实践与完善,其与双方政府在第三方市场合作中的制度供给与制度创新基本处于平行发展轨道,使得中日政企之间相应的制度安排集中地出现在2017—2019年中日双边关系快速升温这一期间,从而构成了中日两国政府在第三方市场合作中的微观制度基础。[②] 其中,"中日第三方市场合作会议小组"、"中日第三方市场合作推进委员会",以及"中日第三方市场合作论坛"等作为中日第三方市场合作中较早形成并实际展开运营的政企间制度安排,既能够有效地向下传递双方领导人会晤共识以及政府间职能部门制度安排给相关参与项目建设的企业与商业团体,又可以根据中日企业在第三方市场项目中遇到的问题与挑战向上传递给政府相关制度设计部门,有助于构建起中日两国政府与企业之间有效的信息交流渠道与制度传递渠道,从而能够从微观层面来更加具体地处理和推进第三方市场合作模式下中日两国政府和企业之间的分工与协作。[③]

(二)中韩政企之间第三方市场合作制度安排

依托中韩两国领导人合作共识以及政府职能部门相关制度安排,在第三方市场合作自上而下制度传导机制的推动下,中韩政府与企业之间在第三方市场合作中的制度供给与制度创新得到了快速发展,为双方企业在第三方市场具体项目中展开分工协作提供了有效的制度支持。其中,"中韩第三方市场合作工作小组"以及"中韩第三方市场合作论坛"等中韩政企间微观层面的制度安排[④],通过吸收制度反馈信息、项目合作信息以及潜在风险信息等内容来反向充实政府间、政企间第三方市场合作的制度安排体系,从而在微观制度层面为中韩两国政府和企业进行第三方市场合作提供"制度质量"保障。

---

① "第二届日中第三国市场合作论坛"说明会[EB/OL].(2019-11-28)[2022-11-03].http://www.japanchina.jp/news/2019-11-28/.
② 日中首脑会谈及晚宴[EB/OL].(2019-06-27)[2022-11-03].https://www.mofa.go.jp/mofaj/a_o/c_m1/cn/page4_005086.html.
③ 丁梦.中日在东南亚基础设施领域的第三方市场合作[J].广西财经学院学报,2021(3):21-30.
④ 吴崇伯,丁梦.中韩第三方市场合作:进展、阻力与对策[J].东北亚论坛,2020(3):75-89.

中韩政府和企业之间在第三方市场合作中的制度安排主要分为两个时期，即朴槿惠政府时期的"中韩第三方市场合作工作小组"以及文在寅政府时期的"中韩第三方市场合作论坛"，前者是落实2015年中韩第三方市场合作备忘录所衍生的政企间制度供给，是中韩两国较早设立的政企间合作平台，后者则是推进中韩政企间第三方市场合作深化发展的制度创新，是中韩两国在新冠疫情冲击下成立的政企间对话机制，二者分别在不同时期对中韩第三方市场合作的快速发展起到了重要推动作用。

一方面，在韩国朴槿惠政府时期，中韩两国领导人在2015年所签署的第三方市场合作备忘录直接推动了双方政府间、政企间进行第三方市场合作的制度构建进程。在政府与企业的制度安排层面，"中韩第三方市场合作工作小组"作为双方政府间较早成立的专业性对话平台，为中韩两国政府与企业展开第三方市场合作提供了有效的制度安排，标志着中韩第三方市场合作在政企间微观层面的制度供给得到逐步深化发展。自2015年以来，该工作小组通过年度会议形式将中韩两国的政府职能部门、代表企业、研究机构以行业协会等不同参与主体纳入这一对话平台[1]，并对第三方市场合作的制度内容构建、合作目录确定以及相关文件签署等进行微观层面的协商与合作，能够为中韩两国企业高效率地进行第三方市场合作减少摩擦成本。图4.7为中国与韩国第三方市场合作政企间微观制度体系示意图。

另一方面，在文在寅政府时期，中韩两国政企之间第三方市场合作制度安排在延续和充实既有制度安排的基础上，进一步适时地依托双方政府和企业的发展需求推动了"中韩第三方市场合作论坛"等新平台的制度供给与制度创新，从而为双方政府、企业以及行业协会参与第三方市场合作提供了多元化的制度合作渠道。[2] 中韩第三方市场合作论坛作为新制度安排包含了政府职能部门、行业协会以及重点企业代表等不同参与主体，其中中国商务部和韩国国土交通部等官方机构为该论坛提供了政府间对话平台的制度支持[3]，中国对外承包工程商会与韩国海外建设协会等半官方机构为论坛搭建了对话平台，中韩企业代表则依托该论坛进行项目之间的合作与交流。因此，中韩政企之间既有制度与新制度的相互交织进一步充实和丰富了"政府间职能部门制度供给—政企间协作平台搭建—企业间项目分工协作"层层递进式的制度传导机制。

基于此，以"中韩第三方市场合作工作小组"和"中韩第三方市场合作论坛"等为代表

---

[1] 中韩四部门召开共同开拓第三方市场联合工作组第一次会议[EB/OL].(2016-01-26)[2022-11-10].https://www.ndrc.gov.cn/fzggw/jgsj/wzs/sjjdt/201601/t20160126_1037310.html? code=&state=123.

[2] Ministry of Land, Infrastructure and Transport of the Republic of Korea. Global Infrastructure Cooperation Conference 2021(GICC 2021)[EB/OL].(2021-11-14)[2022-11-10].http://www.molit.go.kr/english/USR/BORD0201/m_28286/DTL.jsp? id=eng0301&cate=&mode=view&idx=2998.

[3] 中国对外承包工程商会.中国—韩国第三方市场合作论坛成功举办[EB/OL].(2021-11-17)[2022-10-28].https://en.chinca.org/CICA/info/21111720584611.

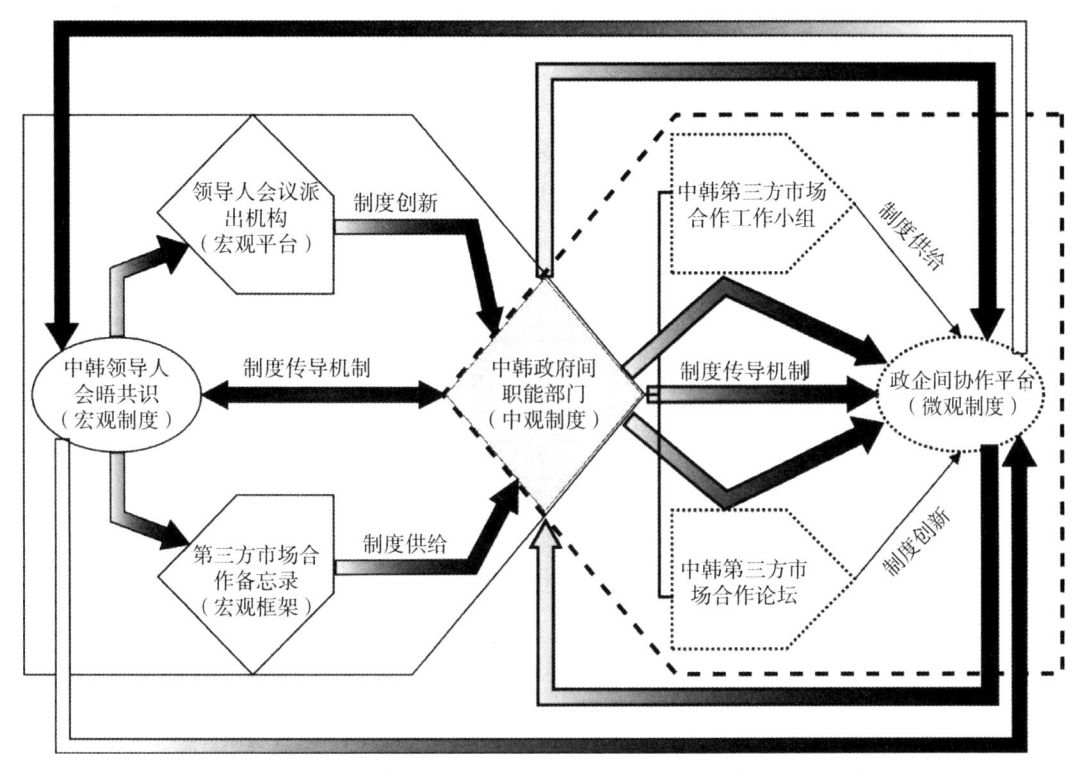

图 4.7　中国与韩国第三方市场合作政企间微观制度体系示意图

注：该图立足于图 4.1、图 4.3 和图 4.5，主要展现中韩第三方市场合作政府与企业之间微观制度的运行与实践过程，同时展示中韩第三方市场合作中政府层面制度安排"宏观—中观—微观"的制度传导机制。

资料来源：根据中韩两国第三方市场合作政企间制度安排整理制图。

的政企间微观制度供给与制度创新已经逐渐成为双方政府、企业以及行业协会等不同参与主体在第三方市场合作中进行交流合作的微观制度安排，不仅加强了中韩两国企业在第三方市场合作中的信息交流与项目对接，而且还有效推进了双方企业在第三方市场项目中的分工协作。

第二节　中国与日韩第三方市场合作"二轨经济外交"制度供给

中国与日韩两国在第三方市场合作中的"二轨经济外交"制度安排是推动双方政府间第三方市场合作制度供给与创新以及企业间第三方市场项目分工协作的润滑剂，其主要功能在于弥补和充实官方机构在制度供给与制度创新中所不能覆盖的地方。在"二轨经济外交"构建过程中,行业协会、商业团体以及研究机构等半官方和民间组织的专业性与灵活性,能够为中国与日本、韩国在第三方市场合作的不同领域提供技术支持、平台搭建以及信息反馈等双边或多边的合作交流渠道,从而可以有效减少政府职能部门之间、政府与企业之间以及企业之间的交易费用与摩擦成本。基于此,探讨中国与日韩两国在第三方市场合作中"二轨经济外交"的制度供给与制度创新,能够从新的视角来充实第三方市场合作制度安排的多元化体系研究,同时对分析中国与日本、韩国在第三方市场合作中制度传导机制的运行规律以及内在联系具有重要理论与现实意义。图4.8为中国与日韩第三方市场合作"二轨经济外交"总体制度框架示意图。

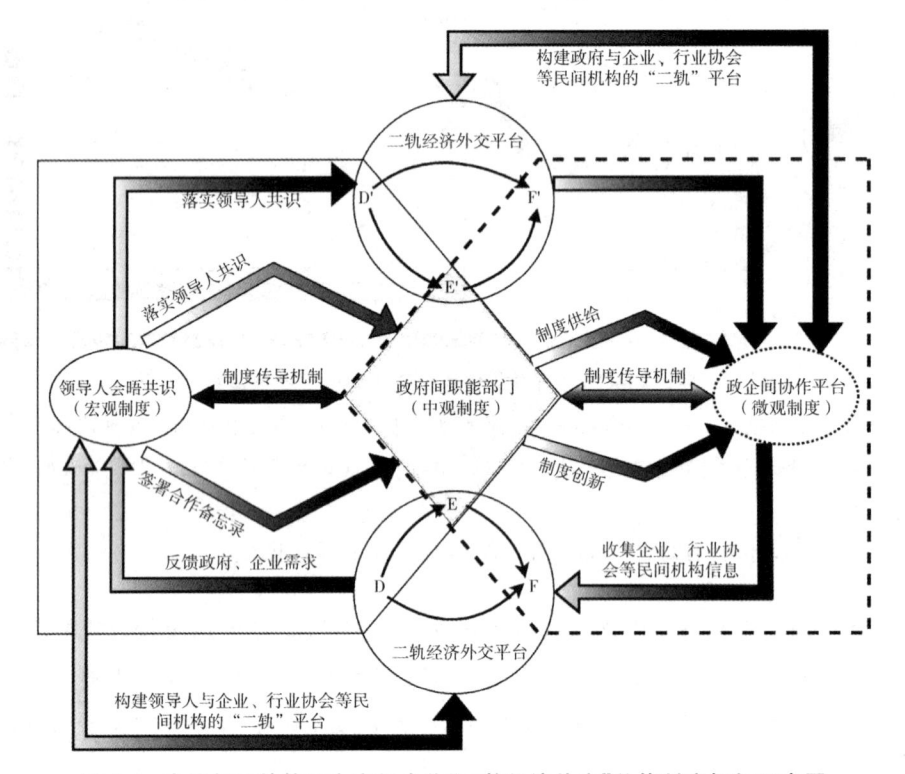

图4.8 中国与日韩第三方市场合作"二轨经济外交"总体制度框架示意图

注:此图立足于图4.1,其中D与D′,E与E′,F与F′分别表示中国与日韩两国第三方市场合作"二轨经济外交平台"与领导人共识、政治职能部门以及政企协作平台等政府层面制度安排的交集,其表明"二轨经济外交"平台在政府层面的宏观、中观以及微观层面都起到了桥梁作用。

资料来源:根据中国与日韩两国第三方市场合作"二轨经济外交"制度安排整理制图。

一、中日第三方市场合作"二轨经济外交"制度供给

半官方和民间"二轨经济外交"交流平台为中日两国政府的意见交流与决策咨询以及

中日企业在国际贸易与国际分工中多样化合作提供了重要的合作制度支撑,尤其对深化中日两国政府和企业在第三方市场合作中的制度供给与项目对接起到了重要推进作用。回顾和梳理中日第三方市场合作"二轨经济外交"的发展历程,其大致可以分为三个时间阶段来进行探讨,即前期合作初始阶段、中期合作深化阶段以及疫情影响合作阶段,这其中,又以"中日企业家和前高官对话"平台为合作主线,自2015至2022年该平台已经连续举行了八轮会议,其凭借特有的灵活性和专门性为双方政府以及企业第三方市场合作提供了制度合作基础[①],有效地发挥了对政府制度供给与企业收益提升的协调与辅助作用。

(一)中日第三方市场合作"二轨经济外交"制度安排初始阶段

这一阶段,中日第三方市场合作无论是政府制度供给,还是企业项目参与,都处在起始阶段。全球经济变动与中日双边关系的新变化促使中日两国开始寻找新的合作空间,其中以"中日企业家和前高官对话"等为代表的半官方和民间对话沟通渠道成为中日两国政府间政策沟通与企业间寻求合作的重要平台。

中日第三方市场合作"二轨经济外交"在这一阶段的制度安排主要集中在"中日企业家和前高官对话"的前三轮会议,该会议机制的灵活性与专业性对推动和影响中日政府以及企业第三方市场合作的制度供给和制度创新具有开拓意义。首先,该会议机制强调了中日第三方市场合作"二轨经济外交平台"的重要地位,尤其突出了"中日企业家和前高官对话"等半官方和民间的制度供给与制度创新在中日第三方市场合作过程中的重要桥梁作用。[②] 其次,该会议机制在中日双边关系低谷期维系了第三方市场合作的对话平台,该平台第二轮会议处于中日两国双边关系的低谷期,但在双方半官方和民间组织的共同努力下仍进一步明确了中日两国在第三方市场合作中的重点领域。[③] 最后,该会议机制为中日政府间达成第三方市场合作备忘录构建了沟通渠道,该平台的第三轮会议是在中日双边关系逐渐回暖背景下进行的,依托该平台为中日政府和企业参与第三方市场合作提供了重要的对话协商机制,从而为中日两国政府在第三方市场合作领域达成官方合作协议奠定了坚实基础。[④]

---

① "中日企业家和前高官对话"是由中国国际经济交流中心与日本经济团体联合会共同举办的中日之间"二轨外交"经济交流平台,2015至2022年,该半官方合作机制对中日两国政府以及企业在第三方市场合作中的紧密合作起到了重要推动作用,参见中国国际经济交流中心网站:加强后疫情时代中日两国多方位合作——第八轮中日企业家和前高官线上对话召开[EB/OL].(2022-11-29)[2022-12-11]. http://www.cciee.org.cn/Detail.aspx?newsId=20348&TId=7.

② 第一次日中企业家与前政府官员对话联合声明[EB/OL].(2015-11-13)[2022-11-10].https://www.keidanren.or.jp/policy/2015/104.html.

③ 第二届日中企业家和前政府官员联合声明[EB/OL].(2016-11-02)[2022-11-09].https://www.keidanren.or.jp/policy/2016/097.html.

④ 中日企业家和前高官呼吁两国深化产业合作、开发第三方市场[EB/OL].(2017-12-05)[2022-11-09].http://world.people.com.cn/n1/2017/1205/c1002-29687875.html?from=groupmessage&isappinstalled=0.

(二)中日第三方市场合作"二轨经济外交"制度安排深化阶段

2018年是中日双边关系快速发展的关键时间节点,在两国领导人一系列会晤机制的推动下,中日两国半官方和民间机构的交流与沟通愈发密切,有效地推动了中日第三方市场合作"二轨经济外交"的深化发展。一方面,在制度供给和制度创新层面,以"中日企业家和前高官对话"为代表的"二轨经济外交"衍生出了专门处理和应对中日第三方市场合作的制度安排,该平台第四轮会议在双方领导人和政府间会议机制的基础上进一步派生了"中日民间商务第三方市场合作相关委员会"和"中日第三方市场合作论坛"等不同功能的半官方和民间组织,对进一步推动中日两国政府在第三方市场合作领域的发展起到了关键促进作用,尤其为双方政府在2018年达成第三方市场合作备忘录做好了前期铺垫工作。[①] 另一方面,在第三方市场合作价值链协作领域,中日半官方与民间机构对中日企业如何展开第三方市场合作进行积极讨论,该平台第五轮会议基于中日两国在国际贸易与国际分工中的紧密合作关系,进一步指出中日两国企业在第三方市场合作过程中需要加强产业链与供应链的优势互补,从而为中日两国企业在第三方市场合作中实现规模经济效益递增提供发展路径。[②]

在中日第三方市场合作的深化合作阶段,其他中日半官方和民间机构在第三方市场合作领域也展开了一系列对话与交流,为中日两国政府在第三方市场合作中的制度供给和制度创新提供了畅通的反馈机制。其中,2019年底举行的"中日企业间第三方市场合作交流会议"作为第二届"中日第三方市场合作论坛"的前期铺垫,依托中国机电产品进出口商会和日本日中经济协会等半官方和民间机构得以举办。此次会议聚集了中国银行、中国土木工程集团以及日本丸红株式会社等涵盖基建、金融、保险以及咨询等60多家中日重要企业,并对中日企业在第三方市场合作中的协作方式、具体分工以及未来发展等进行了沟通与交流。值得注意的是,此次企业间第三方市场合作会议的最大成果在于双方进一步明确了中日两国企业在第三方市场合作项目中的参与方式[③],这有利于确定中日两国企业在第三方市场合作项目中的具体分工位置,能够为中日两国政府在第三方市场合作中进一步深化制度安排提供与其配套的制度安排体系。图4.9为中国与日本第三方市场合作"二轨经济外交"制度安排框架示意图。

---

① 第四届日中企业家与前政府官员对话联合声明[EB/OL].(2018-10-12)[2022-11-10].https://www.keidanren.or.jp/policy/2018/082.html.

② 第五届日中企业家与前政府官员对话联合声明[EB/OL].https://www.keidanren.or.jp/policy/2019/057.html.(2019-07-11)[2022-11-10].

③ 根据中国机电产品进出口商会的报告显示,中日企业在第三方市场合作的模式主要包括:①日本企业为技术提供方,中国企业为工程施工方;②日本企业为项目投资方,中国企业为项目总包方;③日本企业为融资方,中方企业为投资方;④中日两国企业组成联合体;⑤中日企业境外园区合作。该分类是立足于中日两国企业的比较优势,对于中日第三方市场合作的阶段性总结以及为中日两国政府制定相关配套的制度供给具有重要意义。参见:中华人民共和国商务部.中日务实第三方市场合作[EB/OL].(2019-12-06)[2022-11-15].http://tradeinservices.mofcom.gov.cn/article/news/gjxw/201912/95385.html.

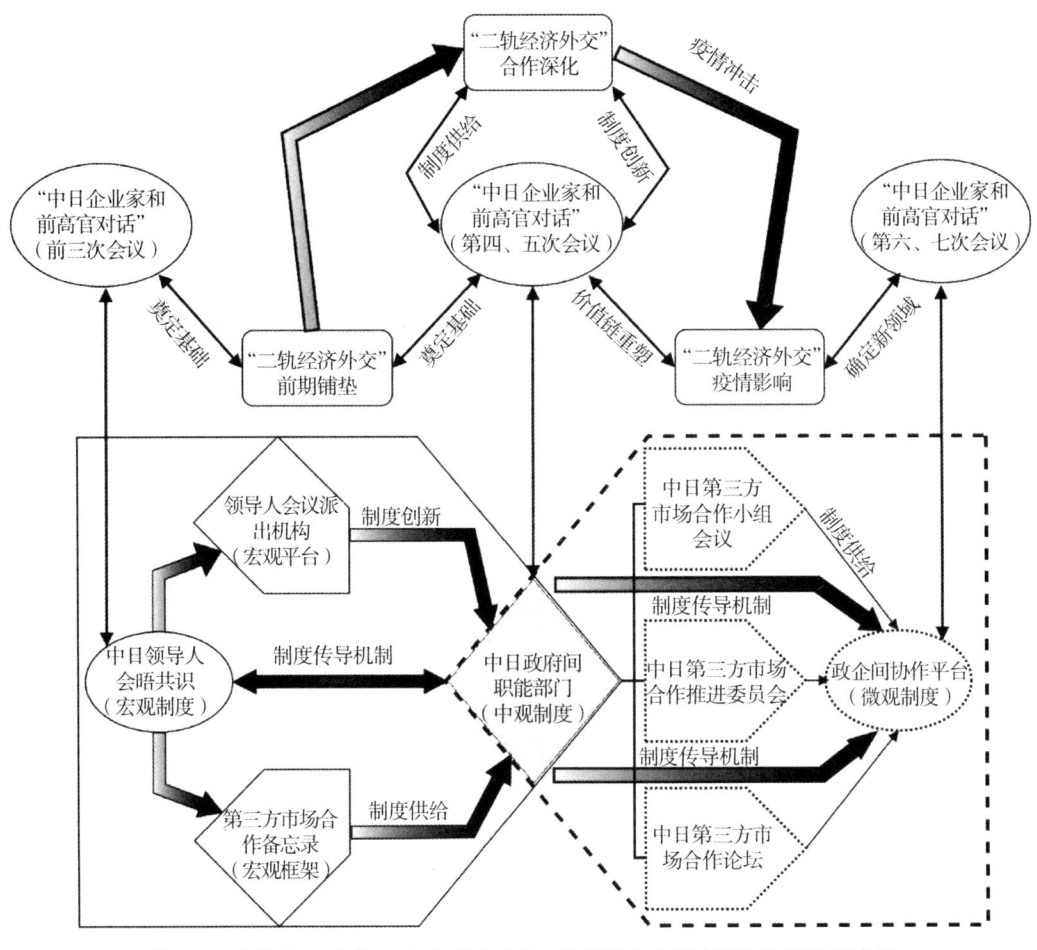

图 4.9　中国与日本第三方市场合作"二轨经济外交"制度安排框架示意图

资料来源：根据中日两国第三方市场合作"二轨经济外交"制度安排整理制图。

注：此图立足于图 4.6，主要展示中日"二轨经济外交"制度安排对中日第三方市场合作的影响过程。

（三）中日第三方市场合作"二轨经济外交"制度安排疫情影响阶段

受全球新冠疫情的严重冲击，东亚乃至全球市场的产业链和供应链在一定程度上被疫情切割和阻隔，致使中国与日本在部分东亚中间产品和制成品的国际贸易和国际分工中存在生产停滞困局，从而导致这期间的"中日企业家和前高官对话"主要聚焦于疫情冲击下中日两国如何在东亚区域生产网络中重塑价值链分工协作关系，其中稳定和拓展中日第三方市场合作制度安排是双方讨论的重点议题。一方面，该会议机制对新冠疫情冲击下中日第三方市场合作产业链与供应链进行了深入交流，2020 年 12 月第六轮会议是新冠疫情暴发以来举行的首轮会议，此次会议尤其关注后疫情时期中日政府和企业在东亚开展第三方市场合作的国际贸易环境与国际分工协作，指出后疫情时期增强和维持价值链协作的韧性是促进中日企业第三方市场合作的重要路径。① 另一方面,该会议机制对新冠疫情影响下中日第三方市场合作的重点项目进行了沟通,2021年12月第七轮会议和2022年11月第八轮会议侧重于讨论新冠疫情冲击对中日两国企业第三方市场合作项目的影响②,并进一步指出绿色经济、健康医疗以及数字经济等领域将会成为中日两国在东盟等共建"一带一路"国家开展第三方市场合作的新方向。③

基于此,中日之间"二轨经济外交"制度安排是深化中日政府对话和企业协作的重要桥梁。其在不同时期依据中日双边关系和经贸合作状况所做出的适时制度安排,为中日两国政府在第三方市场合作领域的制度供给和制度创新做好了铺垫。其中,以"中日企业家和前高官对话"为代表的"二轨经济外交"制度安排成为双方进行第三方市场合作的重要平台,其不仅为中日两国在政府层面进行第三方市场合作的制度安排创造了对话渠道,还有效推动了其他半官方和民间组织在第三方市场合作领域的协作交流,从而使中日两国企业在第三方市场合作的微观领域中得以实现规模经济效益递增。

二、中韩第三方市场合作"二轨经济外交"制度供给

中国与韩国第三方市场合作进程由中韩两国民间组织和政府共同推进,其中半官方和民间组织依托其"二轨经济外交"平台的灵活性和专业性为中韩政府和企业之间的第三方市场合作做了大量的前期铺垫工作。其搭建的"二轨经济外交"沟通平台为中韩两国领导人签署第三方市场合作备忘录以及政府间职能部门进行第三方市场合作制度供给奠定了坚实基础。结合中韩第三方市场合作"二轨经济外交"制度的发展历程,其大致可以分为朴槿惠政府与文在寅政府两个时期,前者是中韩第三方市场合作"二轨经济外交"的初步构建阶段,后者则是在前者基础上进行更加深化的制度供给与制度创新,两个时期不同的第三方市场合作"二轨经济外交"制度安排均有效地推动了中韩两国领导人、政府职能部门,以及相关企业在第三方市场合作中的共识达成、制度安排与项目分工,从而减少了中韩两国在第三方市场合作过程中制度安排与制度运营的摩擦成本。

(一)朴槿惠政府时期中韩第三方市场合作"二轨经济外交"制度安排

中韩两国之间的"二轨经济外交"在双方政府间和企业间的第三方市场合作进程中发挥着重要作用,其"以经促政"的功能性特点有效地传递了政府之间、政企之间以及企业之

---

① 第六届日中企业家与前政府官员对话联合声明[EB/OL].(2020-12-02)[2022-11-10].http://www.keidanren.or.jp/policy/2020/119.html.
② 第七届日中企业家与前政府官员对话联合声明[EB/OL].(2021-12-21)[2022-11-15].https://www.keidanren.or.jp/policy/2021/118.html.
③ 第八届日中企业家与前政府官员对话联合声明[EB/OL].(2022-11-28)[2022-12-10].https://www.keidanren.or.jp/policy/2022/100.html.

间的合作信息、合作意向以及合作重点等关键信息,尤其对朴槿惠政府时期中韩两国政府间达成第三方市场合作备忘录起到了桥梁作用。在这一阶段,中韩第三方市场合作"二轨经济外交"制度安排主要体现为"中韩工商领袖合作论坛"[①]这一中韩之间既有的"二轨"制度安排,并在此既有制度基础上进一步衍生出了专门促进中韩第三方市场合作的讨论小组与议题小组,从而对中韩两国政府间以及企业间展开第三方市场合作提供了"二轨"层面的制度体系支持。

自2012年以来,以中国国际跨国公司促进会与韩国产业联合会为主导的"中韩工商领袖合作论坛"在中韩民间经贸合作领域发挥了重要作用,逐渐成为中韩企业、行业协会以及研究机构进行意见交流与项目合作的重要平台。在朴槿惠政府时期,随着中韩两国"一带一路"与"欧亚倡议"的深入对接,该"二轨外交"平台成为中韩双方政府间以及企业间进行对话交流的重要渠道。在该平台的前三届会议中,中韩两国企业以及行业协会等民间机构为双方在国际贸易与国际分工中的深化合作进行了大量的沟通与商讨[②],为双方企业开拓了大量的国际经济合作机会。

在朴槿惠政府时期,中韩两国政府与企业在第三方市场合作领域进行了大量的制度供给与项目合作,同时也推动了中韩两国"二轨经济外交"在第三方市场合作中的快速发展。其中,第三方市场合作在2015年成为该合作论坛讨论的重要议题,通过同年在韩国举办的第四届"中韩工商领袖合作论坛",有效推动了中韩两国企业、行业协会以及研究机构等民间代表关于如何开展第三方市场合作的讨论与交流。[③] 与此同时,该"二轨经济外交"平台还为同年中韩两国领导人以及政府间签署第三方市场合作备忘录夯实了前期基础。基于此,"中韩工商领袖合作论坛"作为中韩两国在第三方合作市场中"二轨经济外交"的重要制度供给,依托其"二轨"平台的灵活性和专业性为中韩双方政府和企业进行政策对接和项目协作构建了有效的交流渠道,从而能够进一步减少第三方市场合作过程中存在的交易费用与摩擦成本。图4.10为中国与韩国第三方市场合作"二轨经济外交"制度安排框架示意图。

---

① "中韩工商领袖合作论坛"是中国国际跨国公司促进会与韩国产业联合会等中韩两国重要行业协会共同举办的"二轨经济外交"平台,囊括中韩两国重要的跨国公司以及生产部门,自2015年以来,为中韩两国政府以及企业开展第三方市场合作搭建了重要桥梁,参见:中国国际跨国公司促进会.第八届中韩工商领袖合作论坛在韩国首尔成功举办[EB/OL].(2019-09-30)[2022-11-18].http://www.cicpmc.org/news_view.aspx?nid=2&typeid=50055&id=539.
② 创造经济和创意经济相结合[EB/OL].(2013-11-15)[2022-11-10].https://www.fki.or.kr///main/news/statement_detail.do?bbs_id=00011188&category=ST.
③ China International Council for the Promotion of Multinational Corporations. The 4th China-Korea Multinational Corporations Leaders Roundtable Successfully Held in Korea [EB/OL].(2015-06-03)[2022-11-18].http://en.cicpmc.org/information_view.aspx?nid=34&typeid=86&id=789.

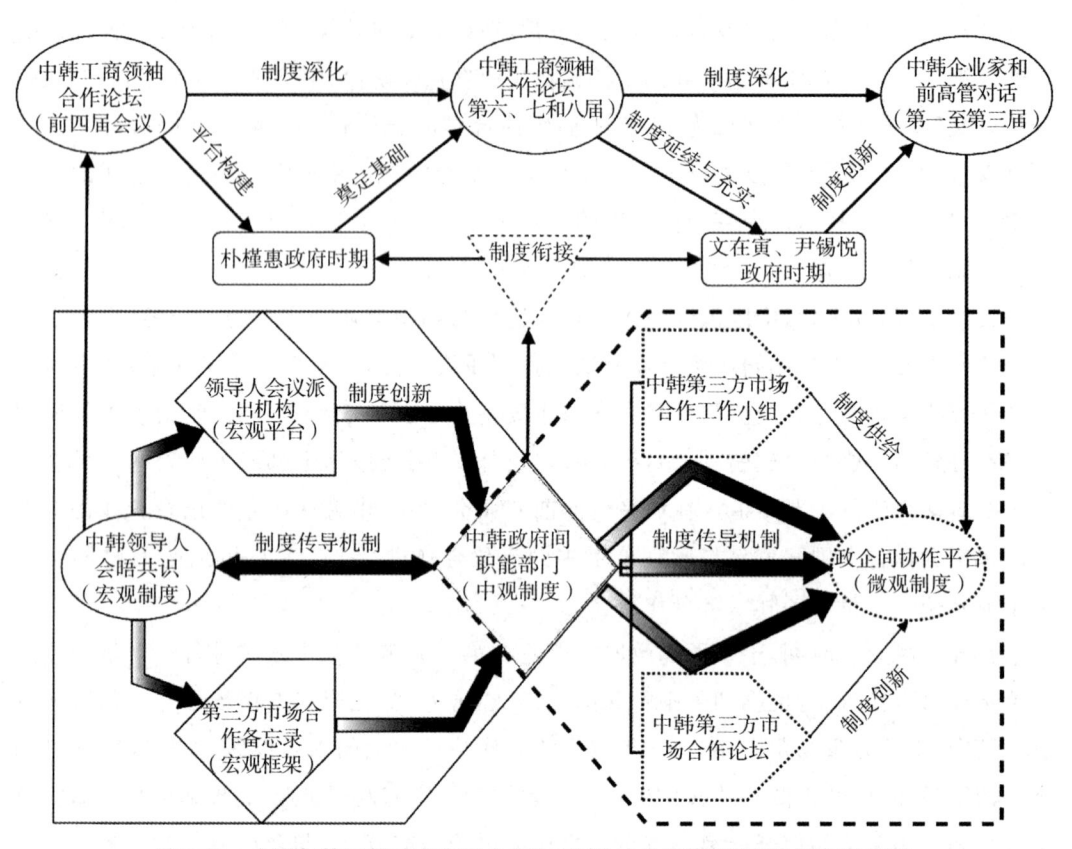

图 4.10　中国与韩国第三方市场合作"二轨经济外交"制度安排框架示意图

资料来源：根据中韩两国第三方市场合作"二轨经济外交"制度安排整理制图。

注：此图立足于图 4.7，主要展示中韩"二轨经济外交"制度安排对中韩第三方市场合作的影响过程。

（二）文在寅政府时期中韩第三方市场合作"二轨经济外交"制度安排

由于东北亚地缘政治格局安全困境的负面冲击，中韩第三方市场合作"二轨经济外交"一度陷入停滞状态，但随着文在寅政府积极修复与中国的双边关系，中韩两国政府间与企业间的第三方市场合作开始重新运转起来，同时也直接推动了中韩"二轨经济外交"平台在第三方市场合作中的深化发展。在文在寅政府时期，中韩第三方市场合作"二轨经济外交"的制度安排在延续"中韩工商领袖合作论坛"等既有制度的同时，又根据双方政府和企业在第三方市场合作中的最新需求进一步衍生出了"中韩企业家和前高官对话"等新型"二轨经济外交"制度安排，中韩政府以及企业在第三方市场合作进程中的制度供给与制度创新提供了更加灵活的合作形式。

一方面，从制度安排的延续来看，"中韩工商领袖合作论坛"这一既有"二轨"平台在文在寅政府时期得到充实与发展。这一阶段美国特朗普政府在全球市场推行贸易保护主义和单边主义,致使经济全球化发展遭遇严重冲击。① 在这样的背景下,2017年文在寅对华访问标志着中韩双边经贸关系的迅速回暖,同时也推动了"中韩工商领袖合作论坛"这一中韩之间既有"二轨经济外交"制度安排的重新运转,从而为"一带一路"与"新南方政策"对接下的中韩第三方市场合作深化发展提供了"二轨"层面的制度供给。② 该"二轨"平台在2018年及以后的发展进程中凭借自身"二轨经济外交"平台的灵活性与专业性,为双方企业在第三方市场合作中的制度适用、重点领域以及协作方式搭建了对话平台③,如为中国银行、中国石化以及中国华为和韩国三星集团、现代集团以及浦项集团等中韩两国第三方市场合作的主要参与公司提供定期的交流机制与沟通渠道④,夯实了中韩两国之间在"二轨经济外交"层面的制度基础。

另一方面,从制度安排的深化发展来看,"中韩企业家和前高官对话"⑤这一中韩新型"二轨"平台为双方展开第三方市场合作提供了多元化渠道。在文在寅政府时期,"中韩企业家和前高官对话"是中韩两国落实双方领导人2017年合作共识所应运而生的专门加强双方企业之间对话交流的"二轨经济外交"平台,该对话机制由中韩两国的行业协会代表、政府前高官以及企业代表等不同参与者共同组成⑥,其不仅为中韩企业在第三方市场合作中提供帮助,还为中韩两国政府适时提供第三方市场合作的有效信息,从而为企业之间、政企之间以及政府之间搭建了信息传递与制度传递的有效渠道。⑦ 基于此,"中韩企业家和前高官对话"通过定期会议机制为双方企业和行业协会进行第三方市场合作的信息交流与项目对接提供了稳定的制度安排体系,同时还依托"二轨经济外交"的灵活特性进一步充实了中韩政府间第三方市场合作制度供给与制度创新的

---

① 吴崇伯,丁梦.中美第三方市场合作的实践、挑战与展望[J].国际观察,2021(4):44-71.
② 第七届韩中 CEO 圆桌会议[EB/OL].(2018-11-02)[2022-11-09].https://www.fki.or.kr//main/news/statement_detail.do? bbs_id=00012021&category=ST.
③ "第六届韩中 CEO 圆桌会议"恢复[EB/OL].(2018-06-25)[2022-11-09].https://www.fki.or.kr//main/news/statement_detail.do? bbs_id=00011994&category=ST.
④ 第八届韩中 CEO 圆桌会议[EB/OL].(2019-09-25)[2022-11-09].http://www.fki.or.kr/main/news/statement_detail.do? bbs_id=00012091&category=ST.
⑤ 中韩企业家和前高官对话形成于2017年韩国总统文在寅对华访问期间,是中韩两国领导人合作共识在"二轨经济外交"领域的具体体现,该"二轨"平台由中国国际经济交流中心与韩国商工会议所进行联合承办,通过"二轨经济外交"平台的灵活性有效推动了中韩第三方市场合作的发展进程,参见:中国国际经济交流中心.首轮中韩企业家和前高官对话会在京召开[EB/OL].(2018-07-08)[2022-11-09].http://www.cciee.org.cn/Detail.aspx? newsId=15350&TId=7.
⑥ 与中国国际经济交流中心商议构建"韩中高层对话"[EB/OL].(2017-12-14)[2022-11-09].http://www.korcham.net/nCham/Service/Economy/appl/PhotoNewsDetail.asp? SEQ_NO_C020=2807.
⑦ 第一届韩中企业家与前政府高官对话[EB/OL].(2018-06-29)[2022-11-09]. https://www.korcham.net/nCham/Service/Economy/appl/PhotoNewsDetail.asp? pageno=1&SEQ_NO_C020=3089.

内容与形式,从而有助于提升中韩第三方市场合作的制度运行效率与项目合作效率。[1]

(三)尹锡悦政府时期中韩第三方市场合作"二轨经济外交"制度安排

尹锡悦政府时期中韩两国进一步发挥了"中韩企业家和前高官对话"这一"二轨经济外交"平台的桥梁作用,为双方深化第三方市场合作提供了制度支撑。通过该平台,中韩两国政府和企业对第三方市场合作的发展方向、面临挑战以及潜在领域进行了沟通与交流,从而为中韩两国在东盟进行高质量的第三方市场合作奠定了发展基础。

2022年12月"中韩企业家和前高官对话"第三轮会议对中韩两国的经济关系、投资前景以及地区合作展开了讨论。其中,共同拓展第三方市场合作空间成为此次会议的重要议题之一,并将数字经济、低碳经济以及绿色能源等作为中韩进行第三方市场合作的潜在领域。[2] 与此同时,此次会议还进一步强调了后疫情时期中韩两国在第三方市场合作和地区经贸合作等领域的合作重点,进而为中韩两国在第三方市场合作中构建稳定的产业链奠定了基础。然而,中韩两国在新冠疫情防控政策领域出现了分歧,导致中韩两国第三方市场合作的"二轨经济外交"进程受到了较大冲击。但随着中韩两国在新冠疫情防控政策领域的不断优化,中国与韩国之间的"二轨经济外交"又呈现积极发展趋势,进而有力地推动了中韩两国第三方市场合作的高质量发展。

第三节 中国与日韩进行第三方市场合作的制度供给分析

对中国与日韩两国第三方市场合作的制度供给分析需要在一定程度上立足于对发展进程的回顾与总结,这是因为制度经济学的分析视角是对社会经济演进中的生产制度、供给制度以及分工制度等制度层面进行剖析[3],以此来探究制度供给的过程、制度创新的内因以及制度安排的演进,进而对制度本身如何促进经济生产的边际效益递增以及减少市场讨价还价的交易成本等制度影响机制以及制度传导机制进行探究。[4] 在此基础上,通过本章前两节对中国与日本、韩国在第三方市场合作中政府层面与"二轨经济外交"层面

---

[1] 第二届韩中企业家与前政府高官对话[EB/OL].(2019-12-05)[2022-11-09].http://www.korcham.net/nCham/Service/Economy/appl/PhotoNewsDetail.asp? pageno=1&SEQ_NO_C020=3747.

[2] 第三届韩中企业家与前政府高官对话[EB/OL].(2022-12-12)[2023-03-06].http://www.korcham.net/nCham/Service/Economy/appl/PhotoNewsDetail.asp? SEQ_NO_C020=5908.

[3] Musole Maliti. Property Rights, Transaction Costs and Institutional Change: Conceptual Framework and Literature Review[J]. Progress in Planning, 2009, 71(2): 43-85.

[4] 罗纳德·哈里·科思.论生产的制度结构[M].盛洪,陈郁,译.上海:三联书店,1994:212-228.

制度供给与制度创新的过程梳理,将制度安排体系与第三方市场合作进程紧密地联系起来,以此来解答中国与日韩两国的制度供给是如何影响或促进双方政府与企业在第三方市场合作中的制度安排与项目分工。因此,从制度安排的内生关系角度出发来探究第三方市场合作的工作机制与传导机制,能够在一定程度上确保对中国与日韩第三方市场合作制度分析的规范性与理论性,进而对中国与日本、韩国在第三方市场合作过程中制度供给与制度创新等制度安排的演进进行分析。

一、领导人共识构建第三方市场合作宏观制度框架

中国与日本、韩国在第三方市场合作中的制度安排涉及领导人共识、政府职能部门制度供给以及政企间协作平台等三个层面。其中,领导人合作共识是第三方市场合作的宏观顶层设计,在制度安排体系中起到重要作用;政府职能部门制度供给是第三方市场合作的中观制度安排,其作用在于连接宏观共识与微观项目协作;政企间协作平台是第三方市场合作的微观制度安排,其功能在于落实领导人宏观共识以及实践中观制度安排。因此,通过理清中国与日韩两国在第三方市场合作中的制度构成体系,有助于探究其制度安排的内生关系与运行规律。①

领导人会晤共识基础作为第三方市场合作的宏观制度框架,对中国与日韩两国政府职能部门以及企业在第三方市场合作中的可持续发展起到重要作用。领导人会晤形成共识的制度安排是中国与日本、韩国进行第三方市场合作的顶层设计,其在第三方市场合作制度安排体系中处于关键位置,直接影响到第三方市场合作制度安排是否可持续发展。②在第三方市场合作的制度传导机制中,领导人会晤共识基础作为中国与日韩两国在第三方市场合作宏观领域的制度安排,其功能性作用主要在于为中国与日本、韩国展开第三方市场合作提供政治互信基础和制度整体框架,并通过由上及下的制度传导机制对第三方市场合作中中观领域相关政府职能部门的制度内容设计以及微观领域政企间协作平台机制的具体运行等提供合作共识基础与整体框架支撑,从而保证第三方市场合作的制度传导机制从宏观层面、中观层面至微观层面能够得到有效运转。③

中国与日韩两国领导人会晤机制在第三方市场合作过程中起到了引领性作用,直接对政府间职能部门、政企间协作平台以及企业间项目分工协作等不同领域产生了直接或间接影响,甚至在一定程度上影响了第三方市场合作制度安排的"制度质量"。④ 一方面,

---

① 丁梦.中国与西班牙第三方市场合作研究[J].国际论坛,2022(2):100-120.
② 日本企业应如何促进与中国的第三国市场合作?[J]亚洲管理研究,2019(25):195-208.
③ 日中第三国市场合作发展[J].日中经济协会会刊,2019(300):20-21.
④ Hannah Park. China-Japan-ASEAN Third-Party Market Cooperation under the Framework of the BRI[D]. Graduate School of International Studies Seoul National University,2021:13-33.

从领导人共识与政府间职能部门的联系来看,中国与日韩两国领导人在第三方市场合作领域所达成的合作共识直接推动了相关政府职能部门在该领域的制度供给与制度创新,使得宏观领域的合作共识进一步细化为中观领域的制度安排,构成了制度传导机制政府层面的制度设计环节。另一方面,从领导人共识与政企间协作平台的联系来看,宏观领域的合作共识作为顶层设计,直接关系到中观领域的制度设计与微观领域的制度实践,这也在一定程度上表明了微观领域的制度供给与创新是宏观领域制度安排的细化表现,同时也标志着政府层面第三方市场合作形成了"宏观—中观—微观"的制度传导体系。

因此,领导人会晤共识机制作为中国与日韩两国在第三方市场合作中的顶层设计,其在第三方市场合作中所形成的合作共识及其派生的相关对话平台共同构建了第三方市场合作政府层面一套连接"领导人会晤共识机制—政府相关职能部门政策制定—政企间协作交流平台"体系完整且相互联系紧密的制度安排体系。在这套从上至下的制度安排框架中,领导人合作共识为政府间职能部门、政企间协作平台以及企业间项目合作等第三方市场合作过程中不同环节的制度供给与制度创新提供了框架性的制度引导与制度协调。[①] 更进一步来看,在政府层面第三方市场合作制度供给和制度创新的运行过程中,通过由上及下的政策传导机制与制度嵌套机制,为中国与日韩两国的政府职能部门、政企协作平台以及企业项目建设等不同第三方市场合作参与主体提供了制度安排宏观层面的共识基础与框架体系,进而把领导人、政府部门以及企业部门等不同领域的行为体纳入统一制度体系之中,从而为中国与日韩两国在第三方市场合作中进行制度供给的深化协作提供了保障基础。[②] 图 4.11 为中国与日韩第三方市场合作制度安排运行示意图。

二、政府间部门制定第三方市场合作中观制度安排

依托于中国分别与日韩两国领导人在第三方市场合作中所达成的共识基础,在政策传导机制的推动下,中国与日本、韩国的相关政府职能部门在第三方市场合作领域围绕政企平台、重点产业、融资结构以及分工方式等展开了一系列重要的制度供给和制度创新。政府职能部门的制度安排是第三方市场合作中中观层面制度供给与创新的重要组成部分,其不仅向上关涉领导人会晤共识的落实与实践,还向下串联起企业、半官方机构以及民间组织在合作项目中的分工与协作。因此,其在第三方市场合作制度层面的设计、运行以及调试等不同环节起到了承上启下的枢纽作用,是中国与日韩两国政府职能部门展开

---

① 安倍首相实现第五次访华及日中首脑会谈[EB/OL].(2018-11)[2022-11-10].https://www.ide.go.jp/Japanese/IDEsquare/Column/ISQ000003/ISQ000003_005.html.

② Benhong Peng, et al. Pathway and Key Factor Identification of Third-Party Market Cooperation of China's Overseas Energy Investment Projects[J]. Technological Forecasting and Social Change,2022,183.

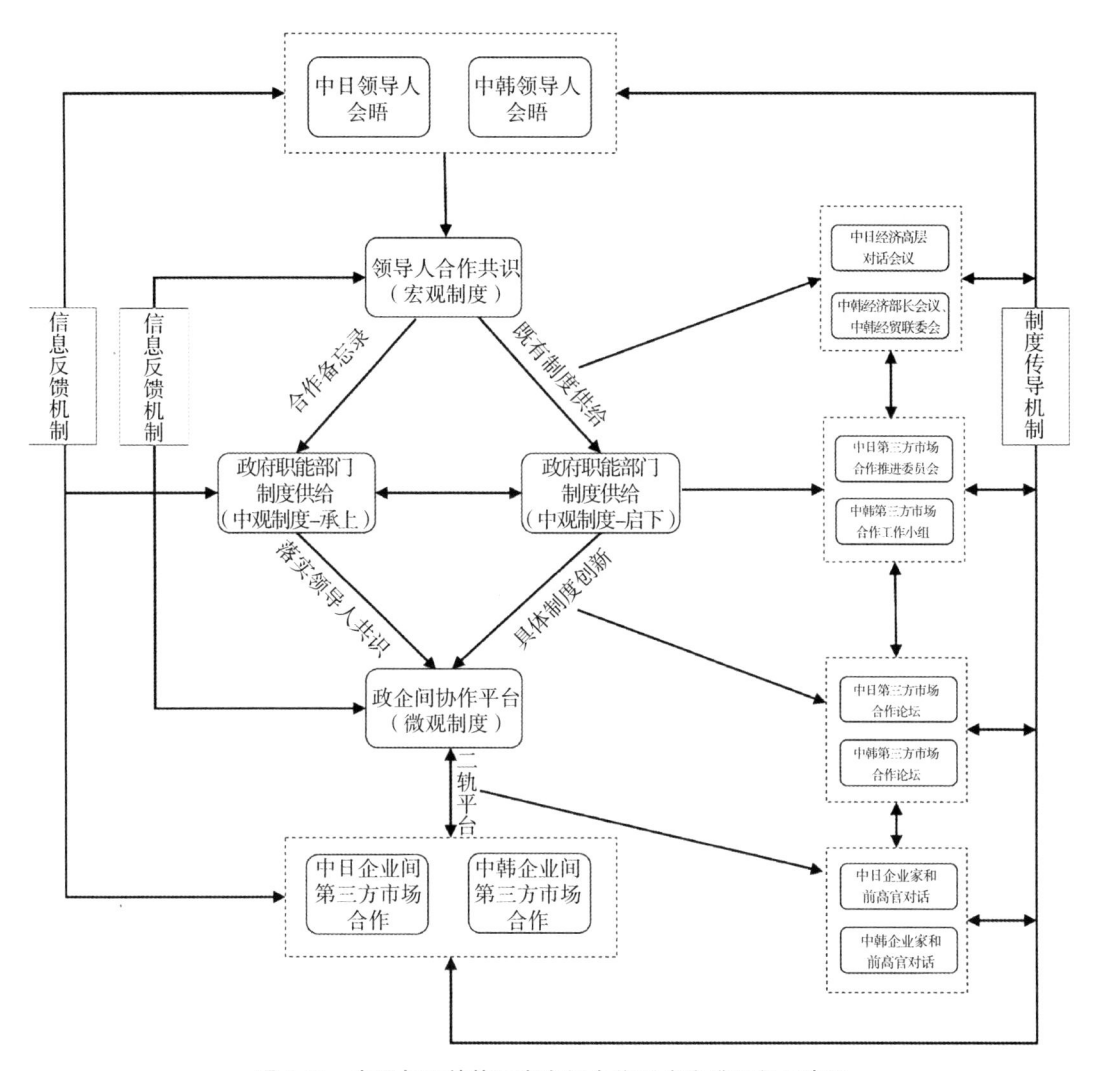

图 4.11 中国与日韩第三方市场合作制度安排运行示意图

注：宏观领域的领导人共识、中观领域的政府职能部门制度供给以及微观领域的政企间协作平台共同构成了中国与日韩两国在第三方市场合作中的制度传导机制与信息反馈机制。

资料来源：根据中国与日韩两国第三方市场合作宏观、中观以及微观制度安排整理制图。

第三方市场合作在制度领域进行供给和创新的主要体现。[①]

政府职能部门在第三方市场合作过程中的制度安排可以从制度供给和制度创新两个角度来进行深化分析，前者是后者进行创新的发展基础，后者是前者不断完善的有效补

---

① Da Hsuan Feng, Haiming Liang. Belt and Road Initiative: Chinese Version of Marshall Plan? [M]. Singapore: World Scientific Publishing, 2019: 2-9.

充,两者的相互作用共同推动了第三方市场合作在政府层面的制度演进。[①] 一方面,从制度供给的角度来看,政府职能部门的制度供给是从政府层面对第三方市场合作提供合作制度安排,主要包含中国与日韩两国政府相关部门利用双边或多边政府层面的沟通渠道来展开第三方市场合作领域相关具体合作内容与形式的协商,比如中日政府间的"中日经济高层对话"以及中韩政府间的"中韩经济部长会议"、"中韩经贸联委会"等既有制度供给搭建了中国与日本、韩国在政府职能部门层面进行第三方市场合作的制度协商平台,从而为中国与日韩两国政府和企业在第三方市场合作中的制度创新奠定了前期基础。[②]

另一方面,从制度创新的角度来看,政府职能部门的制度创新是对既有合作制度的补充和完善,其主要是立足于双方领导人会晤共识以及既有双边或多边对话机制的基础上,通过结合第三方市场合作发展的现实需求所适时派生的有助于推进项目可持续发展的对话平台、工作小组以及补充协议等制度创新。这些制度创新形成了不同于以往制度形式与内容的创新性突破,如中日两国的高层经济对话间接衍生出了"中日第三方市场合作推进委员会"和"中日第三方市场合作论坛"等专门处理双方第三方市场合作的工作小组;[③] 与此同时,中韩政府间的经济部长会议间接推动了"中韩第三方市场合作工作小组"和"中韩第三方市场合作论坛"等中韩两国专门应对第三方市场合作的协作平台。因此,制度供给与制度创新两者相辅相成,其中制度创新直接或间接衍生于中国与日韩两国既有政府间制度供给,对及时应对和解决中国与日韩两国在第三方市场合作中出现的新问题与新挑战提供了有效的制度安排,同时也从不同角度共同构成了中国与日本、韩国在第三方市场合作过程中的制度安排体系。[④] 图 4.12 为中国与日韩第三方市场合作制度安排逻辑图。

基于此,中国与日韩两国政府间职能部门所做出的制度供给和制度创新不仅推动了双方企业在第三方市场合作进程中的深化发展,还形成了领导人会晤共识与政企之间合作机制从上至下的有效衔接渠道,从而在第三方市场合作过程中构建出了"领导人会晤机制(制度框架形成)—政府职能部门会议机制(制度内容制定)—政企间第三方市场合作工作小组(协议细节完善与补充)"体系完备且分工明确的制度安排体系。从这套自上而下的制度传递渠道中可以看出,政府间职能部门的制度安排主要从中观层面对中国与日韩两国政府间第三方市场合作协议的形成、构建和完善奠定了制度保障基础,尤其为中国与日韩两国政府在第三方市场合作中推动政企之间协作机制的完善以及企业之间合作项目的可持续提供了由上至下制度供给和制度创新的政策政传导机制,其不仅可以减少中国

[①] Qingyang Gu. Making the BRI More Inclusive[J]. Journal of Infrastructure, Policy and Development, 2020, 4(1):170-178.
[②] "一带一路"倡议与日中经济合作[J].IDE-JETRO 亚洲政策简报,2020(133):1-2.
[③] 第三国市场日中合作[J].日中经济协会会刊,2019(303):1.
[④] 日中第三国市场合作与中国"一带一路"国际合作前景[J].日中经济协会会刊,2019(306):6-9.

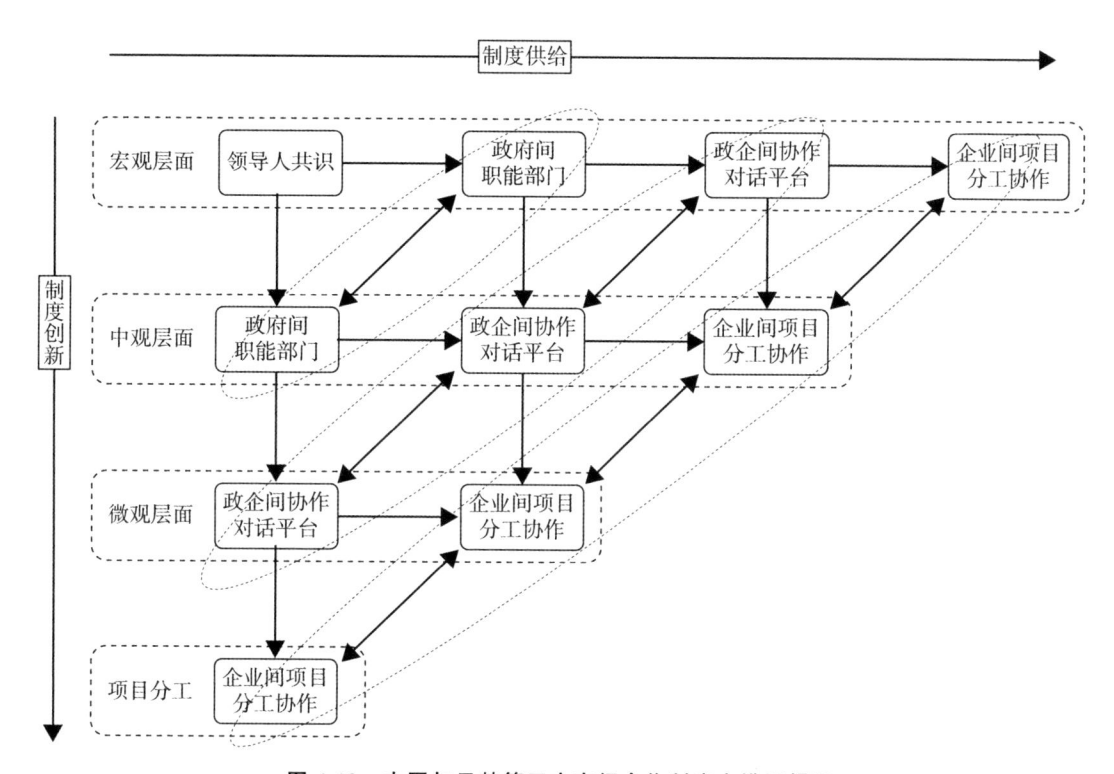

图 4.12　中国与日韩第三方市场合作制度安排逻辑图

资料来源:根据中国与日韩两国第三方市场合作的制度供给与制度创新整理制图。

注:虚线矩形框表示第三方市场合作宏观制度、中观制度以及微观制度的具体构成;虚线椭圆框表示在第三方市场合作中观层面、微观层面以及项目分工层面制度供给与制度创新的逐渐细化与多元化。

与日韩两国政府与企业在第三方市场合作过程中所面临的摩擦成本,还能够从政府职能部门的中观层面来不断通过推出制度供给与制度创新来实现双方企业在第三方市场合作项目中的规模经济效益持续递增。①

三、政企间平台推动第三方市场合作微观制度运行

政企间制度安排是第三方市场合作中的微观制度基础,其在第三方市场合作整套制度传导机制中的功能主要为政府间制度安排进行解释说明以及对企业间项目合作进行平台搭建。政府与企业在第三方市场合作中的制度安排是连接官方、半官方以及民间等不同参与主体的关键平台,其在微观领域的制度供给与制度创新不仅延续了宏观层面双方领导人的会晤共识以及中观层面政府职能部门的制度安排,而且还进一步吸纳了中国与

---

① 丁梦.中日在东南亚基础设施领域的第三方市场合作[J].广西财经学院学报,2021(3):21-30.

日韩两国企业、商业组织以及行业协会等半官方和民间组织的利益诉求、面临挑战以及制度适用等诸多反馈信息,通过制度传递渠道自下而上地推动中国与日韩两国在第三方市场合作中进行制度供给与制度创新的微观制度调整、中观制度供给以及宏观共识达成。[①]

一方面,政企间微观制度安排推动第三方市场合作制度安排体系形成一个完整的制度传递闭环。在制度传递机制中,政企间微观层面的制度安排能够有效地实践第三方市场合作宏观层面的领导人共识以及中观层面政府部门的制度设计,同时还可以通过制度传递渠道向中观以及宏观制度层面进行信息反馈,从而增加了中国与日本、韩国在第三方市场合作制度供给与制度创新过程中的科学性与规范性。[②] 更进一步来说,中国与日本、韩国在第三方市场合作中政企之间的微观制度安排衍生于领导人会晤宏观共识基础与政府职能部门的中观制度供给,其中宏观和中观层面的制度安排是微观制度得以产生的前提条件,而微观制度基础则是宏观合作共识以及中观制度供给的现实基础,三者之间存在紧密联系又相互独立的协作关系,从而共同构建起了囊括中国与日韩两国领导人、政府职能部门以及企业等不同参与者的制度协调与政策传导体系。基于此,政府与企业在第三方市场合作中的制度安排能够通过制度设计机制与政策传导渠道来增强制度供给与制度创新的有效性,使得政企之间第三方市场合作的制度安排能够较好地实施中国与日韩两国在政府层面以及政企层面所构建的协作机制与对话平台,从而减少政企之间在第三方市场合作过程中因制度摩擦或项目讨价还价所可能产生的交易费用与交易成本。[③]

另一方面,政企间微观制度安排构建了第三方市场合作由宏观理念共识、中观制度设计到微观具体实践的制度传递渠道。在中国与日韩第三方市场合作的制度传导机制中,政企之间的微观制度安排立足于彼此领导人和政府职能部门的共识基础、合作备忘录、合作协议以及相关工作小组等制度供给与制度创新,并在此基础上进一步衍生出了第三方市场合作中连接官方、半官方以及民间等不同参与者的微观制度供给。与此同时,企业、行业协会以及研究机构等民间组织凭借第三方市场合作的微观制度安排,在制度传递机制的推动下向政府职能部门的中观制度设计以及领导人宏观制度共识进行信息反馈,将自上而下的制度传导机制调整为自下而上的信息传递机制,从而构成了中国与日韩两国在第三方市场合作中双管并行的制度运行机制。因此,政企之间微观制度所形成的制度传递渠道与信息反馈渠道,能够加速推动中国与日韩在第三方市场合作中形成宏观、中观以及微观等三个不同层次的制度供给与制度创新,由此可以进一步推动第三方市场合作

[①] Iida Masafumi. Japan's Reluctant Embrace of BRI？[R]. SWP Working Paper, 2018(3)：1-6.

[②] Hollingsworth J. Rogers. Doing Institutional Analysis：Implications for the Study of Innovations [J]. Review of International Political Economy, 2000, 7(4)：595-644.

[③] 毕世鸿, 屈婕. 多边合作视角下中日在东盟国家的第三方市场合作[J]. 亚太经济, 2020(1)：23-31.

制度体系形成一个完整的闭环系统。①

因此,政企之间微观层面的制度安排不仅立足于领导人宏观共识基础,而且还同时依托于政府相关职能部门所制定的制度内容,从而共同形成了"政府间职能部门会议机制—政企间第三方市场合作对话平台—企业间具体合作项目分工"由政府官方、半官方与民间机构共同组成的第三方市场合作制度安排体系。基于此,这种由上至下的制度传导机制所形成的政企间制度安排能够为政府、企业以及民间机构搭建对接渠道,同时还可以依托微观制度安排构建自下而上对接中观制度与宏观制度的信息反馈渠道,从而有助于推动领导人合作共识、政府职能部门制度安排与政企之间协作平台进行有机的结合与交融。

---

① Jianren Lu, Qi Cai. The Implementation of the Belt and Road Initiative in the ASEAN Community: Achievements and Problems[C]//Ying Liang (ed.). China-ASEAN Relations: Cooperation and Development (Volume 2). Singapore: World Scientific Publishing, 2019: 373-376.

第五章　中国与日韩在东盟第三方市场合作的分工协作形式

东亚区域生产网络中产业间、产业内以及产品内的多种分工协作方式,为探究中国与日本、韩国在东盟的第三方市场合作具体分工形态提供了学理层面的研究思路。在东亚区域生产网络中,中国、日本、韩国以及东盟国家等东亚经济体自身生产要素禀赋的异质性,使得其在该区域的国际贸易与国际分工中处于不同的分工位置与生产环节,从而形成了产业间、产业内、产品内以及混合型等多种形式的水平、垂直抑或相互交叉的分工协作方式,这同时也进一步塑造了中国企业与日韩两国企业在东盟进行第三方市场合作的相应分工协作形态。基于此,通过东亚区域生产网络的分工协作形式这一切入视角,可以对中国企业与日韩两国企业在东盟的第三方市场合作项目进行有针对性的分类研究,探究其在产业间、产业内、产品内以及混合型分工形式下的具体比较优势、协作形态以及分工位置等,以其进一步丰富中国与日韩两国展开第三方市场合作的学理性内涵。

第一节　第三方市场合作模式下的产业间国际分工

产业间水平和垂直分工方式依托于不同经济体所特有的生产要素禀赋以及不同产品的价格差异,其作为东亚区域生产网络中的一种重要分工形式,对分析中国与日韩两国在东盟的第三方市场合作提供了有效的切入视角。在第三方市场合作模式下的产业间国际分工中,其分工协作方式能够适时对应中国与日本、韩国在东盟进行第三方市场合作的具体分工位置,从而为进一步研究中国与日韩在第三方市场合作中的分工方式提供有益借鉴。

一、第三方市场合作的产业间水平分工

在产业间国际水平分工视角下,中国与日本、韩国在中间产品和制成品等国际经济合作中存在紧密的水平分工协作关系,这得益于中国在部分中间产品以及制成品中已

经突破原有"低端锁定"困境,能够与日本、韩国在部分产业中处于价值含量相同的分工位置,从而可以进行水平分工协作,进而演化为第三方市场合作中企业之间的产业间水平分工。

(一)缅甸垃圾焚烧发电厂与新加坡气化熔炉项目

杭州锅炉集团与日本杰富意(JFE)工程技术株式会社在垃圾焚烧发电设备、生物能源发电设备以及多功能锅炉生产等领域展开了一系列深度合作[1],并通过第三方市场合作的方式在缅甸、新加坡以及墨西哥等国家建设了诸多重要工程,对当地的能源结构优化以及生态环境保护起到了积极作用。

在缅甸和新加坡的垃圾焚烧锅炉项目中,中日两国企业充分结合彼此的比较优势进行产业间水平分工。一方面,对杭州锅炉集团来说,其在锅炉生产、生物能源以及清洁能源设备等产品的科研设计、器材生产、设备安装、工程建设以及项目运营等环节具有丰富经验,尤其是在垃圾焚烧和生物能源利用等环保技术领域积累了生产技术和市场品牌的双重比较优势,并与日本的杰富意、川崎重工以及三菱集团等形成了紧密的合作关系。在缅甸和新加坡的两个项目中,杭州锅炉集团依托自身在发电锅炉领域的技术比较优势,为这两个项目提供了垃圾焚烧锅炉等核心生产设备,有效推动了该项目的顺利开展。另一方面,对日本杰富意(JFE)公司来说,其作为全球钢铁领域的大型跨国公司,在钢铁生产、锅炉生产以及环保设备等领域具有全球领先的科技研发、设备生产以及项目管理能力,尤其是在垃圾焚烧设备的产出效率方面已经达到世界顶尖水平。在缅甸和新加坡的垃圾焚烧发电项目中,该公司凭借自身在生物发电领域的设计、生产以及运营等环节的经验积累,通过"双边信用体系(JCM)"有效地结合了杭州锅炉集团的比较优势,从而高效率地参与建设和运营了缅甸和新加坡的垃圾焚烧发电项目,对改善当地的能源结构以及优化当地的生态环境具有重要意义。

在中日两国企业产业间水平分工的推动下,双方在东盟国家的第三方市场合作项目已经顺利运营。其中,缅甸垃圾焚烧发电厂已经开始正常运转,此项目为当地废弃物品的再次开发利用积累了重要经验,尤其为东南亚欠发达国家实现绿色发展创造了有利条件。[2] 与此同时,新加坡气化熔炉作为新一代废弃物品燃烧锅炉设施,能够将燃烧炉的炉渣进行重复多次利用,从而减少了废弃物品的处理工作,这为存在"地少人多"城市发展问题的新加坡提供了新的生态可持续发展路径,同时也为东南亚人口数量众多的超大国际

---

[1] 杭锅集团与日本 JFE 签署合作协议[EB/OL].(2018-10-30)[2022-06-10].https://xizigroup.com/News/detail/28/3107.

[2] JFE Engineering Corporation. Opening Ceremony for Myanmar's First Waste to Energy Plant [EB/OL]. (2017-04-10)[2022-06-11].https://www.jfe-eng.co.jp/en/news/2017/20170410.html.

城市实现环境可持续发展提供了新的发展思路。① 图为中日企业在缅甸和新加坡垃圾焚烧锅炉项目的产业间水平分工示意图。

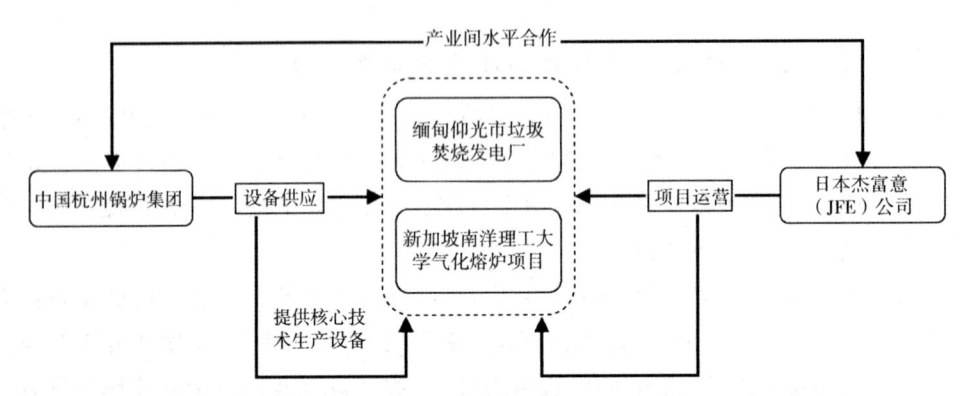

图 5.1　中日企业在缅甸和新加坡垃圾焚烧锅炉项目的产业间水平分工示意图
资料来源：根据西子联合公司(https://xizigroup.com/News/detail/28/3107)、日本杰富意(JFE)公司(https://www.jfe-eng.co.jp/news/2018/20180524.html)网站信息整理制图。

(二)印尼井里汶电厂运煤机械设备项目

上海振华重工公司与韩国现代集团在港口重型机械设备领域存在长期的合作关系，前者先后多次向韩国现代集团所建设的仁川运河、釜山新港码头、仁川新港以及印尼井里汶电厂等诸多工程提供桥吊、轮胎吊和岸桥等大型工业设备②，从而为双方进一步开展第三方市场合作奠定了基础。其中，上海振华重工为印尼井里汶电厂生产的台桥式抓斗卸船机，较以往同类型机械做了较大升级，其机械结构更加简单、机械受力更加均衡，同时还具备起降、传送、滑行以及开合等多种功能，能够完美贴合该电厂用于装卸煤块的生产需求。③ 在该项目中，中国公司凭借其在港口重型机械设备生产方面完备的价值链生产体系与强大的成本控制能力，以产品分包方的形式为该电厂提供核心设备；韩国现代集团则依托其在全球机械设备、大型基建以及项目管理运营等领域的技术优势和丰富经验，以项目总包方的形式参与该电厂的设计、建设与维护。

---

① JFEエンジニアリング株式会社，「シンガポール国で研究拠点開設 ～南洋理工大学と次世代廃棄物処理技術を共同研究」[EB/OL].(2018-05-24)[2022-05-28].https://www.jfe-eng.co.jp/news/2018/20180524.html.

② 上海振华与韩国现代签署港机产品出口合同[EB/OL].(2010-03-09)[2022-05-28].https://www.cccltd.cn/_kOTsthhtGQ1HL7q2muy%2BJWCLVAiY5KGM8s%2BdL1FGuQ45W%2BsapyCZi1M9OMyaZl7?encrypt=1.

③ 中国交建.韩国现代印尼卸船机项目交付[EB/OL].(2021-09-03)[2022-05-26].https://www.cccltd.cn/_kOTsthhtGQ1HL7q2muy%2BCMeTRx_OFfGxG8%2BzNmnCA2YBfv1v7JLw%2BZPlx8wZhWPc?encrypt=1.

在该项目中,中韩两国企业依托各自的比较优势,通过产业间水平分工的方式为该电厂提供产机械设备和运营管理等不同方面的支持,从而使该项目成为中韩两国在东南亚地区进行第三方市场合作的标志性工程。一方面,对中国企业来说,上海振华重工生产的港口岸桥、龙门吊等重型工业设备不仅遍布整个国内港口,还装备在世界其他80多个国家的重要港口之中,其所生产的港口机械设施数量在全球同类型市场中已经连续多年占据重要比重。[①] 在该项目中,上海振华重工作为产品分包方,主要发挥其完备的产业链与供应链、强大的资源整合能力以及丰富的人力资源等比较优势,参与该电厂用于运输煤炭的大型工业设备研发与生产,并负责将该大型工业产品运输至印尼。另一方面,对韩国企业来说,韩国现代集团作为韩国国内大型综合商业组织,其经营范围涵盖工程建设、海洋造船、汽车制造、大型机械以及国际贸易等多个种类,在中国乃至全球市场中都具有较强影响力,尤其在东南亚地区已经深耕多年,具备了深厚的市场基础和强大的品牌效应。在该项目中,韩国现代集团主要依托其在土建、海洋以及机械等多个领域的科技、资本以及管理等生产要素禀赋的综合比较优势,以项目总包方的形式参与该电厂的整体建设与管理。其中,韩国现代集团将该电厂的运煤大型机械设施分包给上海振华重工公司,从而使得中韩两国企业以第三方市场合作的方式共同参与该项目的建设。图为中韩两国企业在印尼井里汶电厂运煤设备的产业间水平分工示意图。

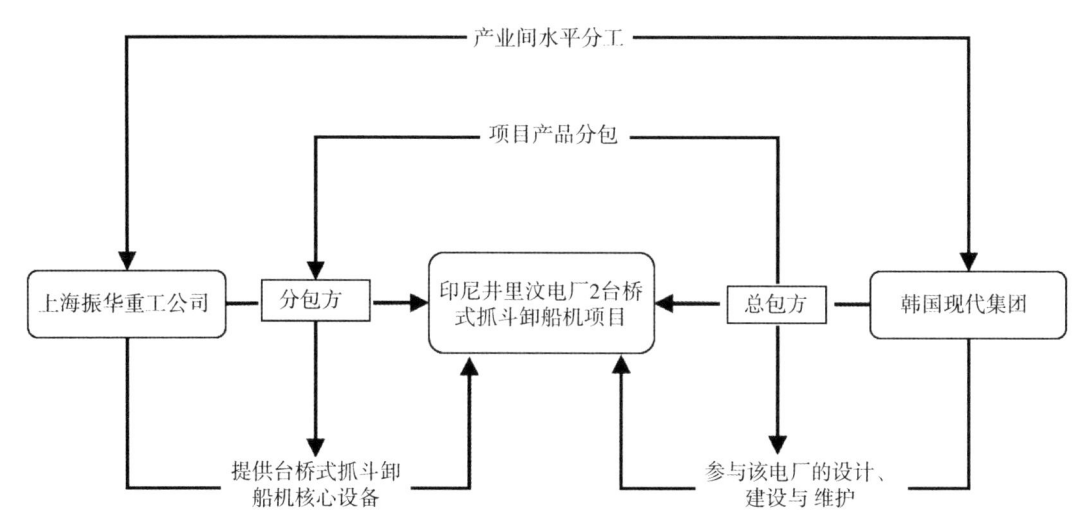

图 5.2 中韩两国企业在印尼井里汶电厂运煤设备的产业间水平分工示意图

资料来源:根据中国交建(https://www.ccccltd.cn/)网站信息整理制图。

---

① 世界最大港口机械集团上海振华重工集团,控制全球港机市场80％[EB/OL].(2020-10-16)[2022-06-18].https://www.sohu.com/a/425094435_120417432.

二、第三方市场合作的产业间垂直分工

在产业间国际垂直分工视角下,中国与日本、韩国比较优势的差异性,使得中国与日本、韩国在东亚地区的部分中间产品以及制成品等不同产业间处在价值含量不同的分工位置,从而形成了一方企业从事高价值含量产业和另一方企业从事低价值含量产业的分工局面,这反映在第三方市场合作中就表现为企业之间的产业间垂直分工。

(一)越南宜山水泥厂水泥熟料二线扩建项目

越南宜山水泥厂水泥熟料二线扩建项目是中日两国企业在东盟国家进行第三方市场合作的标志性工程,中日两国企业通过产业间垂直分工的方式参与该项目的方案设计、产品供应与项目营运等多个环节。其中,中国建材国际工程公司在该项目中以总承包的方式参与工程建设,其凭借在水利工程领域的长期工程经验积累,主要负责该项目的设备供应、器材安装以及工程建设等价值含量较低的项目中游分工环节;日本的太平洋水泥株式会社和三菱化学株式会社则依托自身在国际建材市场的长期经验积累[1],负责该项目的总体技术控制、项目维护和市场可持续运营等价值含量较高的项目下游分工。基于此,中日两国企业分别依托自身的比较优势从价值含量不同的分工位置共同推动了该项目的工程建设与可持续发展。

在具体的项目分工过程中,中日两国公司在比较优势的基础上进行了更加细化的产业间垂直分工。一方面,中国企业在该项目中主要从事价值含量较低的工程施工以及设备组装等分工环节,主要处在该项目的建设中游建设位置。中国建材国际工程有限公司在水泥等工程建材领域的技术研发与工程承包中积累了丰富经验,依托自身在工程建筑、产品组装、成本控制以及生产集成等不同领域的比较优势,以及在水泥技术领域掌握的具有知识产权的核心技术,在众多国际竞争者中中标此项目,并在结合自身比较优势的基础上有效地完成了该扩建工程的建筑施工和设备组装等总承包工程的各个环节。[2] 另一方面,日本企业在该项目中则处于价值含量较高的技术管理与市场运营等分工位置,其主要处于该项目的下游运营与营销环节。日本太平洋水泥株式会社与三菱化学株式会社的工程原材料业务遍及全球市场,其中在越南、新加坡以及泰国等东盟国家中积累了广阔的市场网络与深厚的市场口碑[3],从而为中日两国企业在东盟国家建材市场进行第三方市场

---

[1] 三菱ケミカル株式会社,「三菱ケミカル株式会社サステナビリティ・レポート2021」[EB/OL].(2022-10)[2022-11-09].https://www.m-chemical.co.jp/csr/pdf/sr_mcc_2021.pdf.

[2] 2015年度第二期短期融资券募集说明书[EB/OL].(2015-09-06)[2022-06-09].https://www.shclearing.com.cn/xxpl/fxpl/cp/201509/t20150906_103524.html.

[3] 太平洋セメント株式会社,「コーポレート・ガバナンスに関する報告書」[EB/OL].(2022-06-30)[2022-07-26].https://www.taiheiyo-cement.co.jp/company/pdf/corpgov_02_2206.pdf.

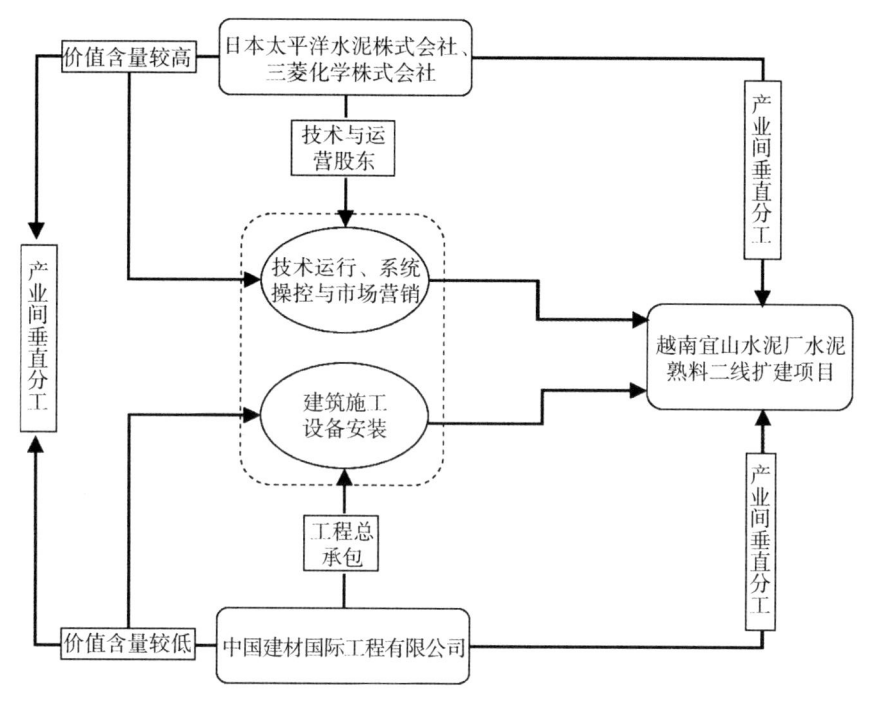

图 5.3　中日企业在越南宜山水泥厂水泥熟料二线扩建项目的产业间垂直分工

资料来源：根据日本三菱化学株式会社（https://www.m-chemical.co.jp/csr/pdf/sr_mcc_2021.pdf）以及日本太平洋水泥株式会社（https://www.taiheiyo-cement.co.jp/company/pdf/corpgov_02_2206.pdf）网站信息整理制图。

合作奠定了坚实基础。在该项目中，日本公司作为该水泥厂的重要股东，依托自身在东亚乃至全球建材市场领域的市场网络体系、管理运营经验以及市场销售渠道等比较优势，主要负责该项目的核心技术设备运营、系统操控指导以及市场营销等技术和知识要素密集度较高的项目分工。因此，中日两国企业在该项目中的第三方市场合作，不仅能够有效发挥各自在建材市场领域不同生产环节的比较优势，中国企业还可以进一步依托日本企业在东盟市场的网络体系优势，提升其在东盟基础设施市场中的综合服务能力。

（二）越南山阳港建设项目

越南山阳港集航运、货运以及钢铁和天然气运输等多种功能于一体[1]，对提升越南南北海运之间的效率以及打造老挝向东的出海口具有重要经济意义。[2] 中韩两国企业作为项目分包方共同参与该港口的设计与建设，对方依托各自比较优势的基础上使得

---

[1] Portcoast. Vietnam's Leading Port & Coastal Consultant [EB/OL]. (2022-08-02)[2022-09-10]. https://www.portcoast.com.vn/public/pdf/services/brochure-portcoast-design.pdf.

[2] 王龙虎.发展中的越南经济[M].昆明：云南人民出版社,2014:96-97.

该项目成为中韩两国在东盟国家进行第三方市场合作的标志性工程。在港口建设过程中,中交三航局公司、中国十九冶公司以及韩国三星物产公司通过产业间垂直分工的方式对该港口的不同领域进行建设施工,从而实现了中国、韩国以及越南的三方合作共赢。①

一方面,中国企业依托比较优势在该项目中主要负责工程建设以及设备安装等价值含量较低的分工环节。首先,中交三航局公司业务范围囊括国内外港口建设、海洋工程、海洋科技以及轨道交通等单个产品或整套设备的研发、生产与安装,尤其在港口基础设施建设方面积累了丰富经验,使得中交三航局品牌在国际港口基础设施市场享有较高的知名度和认可度。在该项目中,中交三航局公司凭借其在海外承建工程项目的管理经验、港口基础设施建设的技术积累、工程项目成本控制的建设模式以及较高技术素养的国际化专业建设人员,参与越南山阳港与钢铁厂联合项目的码头基础设施建设,主要涉及码头钢架雨棚的产品生产与现场安装,并在现有产品的基础上进行了优化升级,能够有效抵御极端天气对港口的侵袭。② 其次,中国十九冶公司在冶金工程方案设计、产品制造以及工程建设等领域具有丰富经验,通过设计、施工和安装等多种合作方式在越南、马来西亚以及印尼等东盟国家中建设了一系列重要港口、冶金项目和基础设施工程,为其在东盟国家展开第三方市场合作奠定了市场基础。③ 在该项目中,中国十九冶公司依托其在建筑施工和产品安装等领域所积累的技术优势和生产经验,以EPC的方式参与越南山阳港码头的货物运输设备安装、电气工程设计施工以及廊道钢架结构焊接等工程项目,从而能够进一步提升该码头每年的货物装卸能力④,进而可以为越南山阳港打造成区域性重要港口提供有力支持。

另一方面,韩国企业则凭借技术和人力资源等价值含量较高的生产要素参与该项目的方案设计、技术支持以及运营管理等。韩国三星物产在工程方案设计、工程设备生产、工程产品制造以及工程安全保障等领域处于世界领先水平,其业务范围在海外工程领域主要包括港口基础设施、海洋工程、大型机械化设备以及轨道交通等多个产业的全生产要素输出,使得韩国三星在全球基础设施与大型基建工程市场中积累了丰富的建设和管理经验以及较高的品牌认可度。⑤ 在该项目中,韩国三星凭借其在海外大型基建工程中的

---

① 中国国际贸易促进委员会.企业对外投资国别(地区)营商环境指南:韩国(2019)[R].北京:中国国际贸易促进委员会,2019:58.
② 荣誉速递[EB/OL].(2018-05-03)[2022-07-26].https://mp.weixin.qq.com/s/d3vf4bdWVhzy6mvs3OFPKw.
③ 企业简介[EB/OL].(2022-08-02)[2022-09-11].http://www.19mcc.com.cn/mcc19/qygk/qyjs33/index.html.
④ 越南分公司台塑山阳港南三码头输送机设备安装工程竣工[EB/OL].(2020-06-30)[2022-07-28].http://www.19mcc.com.cn/mcc19/xwzx/gsxw24/418709/index.html.
⑤ Samsung C&T. Global Equipment Technology Leader[EB/OL].(2022-08-02)[2022-09-11].http://www.secc.co.kr/en/html/tech/tech_innovate07.asp.

技术积累、核心设备生产以及项目管理经验等领域的比较优势,主要参与越南山阳港整条防波堤坝的方案设计、核心设备供应与项目运营维护等生产环节,同时还为码头的整体运营和市场开拓提供人力资源帮助。[①] 图5.4为中韩两国企业在越南山阳港建设项目的产业间垂直分工示意图。

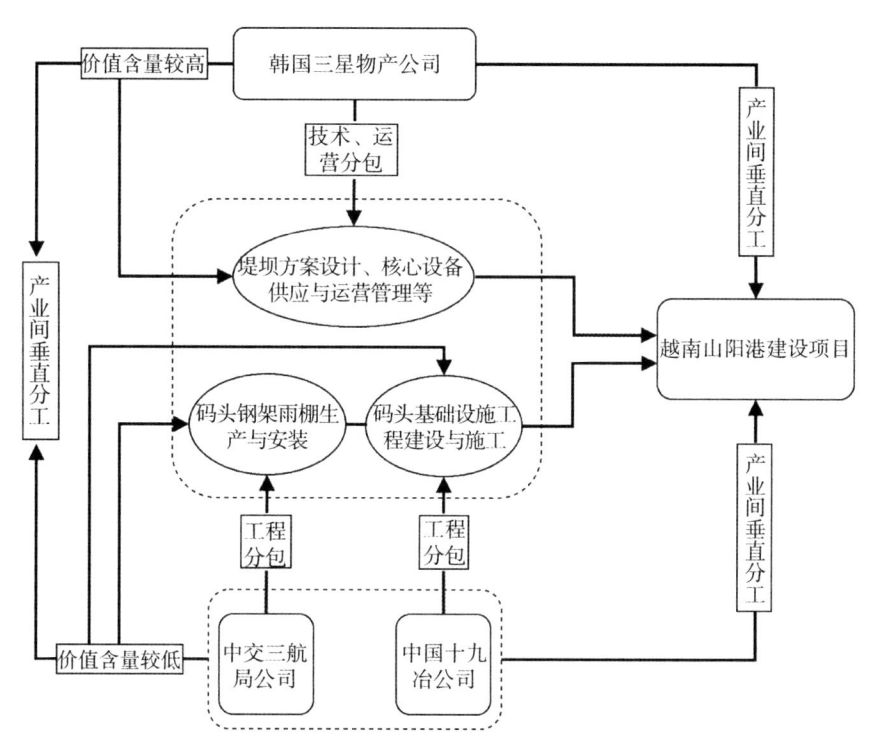

图5.4 中韩两国企业在越南山阳港建设项目的产业间垂直分工意图

资料来源:根据中国十九冶公司(http://www.19mcc.com.cn/mcc19/xwzx/gsxw24/418709/index.html)以及韩国三星物产公司(http://www.secc.co.kr/en/html)网站信息整理制图。

第二节 第三方市场合作模式下的产业内国际分工

产业内水平抑或垂直分工方式立足于同一产业内所具有的规模经济效益以及目标市场对产品偏好的多样性,其分工协作方式能够部分对应和解释中国企业与日韩两国企业在东盟第三方市场合作项目中的分工位置与协作机制,从而为进一步研究其具体的分工

---

① Business Monitor International. Vietnam Infrastructure Report:Includes 10-Years Forecasts to 2024[R]. London:Business Monitor International,2015:43.

协作方式提供了解释思路。

一、第三方市场合作的产业内水平分工

在产业内国际水平分工视角下,中国与日本、韩国在东亚区域生产网络中的部分产业价值链以及产业价值环节处于同一价值含量的水平分工位置,这使得部分中国企业与日韩两国企业能够在东亚区域的国际经济合作和国际产能协调中通过产业内水平分工的方式展开第三方市场的深度合作。

(一)中日韩—东盟银联体项目

中日韩—东盟银联体是中国与东亚区域发达国家、发展中国家的金融机构进行相互协作的重要平台,是集普惠金融开发、金融政策对接和跨国项目合作等诸多特点于一身的区域性金融合作组织。依托于这一合作平台,中国与日本、韩国在东盟的第三方市场合作具备了扎实的金融合作基础,同时也标志着东亚区域金融一体化得到快速发展。该银行联合体能够为东亚地区间的金融协作创造新的合作空间,为东亚区域内不同经济体之间的跨国重点合作项目提供融资支持,尤其可以进一步拓展中国与日韩两国在东盟第三方市场合作的广度和深度。[①]

中日韩—东盟银联体由中日韩三国的政策性银行和东盟各个国家的重要银行共同组成,其中中国的国家开发银行、日本的国际协力银行以及韩国的产业银行依托各自在金融行业的比较优势,通过中日韩—东盟银联体这一合作平台在东盟国家之间进行金融产业内的水平分工协作,并以第三方市场合作的形式与东盟国家其他银行在该地区开展跨国投资、联合贷款、贷款担保、转贷款、货币结算、跨境电子支付以及国际工程保险等多种类型的国际金融产品协作,为中日两国企业以及中韩两国企业在东盟国家的第三方市场合作项目提供了种类多样的金融产品服务,有助于帮助中国企业与日韩两国企业在东盟的第三方市场合作项目拓展融资渠道,能够降低因融资过于集中所产生的资金不可持续风险,从而可以保障第三方市场合作项目在东盟国家的金融安全和金融稳定。[②]

首先,对中国国家开发银行来说,其主要开展国内外的中长期信用贷款、直接投资以及人民币国际化等诸多国内与国际金融业务,对中国国内经济的中长期稳定发展以及对外经济的良性合作都起到了重要的带动作用。在中日韩—东盟银联体合作体系中,中国国家开发银行凭借在国内外金融市场的中长期银行信用贷款、银行债券发行以及普惠金

[①] 中日韩—东盟银行联合体在曼谷成立[EB/OL].(2019-11-06)[2022-06-18]. http://cjkeizai.j.people.com.cn/n1/2019/1106/c368503-31441287.html.

[②] 黄溪连大使出席10+3银联体成立大会并讲话[EB/OL].(2019-11-04)[2022-06-18]. http://asean.china-mission.gov.cn/dshd/201911/t20191104_8847517.htm.

融推广等金融领域的长期经验积累,主要为中国企业与日韩两国企业在东盟的第三方市场合作项目提供有力的金融服务支持,同时借助中国国家开发银行在东盟的万象和雅加达等海外办事处,与东盟国家的重要银行展开金融领域的业务合作,从而为中国与日韩两国在东盟的第三方市场合作项目提供稳定的金融产品服务。[①] 图 5.5 为中国与日韩金融机构在中日韩—东盟银联体的产业内水平分工示意图

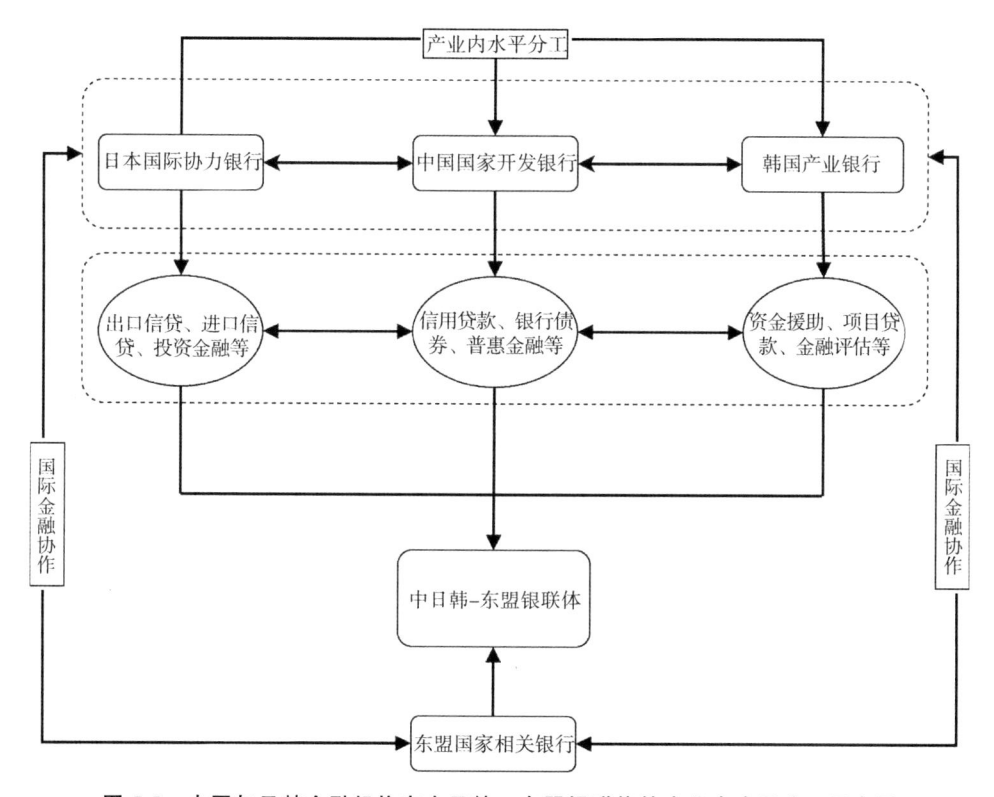

图 5.5 中国与日韩金融机构在中日韩—东盟银联体的产业内水平分工示意图

资料来源:根据中国驻东盟使团(http://asean.china-mission.gov.cn/dshd/201911/t20191104_8847517.htm)、中国国家开发银行(http://www.cdb.com.cn/xwzx/khdt/201905/t20190522_6182.html)网站信息整理制图。

其次,对日本国际协力银行来说,其作为日本政府的政策性金融机构,以帮助政府中长期经济投资以及为企业提供借款、投资和担保等金融服务为宗旨,已经成为日本政府对外经济合作的重要金融支持机构。日本国际协力银行在国际金融领域积累了丰富经验,通过开展出口信贷、进口信贷、投资金融、项目开发金融、直接投资以及金融咨询等种类繁多的金融业务,在全球范围了构建起了体系完备的金融调查、直接投资和项目管理等金融

---

① 开行简介[EB/OL].[2022-11-19].http://www.cdb.com.cn/gykh/khjj/.

服务体系。① 在东亚区域中，日本国际协力银行已经在中国、越南、泰国、印尼以及新加坡等国家设立分支机构，这为中日两国在东盟国家展开第三方市场合作奠定了重要的金融合作基础。在具体合作方面，中国国家开发银行与日本国际协力银行于2019年开展了第三方市合作的金融论坛，以此来应对中日两国企业在第三方市场合作过程中产生的金融需求，从而进一步降低因金融风险对第三方市场合作项目的负面冲击。②

最后，对于韩国产业银行来说，其主要为韩国国内的经济发展规划以及对外经济合作提供中长期投资、贷款以及债券等金融服务③，对韩国国民经济的整体发展、产业结构的优化转型以及融入东亚区域的金融合作等都起到了重要引领作用。在该项目中，韩国产业银行与中国国家开发银行作为中日韩—东盟银联体的主要参与者，双方已经在国际金融领域展开了诸多合作，为两国企业在东盟国家展开第三方市场合作奠定了金融合作基础。2021年11月，中国国家开发银行与韩国产业银行在第三方市场合作领域达成重要合作协议，即双方在已有合作基础上将进一步发挥各自在金融产业的比较优势，借助中日韩—东盟银联体合作平台在东盟地区开展跨境币种汇算、绿色低碳金融、银团联合贷款、跨国工程融资等多个领域的金融合作，从而为中韩两国企业在东盟国家的第三方市场合作提供有力的金融支撑。④

(二) 中国银行与日本三菱日联银行在东盟开展金融第三方市场合作

中国银行与日本三菱日联银行通过第三方市场合作在东盟地区展开了一系列国际金融产业内的水平分工协作，其中人民币国际托管业务成为双方进行第三方市场合作的代表性项目。2018年双方在"第三方市场合作论坛"上达成国际金融的重要协作意向，这不仅能够有力支持日本金融机构及其企业与中国企业进行跨国合作，而且还可以为中日两国企业展开跨境经济合作创造更加便利的金融环境，同时也为中日两国企业在东盟等其他地区展开第三方市场合作提供了关键的金融支撑。⑤

一方面，对于中国银行来说，依托其金融业务全球化与专业技术国际化的综合比较优势，通过信用委托、国际投资、人民币国际化以及金融债券发售等金融服务推动了一系列

---

① Japan Bank for International Cooperation. JBIC Profile：Role and Function [EB/OL].[2022-11-19]. https://www.jbic.go.jp/ja/about/role-function/images/jbic-brochure-english.pdf.
② 国开行与日本国际协力银行共同举办中日第三方市场金融合作论坛[EB/OL].(2019-05-21)[2022-11-19].http://www.cdb.com.cn/xwzx/khdt/201905/t20190522_6182.html.
③ The Korea Development Bank. History and Global Network [EB/OL].(2022-06-18)[2022-11-19].https://www.kdb.co.kr/index.jsp.
④ 国家开发银行与韩国产业银行签署全面战略合作协议[EB/OL].(2021-11-29)[2022-11-19]. http://www.cdb.com.cn/xwzx/khdt/202111/t20211129_9362.html.
⑤ 中国银行与三菱日联银行签署《业务合作协议》，成为"第一届中日第三方市场合作论坛"金融合作成果[EB/OL].https://www.bankofchina.com/aboutboc/bi1/201810/t20181026_13992593.html, 2018-10-26/2022-06-18.

第三方市场合作项目的顺利开展，并在第三方市场合作的金融领域中积累了丰富经验。在第三方市场合作过程中，中国银行通过进出口买方信贷、直接投资以及项目金融贷款等金融产品，通过第三方市场合作方式分别与德国、西班牙以及美国等发达国家的商业银行在非洲、南美洲等发展中国家和地区建设了一批标志性工程[①]，这为中国银行如何发挥自身的比较优势参与第三方市场合作积累了丰富经验。在与日本金融机构的合作过程中，中国银行已经与100多家日本国内本土金融结构形成了紧密的合作关系，这为中日双方进一步深度开展第三方市场合作奠定了坚实基础。在东盟第三方市场合作进程中，中国银行凭借自身金融业务的国际化与专业化，能够充分发挥其在日本和东盟众多国家代理网点的市场优势，通过执行人民币境外清算业务来对该项目中的人民币境外托管协议进行监管，并对该项目中存在的固定收益金融产品以及人民币国际化等具体金融业务提供技术和咨询服务[②]，从而搭建起中日两国企业在东盟等其他地区的第三方市场金融合作平台。

另一方面，对日本三菱日联银行来说，其作为日本国内和全球范围内的重要商业银行，在银行业、信托业以及证券业等不同金融产业领域中已经积累了丰富经验[③]，尤其是在东南亚地区，已经拥有了体系完备的金融市场网络，涉及的业务包括项目贷款、基金投资、项目融资、银团贷款、债券发售以及项目咨询等众多领域[④]，这为日本三菱日联银行与中国银行以及其他中国企业在东盟国家展开第三方市场的深度合作提供了金融领域的重要基础。在东盟第三方市场合作进程中，日本三菱日联银行凭借自身在东亚乃至全球的金融网络体系、市场营销体系以及产品分销体系等不同领域的比较优势，利用直接投资、进出口金融、项目金融以及债券发行等多种金融服务，为中日两国在东盟国家基础设施领域以及普惠金融产品领域的第三方市场合作项目提供了重要金融支持，如泰国"东部经济走廊"计划、中日韩—东盟银联体等合作项目，都为东盟国家当地社会经济发展创造了金融领域的持续发展动力。[⑤] 图5.6为中日金融机构在东盟开展金融第三方市场合作的产业内水平分工示意图。

[①] 中行力拓第三方市场合作[EB/OL].（2019-09-04）[2022-06-18]. https://www.boc.cn/aboutboc/bi1/201909/t20190904_16445111.html.

[②] 中国银行董事长陈四清会见三菱日联银行会长并见证签署RQFII托管协议[EB/OL].（2019-04-18）[2022-06-18]. https://www.boc.cn/aboutboc/bi1/201904/t20190418_15132704.html.

[③] MUFG. Promoting Sustainable Finance[EB/OL].[2022-06-18]. https://www.mufg.jp/english/csr/sustainable/finance/index.html.

[④] MUFG. Businesses and Network [EB/OL]. [2022-06-19]. https://www.mufg.jp/english/profile/biz_and_network/index.html.

[⑤] MUFG. MUFG Sustainability Report 2021[R]. Tokyo：Mitsubishi UFJ Financial Group，2021：37-38.

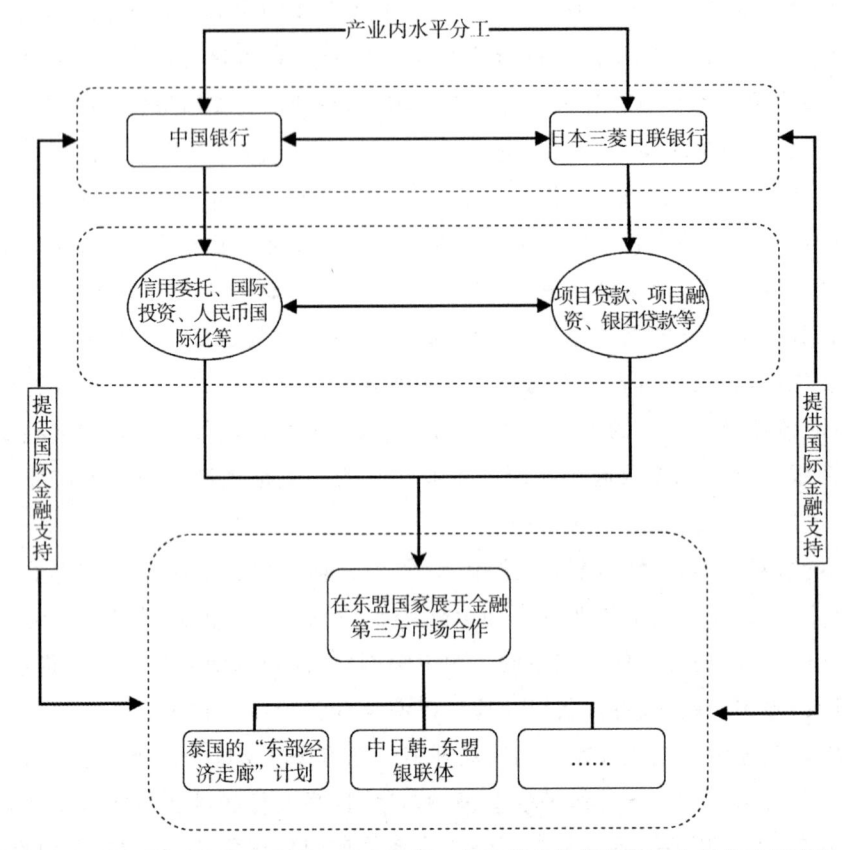

图 5.6 中日金融机构在东盟开展金融第三方市场合作的产业内水平分工示意图

资料来源：根据中国银行（https://www.boc.cn/aboutboc/bi1/201904/t20190418_15132704.html）、日本三菱日联银行（https://www.mufg.jp/english）网站信息整理制图。

二、第三方市场合作的产业内垂直分工

在产业内国际垂直分工视角下，中国在部分产业中所具有的技术要素禀赋相较于日本、韩国等东亚发达经济体存在较大差异，致使在第三方市场合作形式下部分中国企业从事技术要素禀赋较低的东亚区域分工；日本与韩国企业则依托比较优势从事技术要素禀赋较高的东亚区域分工，从而形成了中国企业与日韩两国企业在第三方市场合作形式下的产业内国际垂直分工形式。

(一)印尼中爪哇燃煤电站项目

印尼中爪哇燃煤电站项目是中日两国企业依托各自比较优势在东盟进行第三方市场合作的重要工程，该项目建成运营后能够有效缓解印尼爪哇岛用电供需不平衡的现状，尤其可以进一步满足爪哇岛社会经济发展巨大的用电需求，对优化爪哇岛中部地区的电力

供需结构具有重要意义。与此同时,该电站工程将为印尼中爪哇地区每年直接创造2000个左右的就业岗位,并在建设过程中为当地农村和居民修建了公路、水井以及桥梁等大量的惠民工程,有效地提升了当地社会的经济发展水平和居民的生活质量。[①]

中日两国企业在该项目中采用产业内垂直分工的形式进行分工协作,中国通用技术集团公司与日本的住友商事与三菱重工分别处在价值含量不同的分工位置。[②] 一方面,日本的住友商事和三菱重工以组成企业联合体的方式在该项目中进行整体方案设计、核心设备供应以及发电机系统控制等技术密集度较高的生产分工。其中,日本住友商事主要负责车间控制系统设计,操控系统作为该项目的核心技术环节,能够实现整个电厂不同系统的集成控制与自动化运行,既可以有效提升电厂的生产效率,又能够最大限度地减少误差率,该系统设计与操控需要结合计算机、通信技术、网络技术以及信号传导等不同领域先进技术的系统性整合,是日本住友商事技术比较优势的集中体现。与此同时,日本三菱重工则发挥其在重型机械设备领域的研发与生产能力,主要负责该项目的电厂主机、发电机以及燃烧锅炉的设备设计、生产以及供应。另一方面,中国通用技术集团公司依托自身在工程建设、设备安装以及工程承包等领域的比较优势,在该项目中主要参与电厂设备安装和工程施工建设等价值含量较低的分工环节。基于此,中日两国企业通过在不同价值含量的分工位置上共同推动了该项目的建设与发展,进一步丰富了中日两国企业在第三方市场合作中的分工方式。图5.7为中日企业在印尼中爪哇燃煤电站的产业内垂直分工示意图

(二)泰国智能城市建设项目

2018年,中国江苏嘉睿城与日本横滨都市技术在智慧城市建设领域达成第三方市场合作协议,双方将发挥各自的比较优势在泰国进行智慧城市建设合作。该项目能够充分结合中国企业在成本控制、工程施工以及工程管理等工程建设领域的比较优势,同时也可以充分发挥日本企业在技术研发、技术应用以及智慧城市运营等技术领域的比较优势,使该项目在第三方市场合作形式下能够得到快速发展。基于此,该项目作为中日两国企业在东盟国家进行第三方市场合作的示范性工程,对改善泰国城市居住环境、推动产业结构升级以及打造现代制造工业体系都将起到重要作用。[③]

首先,对中国企业来说,江苏嘉睿城的比较优势主要集中在工程建设、建筑施工、项目工程管理以及工业园区规划等工程建设与工程管理领域,尤其对工业园区的基础设施建设具有一定的比较优势。在该项目中,中国企业主要依托自身在基础设施建设与管理这

[①] 周维生,李修树,凌亦舒,等.中日印第三国市场合作构建亚洲低碳社区分析[J].亚洲管理研究,2020(2):95-100.

[②] 中华人民共和国国家发展和改革委员会利用外资和境外投资司.第三方市场合作指南和案例[R].北京:国国家发展和改革委员会,2019:2.

[③] 吴崇伯,罗静远.中日在泰国的第三方市场合作分析[J].创新,2022(1):75-86.

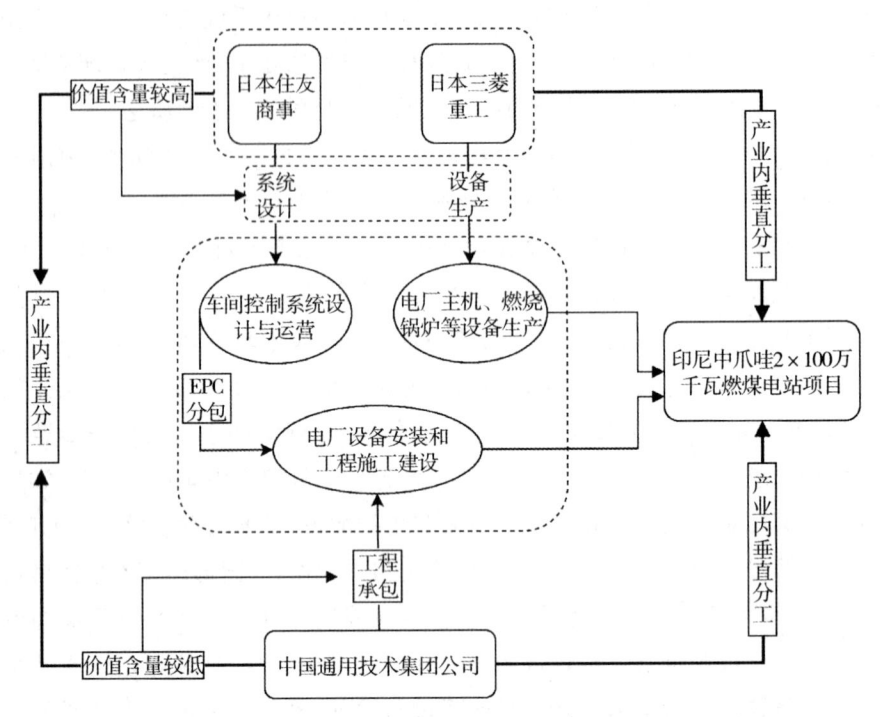

图 5.7　中日企业在印尼中爪哇燃煤电站的产业内垂直分工示意图

资料来源：根据中华人民共和国国家发展和改革委员会利用外资和境外投资司.第三方市场合作指南和案例［R］.北京：国家发展和改革委员会，2019：2 整理制图。

两个领域的比较优势，参与该智慧城市项目的建筑施工与工程管理等价值含量相对较对的分工环节，从而以产业内垂直分工的方式为该项目的基础设施建设提供支持。

其次，对日本企业来说，横滨都市技术凭借其在信息领域的技术创新与成果应用，将信息技术与城市发展进行充分融合，通过信息技术的传输效率打通了城市发展中各行各业的连接渠道，从而能够实现现代智慧城市的整体建设与设备连接。与此同时，日本政府和企业在泰国经过长期的市场布局和经营，形成了完备的市场体系和广阔的市场腹地，尤其在泰国的营商环境、政策环境以及技术标准等制度设施方面积累了丰富经验，从而能够为中日两国在泰国展开第三方市场合作提供帮助。[①] 在该项目中，日本企业主要依托自身在信息技术研发、实际应用与项目管理等不同领域的比较优势，在该项目中从事技术支撑和管理运营等价值含量较高的分工环节，从而为该项目中的智慧交通、智慧建筑以及智慧教育等注入更多的科技要素。

最后，对泰国企业来说，泰国安美德集团是泰国国内从事智慧城市建设的重要企业，

---

① 中日泰探讨在泰国东部经济走廊展开三方合作［EB/OL］.（2018-05-31）［2022-06-19］.http://www.gov.cn/xinwen/2018-05/31/content_5295140.htm.

在泰国的建筑标准、项目开发、政企关系以及法律法规等方面积累了丰富经验。与此同时，该企业长期致力于推动泰国新能源开发、智慧交通、现代智能工厂、智慧住宅以及智慧教育等多种类型的智慧城市建设。[①] 在该项目中，泰国企业依托自身在泰国国内市场的长期积累，主要为该项目提供项目申请、手续办理以及政企沟通等领域的帮助与咨询。

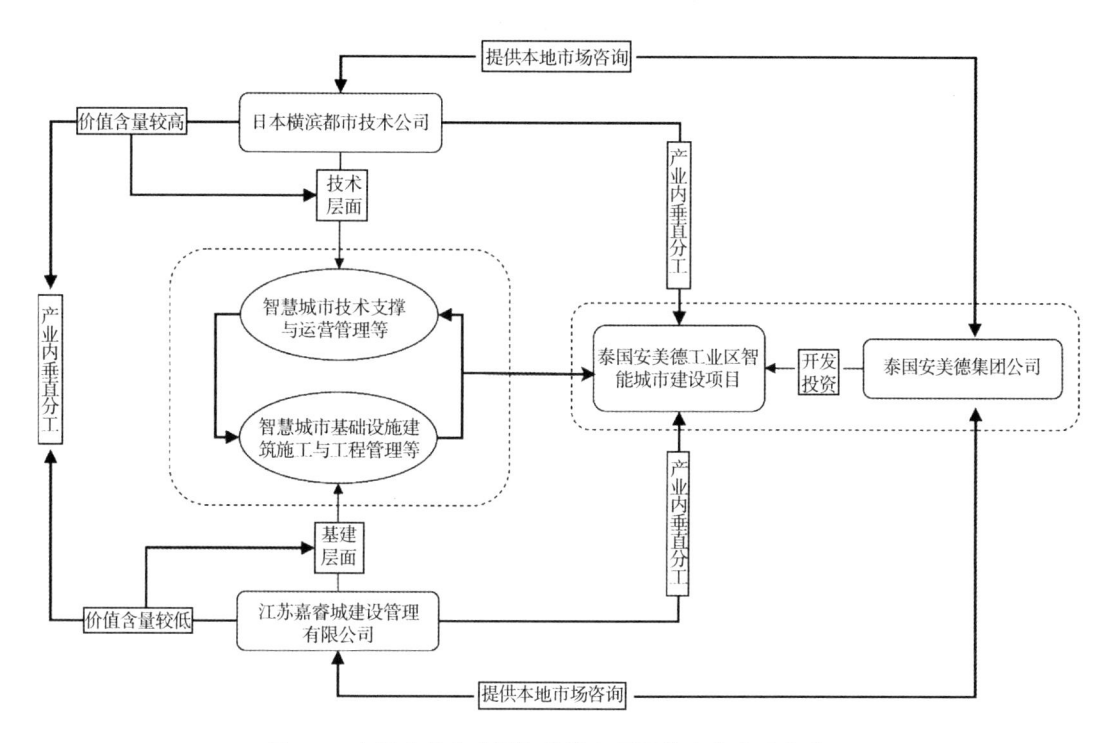

图 5.8　中日企业在泰国智能城市项目的产业内垂直分工

资料来源：根据吴崇伯，罗静远.中日在泰国的第三方市场合作分析[J].创新，2022(1)整理制图。

第三节　第三方市场合作模式下的产品内国际分工

产品内水平抑或垂直分工形式是以国际经济合作中同一产品内部诸多生产分工环节呈现国际化和区域化特点为前提，其分析主体主要为跨国公司等国际贸易与国际分工中的直接参与者。从产品内分工的视角切入，能够部分对应中国企业与日韩两国企业在东盟进行第三方市场合作的具体分工形态，从而对探究第三方市场合作形式下企业间的分

---

① 泰国能源部携手本土企业打造智慧城市[EB/OL].(2017-03-15)[2022-06-18].http://world.people.com.cn/n1/2017/0315/c1002-29146987.html.

工协作位置提供有益的分析路径。

一、第三方市场合作的产品内水平分工

在产品内国际水平分工视角下,中国企业与日韩两国企业在东亚区域生产网络的同一产品中处于价值含量相似的生产环节或生产工序,即中国与日本、韩国在部分产品生产中处于水平分工形态。基于此,借助东亚区域产品内水平分工分析视角,有助于探究中国企业与日韩企业在东盟第三方市场合作的分工形态。

(一)印度尼西亚化肥项目

印度尼西亚 PKG 合成氨尿素化肥工程于 2015 年正式开始启动,是印尼国内技术和工艺最为先进的化肥厂项目。经过三年多的建设,该化肥工程项目正式建成运营,成为中国在东南亚化学工业领域的旗舰项目。该项目是中国、日本以及印尼三国企业在印尼共同合作建设的高端化肥项目,中国五环公司通过 EPC 总承包的方式主要负责该项目的工程建筑、设备安装以及器材调试等环节,同时引入大量的中国企业及其产品供应商进入当地市场;日本东洋工程株式会社则主要为该项目提供尿素生产的先进工艺和技术;印尼的 ADHI 公司作为中国公司的合作伙伴,主要负责该项目的部分工程建设和辅助基础设施修建。① 基于此,通过充分结合中国企业与日本企业各自的比较优势,进一步优化了工程建设方案与产品设计标准,从而在保证质量的基础上有效降低了项目的工程费用开支。②

一方面,对中国企业来说,中国五环在技术研发、产品生产以及国内外化学工程建设等领域具备丰富经验。在该项目中,中国公司通过 EPC 总承包的方式参与此化肥项目的前期方案设计、化学工程建设、产品设备采购以及核心设备调试等价值含量较高的生产环节与生产工序,并在此基础上与参与该项目的其他供货商、分包商以及外包商等产品内不同生产分工环节的参与者进行有效协调。与此同时,得益于中国与印尼在该项目中组成企业联合体,中国企业与当地政府、居民以及不同团体形成了良好的合作关系,不仅为该项目的建设创造了良好的市场环境,还进一步加强了中国企业在印尼化工领域的市场开拓。③

另一方面,对于日本企业来说,日本东洋在复杂工程建筑、石油化工建设以及工业核心零件装配等领域中积累了丰富的技术手段与市场基础。该日本企业尤其擅长在不同建

---

① 五环公司总承包的印尼 PKG 合成氨尿素项目顺利完成性能考核[EB/OL].(2018-07-17)[2022-06-18].http://www.cwcec.com/Plus/m_default/Cms/docDetail.php? ID=614.
② 中国五环"十三五"期间重大工程建设案例——印尼 PKG 合成氨尿素项目[EB/OL].(2021-01-04)[2022-06-18].http://www.cwcec.com/Plus/m_default/Cms/docDetail.php? ID=854.
③ 印尼 PKG 合成氨尿素项目末次会议顺利召开[EB/OL].(2018-08-28)[2022-06-19].http://www.cwcec.com/Plus/m_default/Cms/docDetail.php? ID=618.

筑工程中通过多种形式的合作方式对项目提供方案设计、设备供应、技术培训以及建筑施工等全流程以及多元化的综合服务。① 在该项目中,日本东洋公司结合自身在石油化工领域的技术比较优势,主要对中国五环企业在该项目中的化肥工艺技术设计、化工产品生产以及化学工程建设管理等技术含量较高的生产环节与生产工序提供科技要素的强力支撑,从而有效地保障了该项目的前期顺利建设以及后期产品生产。图5.9为中日企业在印尼化肥项目的产品内水平分工示意图

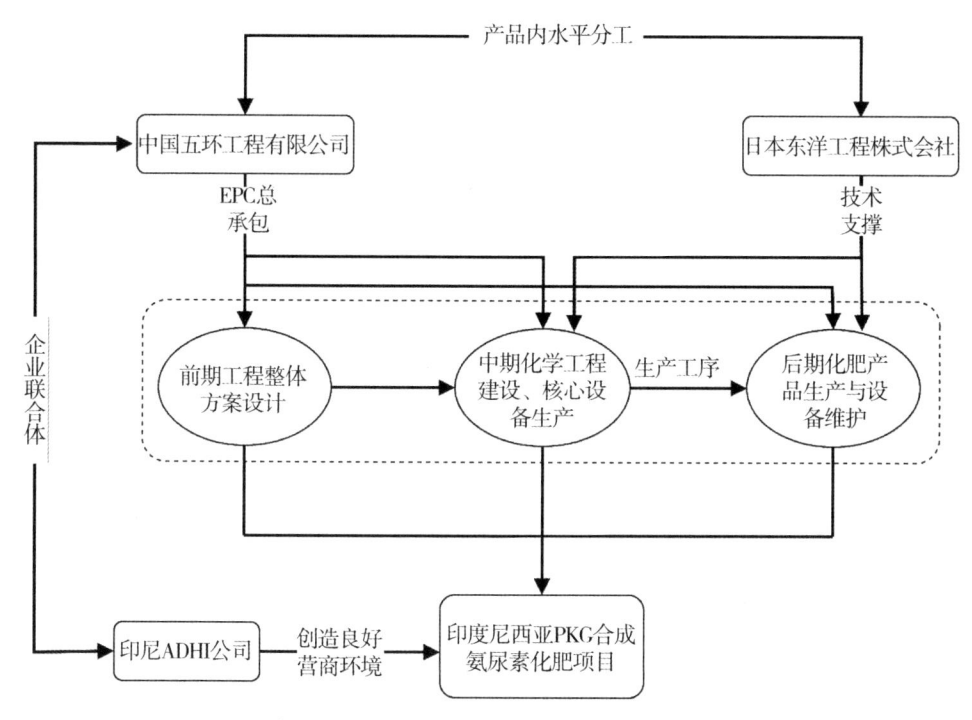

图 5.9 中日企业在印尼化肥项目的产品内水平分工示意图

资料来源:根据中国五环工程有限公司(http://www.cwcec.com)网站信息整理制图。

(二)中缅天然气管道项目

中缅天然气管道作为我国西南地区重要的能源运输路线,在保障我国能源进口渠道的多元与安全方面占有举足轻重的地位,不仅能够进一步优化我国西南省份之间的能源消费结构与产业结构,还可以为我国整体的能源进口安全提供更加多元化的渠道保障。② 与此同时,该项目将为缅甸带来税收、过境费、项目分红以及就业机会等大量直接或间接

---

① Toyo Engineering Corporation (China). TOYO's History in China[EB/OL]. [2022-06-08]. https://www.toyo-eng.com/cn/en/company/history/.
② 中缅油气管道撬动两国经济发展[EB/OL]. (2015-04-27)[2022-06-07]. http://www.cnpc.com.cn/syzs/yqcy/201504/626192a5cd1442699872943b810be858.shtml.

的经济收益,从而充分保障缅甸社会经济和民生福利的稳定发展。①

在该项目中,中国石油天然气集团与韩国大宇国际集团凭借各自的比较优势,通过产品内水平分工的方式共同围绕天然气管道项目的原料开采、工程施工、产品运输以及管道维护等诸多生产环节与生产工序进行相互合作。其中,中国企业作为具体执行和施工单位,主要参与该项目前期的管道设计、中期的工程施工以及后期的运营维护;韩国企业则主要参与该项目前期的天然气原料开采与陆海运输管道建设。

首先,对中国企业来说,中国石油天然气集团业务范围涵盖石油天然气开采、石化产品生产、成品油与天然气运输以及新能源研发与应用等多个领域,是集工程施工、产品研发、油气运输、产品销售以及项目管理等多种业务于一体的综合企业,积累了丰富的海外能源项目建设经验。② 在该项目中,中国石油天然气集团作为该项目的最大持股企业,主要参与中缅石油天然气管道项目的陆上工程建设,通过发挥其在石油和天然气等油气能源领域的运输、储存以及维护的比较优势,全流程参与该项目在陆上部分的方案设计、建筑施工以及管道日常维护与管理③,对该项目的长期稳定运行起到了重要作用。

其次,对韩国企业来说,韩国大宇国际集团业务范围涉及资源(以石油和天然气为主)开发、机械制造、电子通信、化学工业以及汽车生产等多个领域,其中海外石油和天然气项目的原料开采、工程建设以及市场拓展是其关键性产业,在该领域具备设计、研发、投资以及建设等全要素的生产能力,已经在全球能源市场中成为认可度较高的能源综合开发商。④ 在该项目中,韩国企业依托自身对缅甸天然气矿所拥有的开采权和开发权,以参股的方式参与中缅天然气管道项目的建设与运营,并凭借其在海外石油天然气能源项目的技术与经验积累,主要参与中缅天然气管道的海洋开采平台、陆海运输管道以及陆地转运节点等海洋工程的建设与施工。⑤

最后,对缅甸公司来说,缅甸石油天然气公司作为中缅天然气管道的缅方具体执行单位,通过参股的形式参与该项目的建设、管理与运营。在该项目中,缅甸企业主要发挥其对缅甸政策、技术标准、市场网络以及社会舆论等不同领域的熟悉程度,为该项目的沿线工业设施提供维修保障,并积极协调中韩两国企业与缅甸税务、交通、法律、劳务以及海关等不同领域的政策对接,同时积极协调缅甸中央与地方政府部门的有效沟通,从而保障中

---

① 中缅天然气管道将为中缅两国带来哪些好处[EB/OL].(2013-10-21)[2022-6-08].http://www.gov.cn/jrzg/2013-10/21/content_2511371.htm.
② 集团简介[EB/OL].[2022-08-03].http://www.cnpc.com.cn/cnpc/jtjj/jtjj_index.shtml#jtjj.
③ 中华人民共和国政府与缅甸联邦政府关于中缅油气管道项目的合作协议[EB/OL].(2009-03-26)[2022-08-10].http://policy.mofcom.gov.cn/pact/pactContent.shtml?id=2229.
④ Daewoo E&C. 2021 Daewoo E&C Sustainability Report[R]. Seoul:Daewoo E&C,2021:5-7.
⑤ 韩印联合财团欲投资56亿美元建缅中输气管道[EB/OL].(2009-08-27)[2022-08-09].http://www.chinadaily.com.cn/hqcj/2009-08/27/content_8624305.htm.

缅天然气管道项目的能源安全、运输安全以及设备安全,使得该项目能够得以正常运营。① 图 5.10 为中韩企业在中缅天然气管道项目的产品内水平分工示意图。

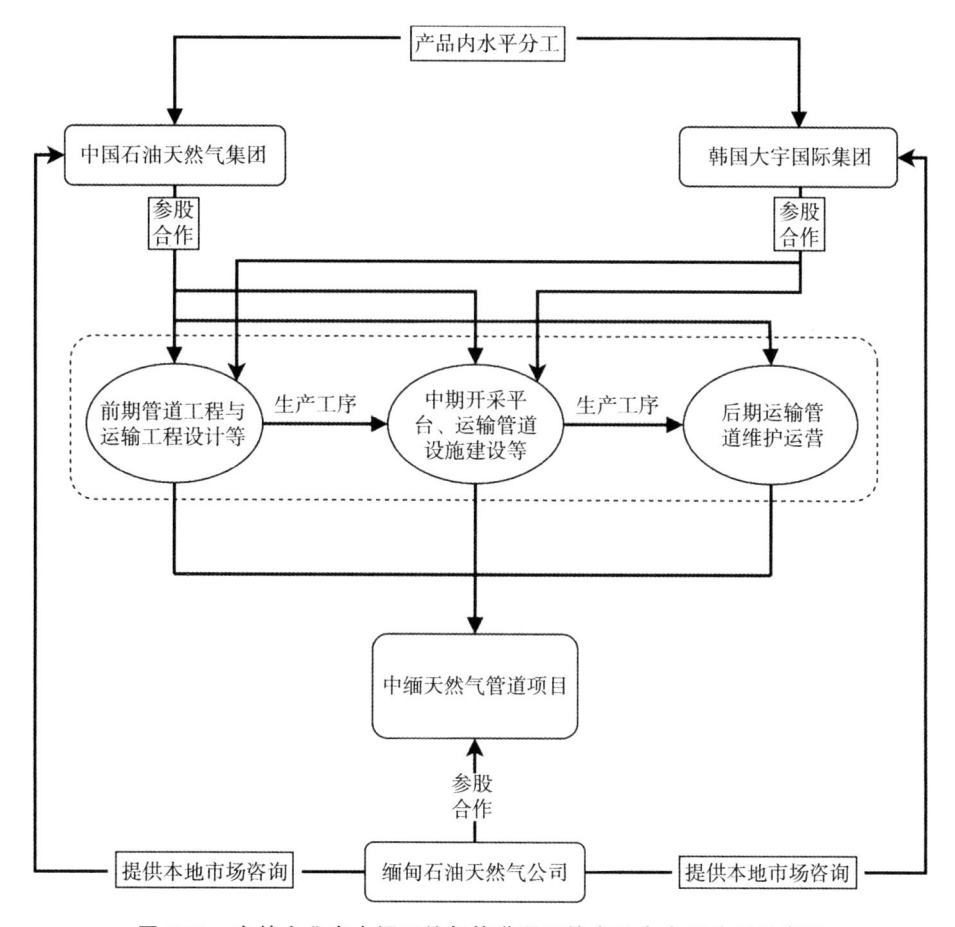

图 5.10 中韩企业在中缅天然气管道项目的产品内水平分工示意图

资料来源:根据中华人民共和国商务部(http://policy.mofcom.gov.cn/pact/pactContent.shtml? id=2229)网站信息整理制图。

二、第三方市场合作的产品内垂直分工

在产品内国际垂直分工视角下,中国企业与日韩两国企业在东亚区域生产网络中处于同一产品价值含量不同的上下游生产分工位置,即部分企业处于价值链上游的分工工序,部分企业参与价值链下游的分工环节。基于此,依托产品内垂直分工的研究思路,为

---

① 中华人民共和国政府与缅甸联邦政府关于中缅油气管道项目的合作协议[EB/OL].(2009-03-26)[2022-08-10].http://policy.mofcom.gov.cn/pact/pactContent.shtml? id=2229.

中国企业与日韩两国企业在东盟第三方市场合作形式下的产品内垂直分工提供了分析视角。

（一）泰国糖厂项目

泰国糖厂项目是由日本三井集团在泰国投资建设的重点工程，其建设路径是通过在旧有生产设备的基础上对其进行技术更新和产品升级。[①] 在此项目中，广西建工集团依托在制糖工业领域的技术积累和业务能力，主要参与该制糖工厂项目的施工设计、工程建设、设备改造以及器材购买等附加值较低的建设环节；日本的三井物产株式会社、三井制糖株式会社作为该制糖厂的投资者，主要负责该项目的整体方案设计、设备制造以及市场营销等附加值较高的生产和销售环节。与此同时，该制糖厂项目在建设过程中通过基础材料本地化[②]，为泰国乌隆府当地社会提供了大量的就业岗位，有效地带动了当地社会的经济发展，实现了中国、日本与泰国的三方合作共赢。

一方面，对中国企业来说，广西建工集团凭借自身在制糖工业、基础设施以及工程建设等领域的比较优势，通过EPC总承包的方式参与该制糖厂的工程施工、土木建设以及设备更新等基础设施工程的升级，并在制糖厂营运后继续与日本企业保持紧密合作，从事制糖厂生产器材的后期施工与维护。但在该合作项目中，广西建工集团主要从事产品内垂直分工中价值含量较低的生产工序与分工环节，较少涉及科技要素含量较高的生产环节。另一方面，对日本企业来说，日本三井物产株式会社以及三井制糖株式会社作为日本国内重要的制糖企业，在制糖工业领域积累了扎实的生产技术和管理经验，尤其对跨国合作的制糖项目投资和运营具有丰富的项目管理与运营经验。[③] 在该项目中，日本企业作为该糖厂的投资者和运营方，处于产品内垂直分工中价值含量较高的分工环节与生产工序，主要对该制糖厂提供资金支持、技术支撑和管理运营等方面的帮助，并致力于将其打造为在东亚地区具有国际竞争力的制糖工厂。图5.11为中日两国企业在泰国糖厂项目的产品内垂直分工示意图。

[①] 罗涛出席泰国KSP糖厂项目EPC合同签约仪式[EB/OL].(2018-09-21)[2022-08-11].http://www.gxjgjt.cn/wap/index.php？act＝news&id＝5175.

[②] 泰国乌隆他尼府府尹考察一安公司三井KSP糖厂项目[EB/OL].(2018-11-07)[2022-08-10].http://www.gxjgjt.cn/wap/index.php？act＝news&id＝5361.

[③] 集团公司金宁运董事长会见到访的日本规模最大的制糖企业代表[EB/OL].(2017-09-07)[2022-08-10].http://www.gxjgjt.cn/wap/index.php？act＝news&id＝3856.

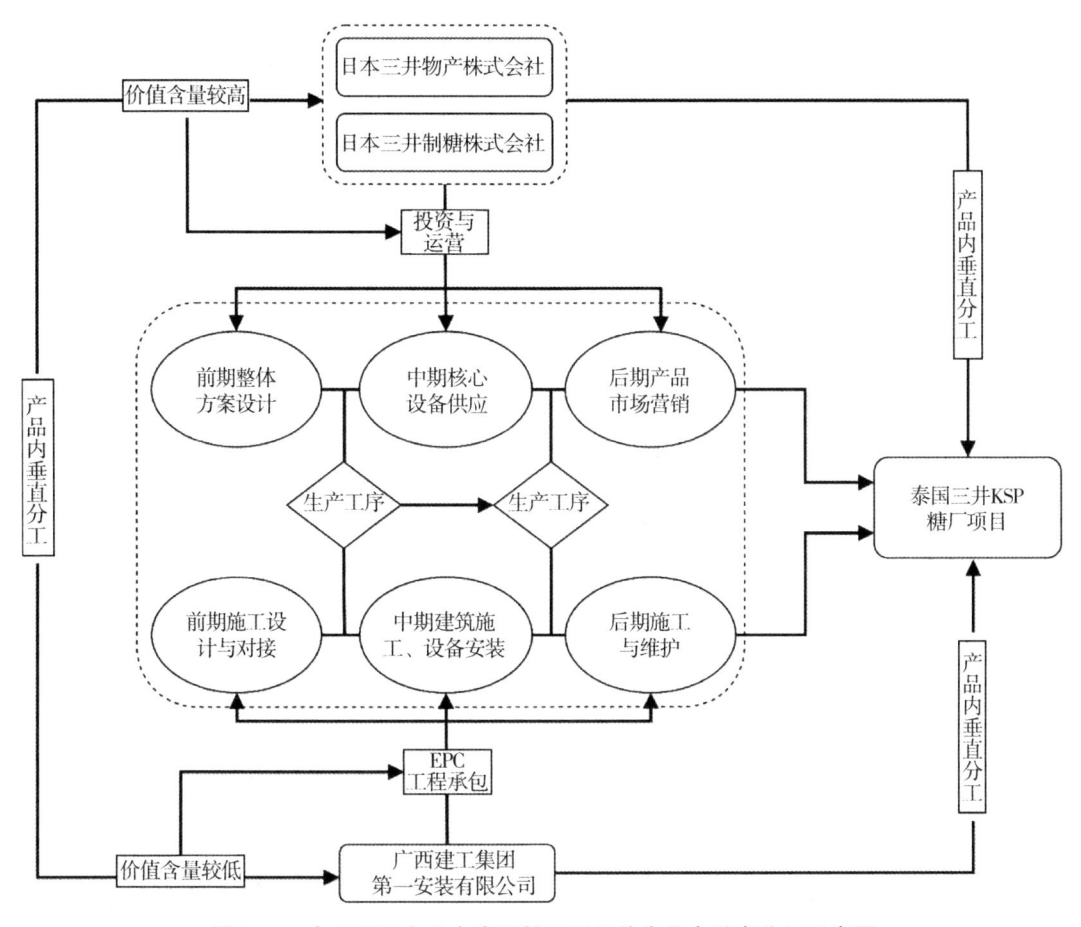

图 5.11 中日两国企业在泰国糖厂项目的产品内垂直分工示意图

资料来源：根据广西建工集团（http://www.gxjgjt.cn/index.html）网站信息整理制图。

（二）新加坡地铁车厢项目

中国青岛四方与日本川崎重工在20世纪80年代就已经展开合作，经过长时间的技术协作、人才培训和生产分工，双方企业在中国乃至全球轨道交通市场中取得了一系列重要合作成果。其中，新加坡地铁车厢项目是双方企业第三方市场合作的标志性工程，两家企业凭借各自在技术和生产领域的比较优势，以共同合作的方式在2009年、2011年以及2012年连续三次获得新加坡地铁项目订单，对进一步优化和提升新加坡地铁线路的通勤效率和乘坐舒适感具有重要作用。[①] 在该项目中，中日两国企业主要以产品内垂直分工的形式进行合作，中国企业负责技术含量较低的列车生产、组装和运送，日本企业主要参与技术含量较高的设计、研发和运营，从而能够同时发挥中日两国企业不同的比较优势。

---

① 新加坡地铁车厢青岛造 更加安全舒适明后年交付[EB/OL]. (2012-09-04)[2022-08-15]. https://www.qingdaonews.com/content/2012-09/04/content_9397800.htm.

图 5.12 为中日企业在新加坡地铁车厢项目的产品内垂直分工示意图。

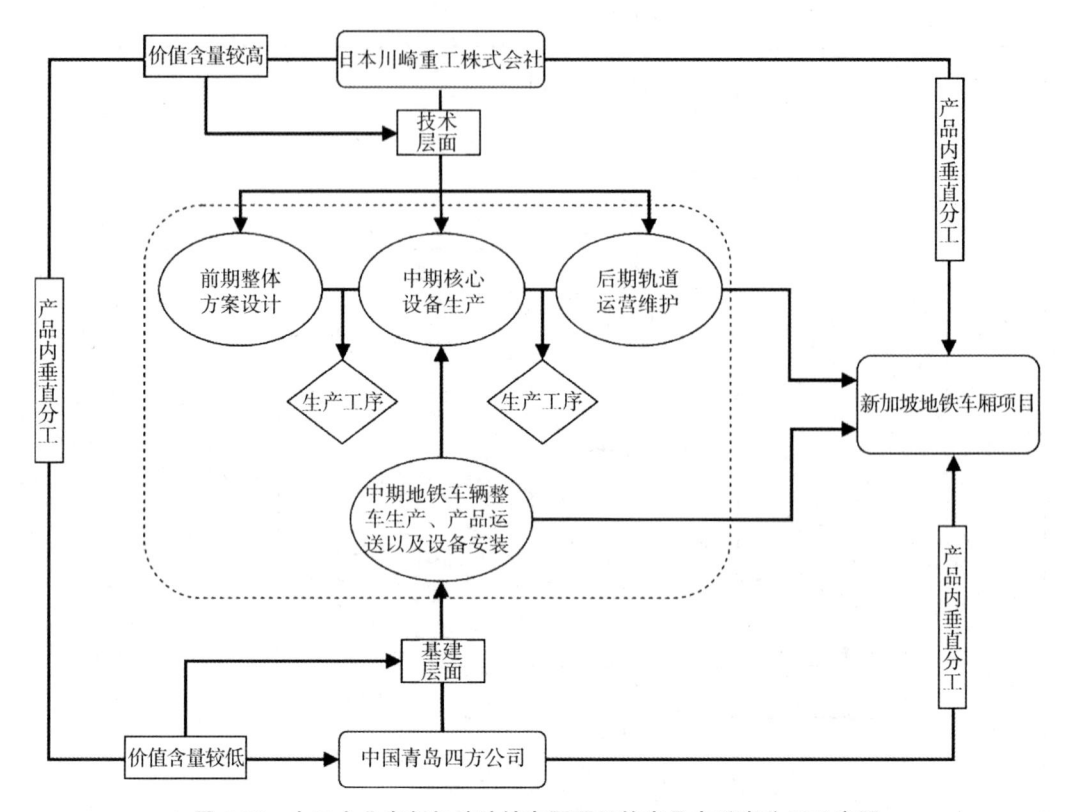

图 5.12　中日企业在新加坡地铁车厢项目的产品内垂直分工示意图
资料来源:根据中车青岛四方机车车辆股份有限公司(https://www.crrcgc.cc/sfgf/)网站信息整理制图。

一方面,对中国企业来说,中国青岛四方公司是我国从事轨道交通设备研发、生产和维修的重要企业,其不仅在中国高铁研发、高原铁路列车生产等领域积累了丰富经验,而且其研发和生产的产品在中国乃至全球多个国家已经占有重要市场比重,产品质量和运行安全经受了充分检验。在该项目中,中国青岛四方公司主要发挥自身在轨道车辆生产、流水线作业以及用工成本等领域的比较优势,参与该项目中期的地铁车辆整车生产、产品运送以及设备安装等价值含量相对较低的生产工序与生产环节。

另一方面,对日本企业来说,日本川崎重工在铁路列车、城市轨道交通、大型船舶、宇宙航空以及重型机械设备等领域的研发、生产以及运营积累了丰富经验,尤其是在高速列车与城市地铁列车的设计、研发以及生产领域具备世界领先水平。截至 2022 年,川崎重工在轨道交通领域已经生产了 9 万多辆列车[①],成为全球轨道交通领域的重要引领企业

---

① Kawasaki Heavy Industries. History of Rolling Stock Business [EB/OL].[2022-07-30].https://global.kawasaki.com/en/corp/profile/division/rs/history.html.

之一。在该项目中,日本川崎重工主要发挥其在轨道交通领域的技术研发优势,参与该项目的前期整体方案设计、中期核心零备件生产以及后期运营维护等。与此同时,日本川崎重工在全球市场中布局了体系完备的市场网络,新加坡是其在东南亚轨道交通市场的一个重要支点[①],凭借川崎重工对新加坡轨道交通市场的长期耕耘与品牌效应积累,能够为中日两国企业在新加坡进行地铁项目的招标与运营创造更加便利的合作平台。

第四节 第三方市场合作模式下的混合型国际分工

混合型分工是产业间、产业内以及产品内分工形式的聚合体,该种分工形态不仅存在价值含量相同的水平分工形式,还包含价值量不同的垂直分工协作形式,是东亚区域生产网络经济多元化、生产专业化以及分工复杂化的重要体现。通过混合型分工模式的研究视角,能够为中国与日韩两国在东盟进行第三方市场合作的复杂分工形态提供分析切入视角。从中国与日韩两国在东盟的第三方市场合作项目来看,其混合型国际分工形式主要表现为产业间、产业内以及产品内的水平与垂直交叉分工协作,既存在产业间水平分工与垂直分工等同一产业的混合型,也存在产业间与产业内水平分工、产业间与产品内水平分工等不同产业、产品之间的混合型。

一、第三方市场合作的产业间垂直分工与产业间水平分工混合型

东亚区域生产网络中各个经济体的异质性,使得产业间水平分工与产业间垂直分工等同一产业的混合型分工可能同时存在于国际贸易或国际分工之中,体现了东亚区域经济多元共生的复杂经济情况。基于此,透过这一研究视角,能够为中国与日韩两国在东盟展开第三方市场合作的混合型分工提供参考路径。

印尼红土镍矿新能源材料项目是中国企业与日本企业在印尼进行第三方市场合作的重点工程,该项目涉及镍矿资源的开采、研发、生产以及市场销售等整条产业链和供应链的相互协作,能够实现中日两国企业在产业间水平分工与垂直分工模式下的规模经济效益。2018年,该项目在中国、日本以及印尼三国企业的共同参与下终于达成合作协议,中国企业与日本企业通过充分发挥各自的比较优势,将彼此的优势生产要素进行重新组合,从而实现了投资、技术与市场等多个层面的共赢。该项目作为中国与日本在印尼的重要

---

① Kawasaki Heavy Industries. Global Network [EB/OL].[2022-07-30].https://global.kawasaki.com/en/corp/profile/network/index.html.

合作工程,能够进一步推动印尼开展红土镍矿开采、冶炼与生产的全产业链发展,从而有助于提升印尼在全球新能源材料与产品生产体系中的市场占比,不仅可以完善中国、日本以及印尼三国在新能源领域的全球布局[1],还能够为全球新能源领域的发展提供高性价比的原材料与产品供应。

一方面,从产业间垂直分工的视角来看,部分中国企业在该项目中主要提供产品原材料以及相应的配套设施,日本企业则依托全球市场网络体系和人力资源开拓产品的市场空间,二者以产业间垂直分工的方式参与该项目的建设。首先,对中国企业来说,中国青山钢铁在该项目中凭借自身在镍矿资源的丰富储备以及成熟的镍矿生产体系,主要为该项目提供红土镍矿原材料、工业建设用地以及配套的镍矿生产基础设施,其分工环节属于该项目的上游初级产品及其相关配套基础设施的生产环节。其次,对日本企业来说,日本阪和兴业作为一家提供综合服务的国际贸易公司[2],依托其专业的技术服务和遍布全球的市场网络体系在该项目中通过发挥其国际贸易公司发达的全球市场营销体系比较优势,为该项目红土镍矿所生产的新能源产品提供全球市场营销综合服务,从而能够为该项目新能源产品拓展全球市场,并进一步为该项目完善产品的下游市场分销体系奠定扎实基础。

另一方面,从产业间水平分工的视角来看,中国部分企业凭借新能源领域的技术优势在该项目中提供生产技术支持,日本企业则为产品开拓下游市场,二者以产业间水平分工的方式参与该项目的建设。对中国企业来说,宁德时代依托自身在新能源电池领域的综合比较优势,主要为该项目的新能源产品提供技术支持、科技指导和系统操控等核心技术领域的帮助与支撑,尤其是结合其自身的技术优势,为该项目提供技术领域的设计、培训和管理,从而保障项目的正常生产和运营。与此同时,格林美公司作为持股比例最高的参与者,在该合资项目中的股东会、董事会以及监事会等管理组织中具有重要发言权,并依托自身在国际能源领域合作项目中的经验积累,主要对该项目进行整体运营和管理。因此,在该合作项目中,格林美公司主要负责该合作项目的日常运营和管理,涉及的合作具体内容包括工厂方案设计、现场施工建设、生产方案制订、产品生产定位、员工日常管理以及产品品质控制等项目运营和生产的日常环节。对日本企业来说,日本阪和兴业则主要负责该项目生产产品在全球目标市场的营销,并在产品的下游市场开拓其市场空间。图5.13位中日企业在印尼红土镍矿新能源材料项目的混合型分工示意图。

---

[1] 格林美股份有限公司关于公司下属公司荆门格林美与新展国际、广东邦普、印度尼西亚IMIP园区、阪和兴业签署《关于建设印尼红土镍矿生产电池级镍化学品(硫酸镍晶体)(5万吨镍/年)项目的合资协议》的公告[EB/OL].(2018-09-28)[2022-08-20]. https://q.stock.sohu.com/newpdf/201833137058.pdf.

[2] HANWA. Our Business:Expanding and Deepening Market Positions in Many Sectors[EB/OL].[2022-08-22].https://www.hanwa.co.jp/en/business/.

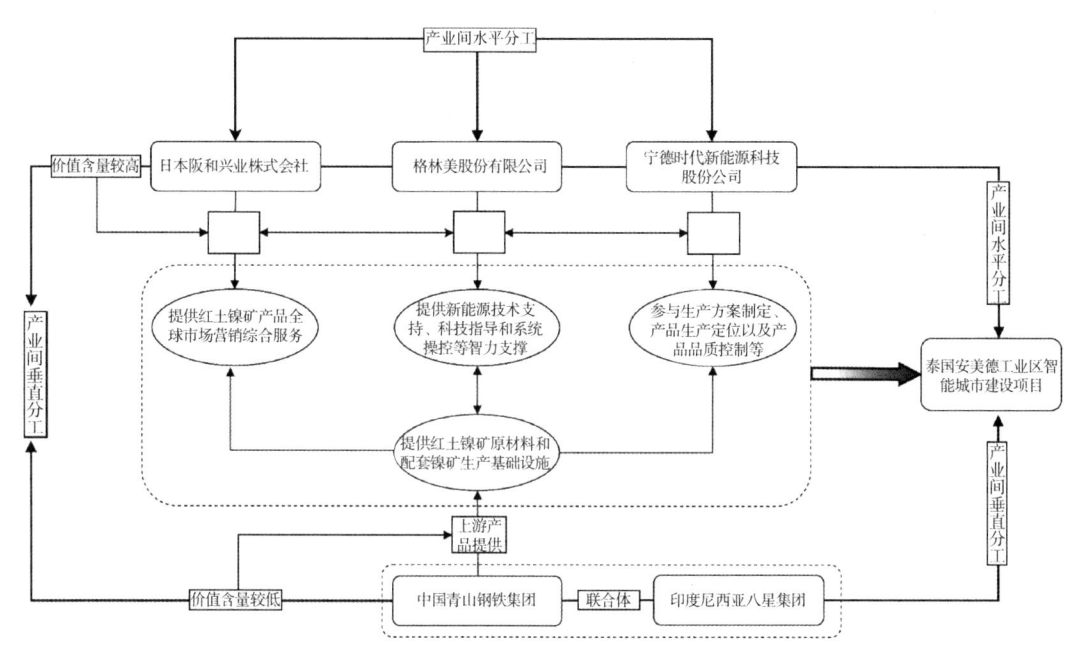

图 5.13 中日企业在印尼红土镍矿新能源材料项目的混合型分工示意图

资料来源:根据格林美股份有限公司关于公司下属公司荆门格林美与新展国际、广东邦普、印度尼西亚 IMIP 园区、阪和兴业签署《关于建设印尼红土镍矿生产电池级镍化学品(硫酸镍晶体)(5万吨镍/年)项目的合资协议》的公告整理制图。

二、第三方市场合作的产业间水平分工与产业内水平分工混合型

由于中国与日韩两国在东亚区域生产网络中所处的不同分工位置,产业间水平分工和产业内水平分工可能会同时出现在同一产业抑或同一产品的生产过程之中,从而构成了中国与日韩两国在第三方市场合作中的混合型分工模式,同时也为分析中国与日本、韩国在东盟的第三方市场合作提供了切入思路。

(一)泰国"东部经济走廊"高铁连接项目

"东部经济走廊"高铁连接计划是泰国"东部经济走廊"的第一期工程,其主要目的是把曼谷周边地区的三个重要机场用高速铁路连接起来,该项目计划修建里程为220公里,设计时速为250公里。[①] 在该合作项目中,中日两国企业通过产业间水平分工与产业内水平分工的混合形式参与该项目的建设,并以企业联合体的方式与泰国本地企业参与该

---

① Eastern Economic Corridor (EEC) Office. The Eastern Economic Corridor Policy Committee Meeting NO.7/2019[EB/OL].(2019-07-01)[2022-09-06]. https://www.eeco.or.th/en/filedownload/1264/file-the-eastern-economic-corridor-policy-committee-meeting-no-7-2019.

项目的方案设计、工程施工、设备生产、项目投资与铁路运营等全流程建设,是中国与日本企业在泰国进行第三方市场合作的重要项目。[1]

一方面,从产业间水平分工来看,中日两国企业在该项目中分别从事分工价值含量相同但处于不同产业之间的水平分工环节。对中国企业来说,中信集团与中国铁建作为中国企业"走出去"的重要企业代表,其在工程施工、成本控制、设备生产以及轨道建设与运营等领域积累了丰富经验,尤其在东盟国家的基础设施市场建设了一系列重点工程。在该项目中,中国企业依托自身在轨道交通领域的综合比较优势,参与该高速铁路连接项目的方案设计与建设施工等分工环节,主要涉及高速铁路列车的生产、列车信号系统的调试、高速轨道的铺设以及桥梁隧道的施工等高铁技术含量较高且难度较大的生产施工领域。对日本企业来说,日本海外交通与城市开发事业支援机构作为日本政府设立的半官方机构,专门为日本企业在海外的直接投资、工程建设以及项目运营等提供资金支持、技术帮助和人力培训,使得日本企业在海外的建设项目得以顺利开展。[2] 在该项目中,日本企业主要依托自身在国际金融领域的丰富经验,参与该项目的投融资以及项目运营等生产环节,从而为该高铁项目提供金融以及市场运营等不同领域的资金和技术支持。[3]

另一方面,从产业内水平分工来看,中日两国金融企业为该项目提供转贷款、贷款以及保险等国际金融业务。对中国企业来说,国家开发银行凭借自身在国际金融与对外直接投资等领域的丰富经验,与日本国际协力银行展开国际金融产业内的分工协作,为该项目的投融资、贷款以及保险等金融领域提供技术支持和资金支撑。对日本企业来说,日本国际协力银行主要通过提供低息贷款、资金担保以及转贷款等国际金融业务来支持日本政府和日本企业在海外的经济发展。在该项目中,日本国际协力银行主要依托自身在国际金融领域的丰富经验,通过国际金融产业内水平分工的方式与中国国家开发银行一起为该项目提供金融领域的资金支持。[4]

(二)马来西亚新山石化项目

新山石化项目作为马来西亚国内大型综合石油炼化工程,其核心工程包括日产30万桶的炼油厂和年产360万吨的石化工厂,同时还囊括气化终端、深水终端以及发电厂等配

---

[1] 中日在第三国推进基建合作开始动作,首指泰国高铁[EB/OL].(2018-09-05)[2022-09-06].https://www.zaobao.com.sg/realtime/china/story20180905-888680.

[2] 海外交通・都市開発事業支援機構,「第1次中期経営計画(2017—2019年度)」[EB/OL].[2022-09-08].https://www.join-future.co.jp/about/financial-statements/pdf/investment_plan_20201125_01.pdf.

[3] 海外交通・都市開発事業支援機構,「アマタナコン複合開発事業」[EB/OL].(2018-12-18)[2022-09-08].https://www.join-future.co.jp/images/topics/1602808248/1602808248_10001.pdf.

[4] 国際協力銀行株式会社,「タイの投資環境」[EB/OL].(2020-01-10)[2022-09-10].https://www.jbic.go.jp/ja/information/investment/images/inv-thailand33.pdf.

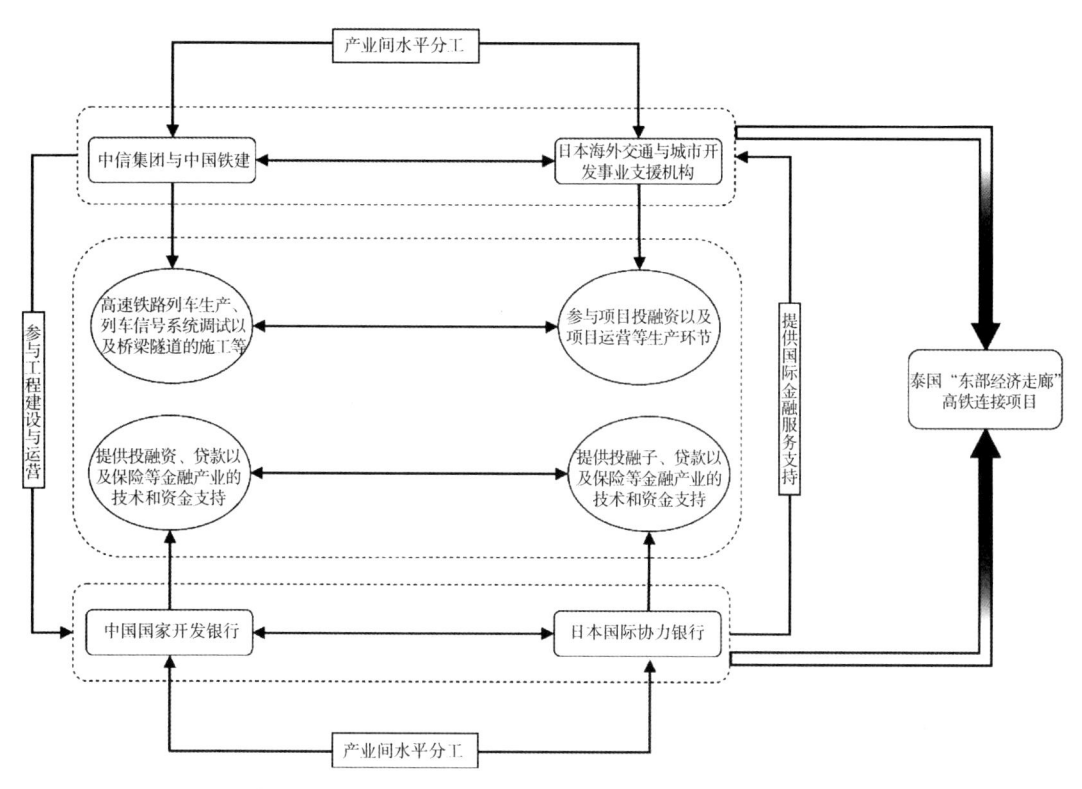

图 5.14 中日企业在泰国"东部经济走廊"高铁连接项目的混合型分工示意图

资料来源：根据 Eastern Economic Corridor（EEC）Office（https://www.eeco.or.th/en）、日本海外交通与城市开发事业支援机构（https://www.join-future.co.jp/）以及日本国际协力银行（https://www.jbic.go.jp/ja/）网站信息整理制图。

套基础设施。[①] 该项目建成后，不仅有助于提升马来西亚在石化产品中的附加值，帮助其巩固在亚太地区石油与化工一体化发展的市场地位，还能够进一步满足东盟国家经济发展对高品质成品油以及工业原料的大量需求，从而有助于整个东盟地区的工业化发展进程。[②]

该项目是一项国际合作工程，由中国、韩国以及日本等众多东亚国家企业以项目或产品分包商的形式参与其中，充分结合了各个国家企业在石油化工产业中的比较优势。值得注意的是，该项目还是中国与韩国、中国与日本在马来西亚进行第三方市场合作的标志性工程，中日韩三国企业依托各自在石油化工产业上游资源开发、中游工程建设以及下游

---

① FLOUR. PETRONAS Refinery and Petrochemical Integrated Development（RAPID）[EB/OL].[2022-08-07].https://www.fluor.com/projects/petronas-rapid-malaysia-epcm.

② Petronas. The Pengerang Integrated Complex：Designed with Sustainability in Mind[EB/OL].(2021-10-02)[2022-08-10].https://www.petronas.com/flow/technology/pengerang-integrated-complex.

产品销售等不同环节的技术、资本与人力优势,以产业间水平分工与产业内水平分工的形式共同参与该项目的建设与管理。①

一方面,从产业间水平分工来看,中日两国企业分别在该项目中从事中游的工程建设和下游的市场营销,通过在不同价值含量的分工位置参与该项目建设。对中国企业来说,中石化炼化工程集团依托在石化工程建筑领域的比较优势,主要参与该项目的工程建设、施工安排以及成本控制等基建领域的生产环节,其中涉及技术含量较高的化学化工工程的修建与安装,是该项目前期生产环节的重要组成部分。对日本企业来说,日本伊藤忠商事主要从事能源产品、工业基础原料以及农产品等国际大宗商品业务②,并在柬埔寨、马来西亚以及新加坡等东盟国家中已经形成了体系较为完整的商业网络。在该项目中,日本企业发挥其在全球大宗商品市场中发达的市场网络体系与扎实的项目运营经验,参与该项目产业下游的工厂运营、设备维护以及市场开拓,基本覆盖了该项目石化产品整个下游项目管理与市场分销的全部流程。

另一方面,从产业内水平分工来看,中韩两国企业在该项目中依托自身在技术领域的比较优势为其提供核心设备,从而以产业内分工的形式展开合作。对中国企业来说,中石化炼化工程集团依托自身在石油与化工产业中所积累的比较优势,以EPC的形式参与该项目的常压蒸馏设备、渣油加氢与收集设备以及燃料系统设备等核心工业设施的设计、生产、安装与调试等全产业链环节,从而为该项目的正常运转提供了关键的产品与产能支持。③对韩国企业来说,韩国三星工程公司业务范围涉及工程设计、工程施工、机械设备生产、工业设施安装以及项目运营管理等工程建筑领域的全流程服务,其中马来西亚分公司是其在东南亚建筑市场中的重要节点④,凭借其对当地市场的熟悉与开拓,为中韩两国企业在马来西亚开展第三方市场合作提供了诸多帮助。在该项目中,韩国企业依托在建筑工程领域中的比较优势以及对马来西亚当地基建市场的长期经营优势,以EPC的形式参与该项目聚乙烯低、乙二醇以及环氧乙烷等核心生产设备的产品设计、机械制造、现场安装以及设备调试等全部生产环节,从而为该项目注入了关键的科技要素,为其正常运行

---

① 申万宏源研究所.Petronas炼化综合发展计划之RAPID石化项目[R].北京:申万宏源证券有限公司,2018:3-5.
② Itochu Corporation. Corporate Profile[EB/OL].(2022-04-01)[2022-08-15]. https://www.itochu.co.jp/en/about/profile/index.html.
③ 马来西亚RAPID项目常压装置点火投产[EB/OL].(2019-02-01)[2022-08-15].http://www.segroup.cn/segroup/news/com_news/20190214/news_20190214_431241477865.shtml.
④ Samsung Engineering. Samsung Engineering Profile 2019[R]. Seoul:Samsung Engineering CO.,LTD.,2019:17.

提供了重要保障。① 图 5.15 为中国企业与日韩企业在马来西亚新山石化项目的混合型分工示意图。

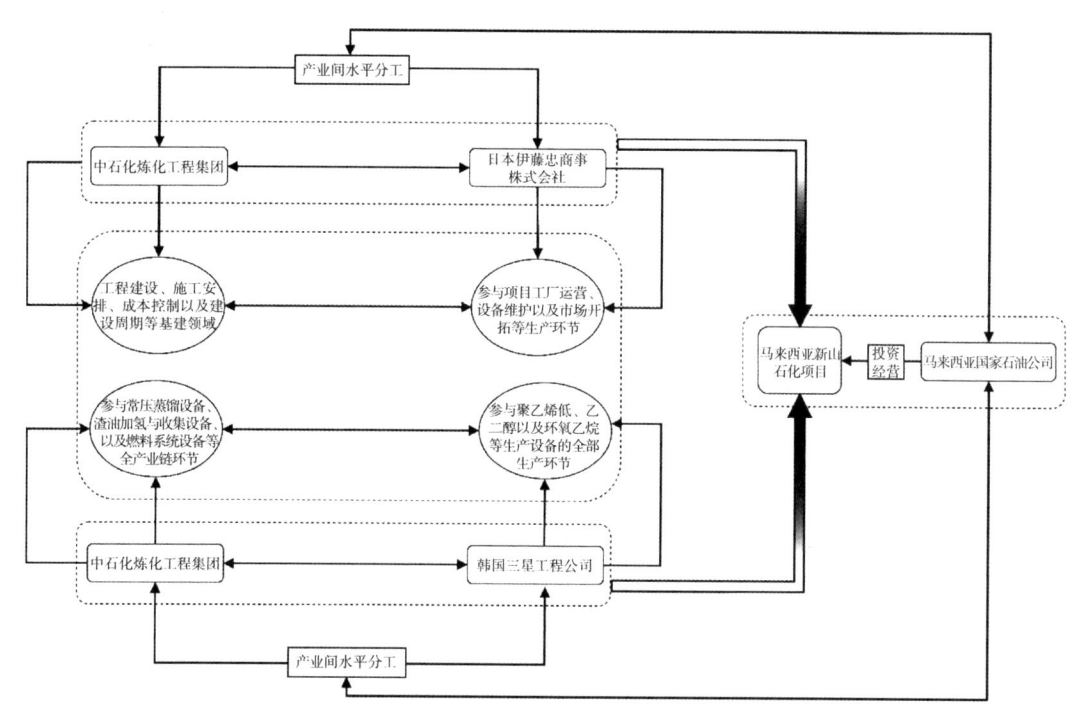

图 5.15 中国企业与日韩企业在马来西亚新山石化项目的混合型分工示意图

资料来源：根据申万宏源研究所.Petronas 炼化综合发展计划之 RAPID 石化项目[R].北京：申万宏源证券有限公司，2018：3-5；中石化炼化工程（集团）股份有限公司（http://www.segroup.cn/segroup/）、Samsung Engineering（https://www.samsungengineering.com/en/index）网站信息整理制图。

---

① Samsung Engineering. Samsung Engineering Awarded ＄882 Million Contract for Two Petrochemical Plants in Malaysia[EB/OL].（2015-12-04）[2022-08-15].https://www.samsungengineering.com/mediaCenter/news/common/detail.

第六章　中国与日韩在东盟第三方市场合作的挑战与应对方略

中国与日本、韩国在东盟的第三方市场合作经过多年的发展与建设,已经在东盟国家的不同产业中打造了一系列重点工程,对实现中国与日韩两国的规模经济效益以及推动东盟国家的工业化发展都起到了重要推动作用。然而,中国与日韩两国在东盟的第三方市场合作仍面临诸多挑战与风险,这就要求中国与日韩两国在展开第三方市场合作进程中不仅要不断夯实既有合作基础,而且还需要拓展新的协作方式、合作空间与产业领域,从而实现中国与日本、韩国以及东盟国家的多方共赢。

第一节　中国与日韩在东盟第三方市场合作面临的挑战

中国与日本、韩国在东盟的第三方市场合作模式依托于东亚区域生产网络的比较优势互补、产业结构对接以及东盟广大发展中国家和新兴经济体的社会经济发展需求。然而,由于近年来中国与日韩两国"政冷经热"合作环境的复杂性、比较优势互补基础的减弱、第三方市场合作营商环境的摩擦成本、美国单边主义与保护主义的日益抬头以及新冠疫情的负外部性等多重因素的叠加影响,致使中国与日韩两国在东盟的第三方市场合作发展前景充满诸多不确定与不稳定因素。

一、中国与日韩"政冷经热"合作的环境复杂多变

"政冷经热"是中国与日本、韩国在东亚区域乃至全球市场中进行双边或多边合作的重要特征之一,但同时其也是限制中国与日韩两国在东盟展开第三方市场合作的现实困境。"政冷经热"作为中国与日韩两国进行国际合作的生动写照,是日韩两国基于日美同盟、韩美同盟框架下对华政策导向的具体体现,其不同于日韩两国对美国政策的政治导向,反映出日本、韩国在与中国的双边合作中更多侧重于经济领域,即经济协作是日韩两

国与中国展开国际合作的重要前提。然而,"政冷经热"合作环境的复杂性与多变性可能会导致中国与日韩两国在东盟的第三方市场合作容易受到较多的负外部性影响,从而对第三方市场合作的协作基础、工作机制以及合作项目造成直接或间接冲击。

"政冷经热"合作环境的复杂性加剧了中国与日本、韩国在东盟进行第三方市场合作的不确定与不稳定因素。一方面,对于中日两国来说,"政冷经热"基本贯穿中日两国展开第三方市场合作的发展进程,并在不同时期对中日第三方市场合作的工作机制与合作项目造成了不同程度的影响。第三方市场合作是日本参与"一带一路"建设的重要切入口,是中日两国"经热"的具体表现,但是"政冷"却限制了中日两国政府和企业在第三方市场合作中的深化发展,其突出表现为日美同盟关系的变动与调整对中日经贸合作的直接冲击,从而使得中日两国政府和企业在第三方市场合作的工作机制与工程项目上难以得到持续性发展。另一方面,对于中韩两国来说,"政冷经热"是中韩两国在第三方市场合作过程中所面临的现实环境,其所衍生的负外部性对中韩第三方市场合作进程造成了直接冲击。在朴槿惠政府时期,中韩第三方市场合作由合作理念转变为具体实践,是双方政府和企业在"经热"领域展开合作的重要经济协作。但是韩国在韩美同盟框架下所采取的一系列外交政策加剧了东北亚地区的安全困境,挤压了中韩政府和企业在第三方市场合作中的沟通与协商空间,使得中韩两国政府和企业在第三方市场合作的工作机制与合作项目的可持续发展受到巨大冲击。

二、中国与日韩两国的比较优势合作基础逐渐减弱

比较优势互补基础的逐渐弱化是影响中国与日本、韩国在东盟展开第三方市场合作可持续发展的关键内因。近年来全球保护主义和单边主义逐渐抬头,全球价值链中原有的要素市场和产品市场发生了诸多新变化,致使第三方市场合作模式中的技术和产能比较优势产生了双向替代趋势,即发达国家对中国、第三方市场国家的技术与知识生产要素比较优势开始递减,中国对第三方市场国家的产能和成本优势逐渐减弱。因此,发展基础的改变对第三方市场合作的可持续推进造成了直接影响。

中国与日本、韩国在东盟第三方市场合作的比较优势基础产生了两个维度的重复竞争趋势:其一是中国企业开始在全球价值链中高端对日本、韩国以及新加坡等发达国家的技术密集型和知识密集型产业形成部分替代;其二是以发展中经济体和新兴经济体为主的东盟国家逐渐对中国、韩国、日本以及欧美国家的部分产能形成替代。这两个维度的发展趋势都对中国与日韩两国在东盟的第三方市场合作基础造成冲击,从而导致中国与日韩两国立足于比较优势基础上的第三方市场合作空间开始日益缩小。[1]

---

[1] 吴崇伯,丁梦.中韩第三方市场合作:进展、阻力与对策[J].东北亚论坛,2020(3):75-89.

一方面,就中国相对于日本、韩国等东亚发达国家而言,中国企业在技术吸纳的基础上通过"干中学"的发展模式在技术、管理以及人力资源等生产要素禀赋中得到了较大提升,尤其是在美国特朗普政府对华实行贸易制裁和技术封锁的背景下倒逼中国产业结构在关键技术领域进行提质升级。其中,东亚地区的中国企业与日韩企业的区域合作模式转变最为明显,已由原先"雁行模式"下单一产业间垂直国际分工形式逐渐发展为如今的产业间、产业内以及产品内多种方式混合的分工形式。如前文所述,中国企业在部分中等技术产品和强技术产品中与日本、韩国的贸易依存度呈现递减趋势,这表明中国企业在资本密集型产业和技术密集型产业的资本、技术等要素禀赋得到不断提升,中国企业与日本、韩国等发达国家企业的技术差距进一步缩小,这使得原有东亚区域生产网络中的中国、日本、韩国以及东盟国家的分工位置、分工环节与生产工序都产生了相应变动,致使中国企业与日本、韩国企业在东亚区域价值链中的比较优势互补空间进一步缩小,进而挤压了中国与日本、韩国进行第三方市场合作的比较优势互补基础。

另一方面,对于以发展中国家和新兴经济体为主的东盟国家来说,随着东盟广大国家积极嵌入东亚区域生产网络,中国、日本、韩国以及欧美国家通过直接投资和跨国并购已经将众多产业链、供应链和产品链转移至东盟国家的不同产业之中。越南、菲律宾、缅甸以及印尼等东盟国家凭借其资源禀赋、人口红利以及产业基础等比较优势承接了中日韩以及欧美国家的大量产业转移,这直接推动了东盟部分国家原有产业结构中所稀缺的技术、资本、管理以及人力资源等生产要素得到快速充实。其中,越南、印尼等东盟国家已经成为全球劳动密集型产业和资本密集型产业的重点目标市场,使得以越南、印尼为代表的东盟国家在推动自身工业化进程中得到快速发展。[①] 然而这种产业转移所带来的后果是,东盟国家在部分产业结构中能够对中国、日本以及韩国等其他国家的产能形成部分替代,使得部分本国原有外向型需求被国内市场所消化,进而形成东盟国家区域内部的产业链和供应链,致使中国企业和日本、韩国等发达国家企业在东盟第三方市场的部分产业领域中失去比较优势。

三、第三方市场合作营商环境的摩擦成本日益增多

营商环境所产生的摩擦成本是限制中国与日韩两国在东盟进行第三方市场合作的现实困境。第三方市场合作除了企业间项目分工协作之外,还包括政府间、政企间的政策对接、协议达成以及项目沟通等其他环节,这些第三方市场合作过程中的制度构建与执行不可避免地会存在交易费用与摩擦成本,从而可能加大第三方市场合作的难度。[②] 中国与

---

① 吴崇伯,丁梦.中日在越南的第三方市场合作[J].现代日本经济,2020(5):13-23.
② 丁梦.中日在东南亚基础设施领域的第三方市场合作[J].广西财经学院学报,2021(3):21-30.

日本、韩国在东盟第三方市场合作的摩擦成本主要存在于两个维度,即中国与日韩两国的第三方市场合作以及中国与日本、韩国在东盟国家的第三方市场合作,这两个不同层面的第三方市场合作均存在较多的摩擦成本,由此衍生的政策可持续性与项目可行性等结构问题都将对中国与日韩两国在东盟的第三方市场合作工作效率与经济效益产生直接或间接影响。

从中国与日本、韩国第三方市场合作的摩擦成本来看,中国与日韩两国在政府间第三方市场合作协议仍以双边谅解备忘录为基础,该种形式的合作协议只是一种意向性合作,缺乏双边政府间关于第三方市场合作稳定可持续的协议基础与工作机制,这使得中国与日本、韩国在第三方市场合作过程中缺乏强有力的政策支持基础,从而可能由于不确定因素导致既有第三方市场合作工作机制的停滞与停摆。其中,中韩两国在第三方市场合作的发展历程充分体现了政府间摩擦成本对合作进展的负面影响。东北亚地区地缘政治冲突所带来的安全困境严重冲击了中韩两国领导人、政府职能部门以及企业间在第三方市场合作中的发展进程,国际政治经济关系中的传统安全与非传统安全所衍生的负面冲击致使中韩第三方市场合作的政府间制度安排与企业间项目分工协作都陷入停滞状态。[①]直至韩国文在寅政府积极推动中韩双边关系回暖,中韩第三方市场合作才回归正轨,并在结合既有中韩第三方市场合作制度安排的基础上重新确定了更加稳定的中韩双边合作机制,从而推动了中韩在第三方市场合作中制度安排的深化发展。

从中国与东盟国家的摩擦成本来看,东盟国家主要以发展中经济体为主,这些国家由于在经济发展水平、产业结构类型以及政策可持续等领域存在较多的差异性,从而可能导致中国与日韩两国在东盟展开第三方市场合作过程中面临种类繁多的交易费用与摩擦成本。一方面,东盟国家政策制定与执行的可持续性是影响中国与日本、韩国在东盟进行第三方市场合作稳定发展的现实困境。以缅甸、马来西亚和泰国为代表的东盟国家由于政党更迭的频繁发生,致使中国与韩国在缅甸展开的中缅天然气管道项目、中日在泰国展开的"东部经济走廊"高铁连接项目以及中韩在马来西亚合作的石油炼化一体化工程等,都遭受了第三方市场合作国家复杂营商环境所衍生的负外部性冲击,从而导致中国与日韩两国在东盟已有的第三方市场合作项目面临复杂的政治与经济风险。另一方面,东盟国家经济发展水平以及融资能力的差异性对中国与日韩两国在东盟第三方市场合作项目的可持续性形成了直接影响。东盟广大发展中国家自身产业结构的单一性,致使其处于东亚区域生产网络以及全球价值链中的"低端锁定"位置,从而导致其在全球市场所获得的分工收益难以应对投资规模大、收益周期长的大型基础设施项目的建设,加之自身融资能力与融资渠道的限制,一旦项目投资缺乏连续性投入,将可能出现一系列的金融系统性风险。

---

① 吴崇伯,丁梦.中韩第三方市场合作:进展、阻力与对策[J].东北亚论坛,2020(3):75-89.

四、美国单边主义对第三方市场合作冲击日益加剧

美国在全球市场的单边主义与保护主义政策是阻碍第三方市场合作稳定发展的重要外部因素。伴随着世界经济的重心转移以及中美两国之间既有的结构性矛盾,从美国特朗普政府到拜登政府时期,竞争性措施与限制性政策一直是美国对华采取的基本政策走向[①],其核心在于通过对外的单边主义与保护主义政策来维护美国自身在全球市场的传统优势地位和限制中国的经济发展,这不仅严重冲击了全球价值链体系的错位互补,还间接地对中国企业与日韩两国企业在东盟的第三方市场合作造成了负面影响。[②]

在美国特朗普政府时期,美国为维护其在世界经济中的传统优势地位,开始对中国企业的关键技术、跨国并购、国际产能合作以及知识产权等领域进行长臂管辖。他们通过扰乱中国企业在全球价值链体系中上下游的分工协作体系,导致资本、技术和人力资源等生产要素不能在国际市场合作中得到高效快速地流动,从而致使中国企业在全球产业链与供应链体系中遭遇严重冲击,使得部分中国企业因美国制裁而面临部分产品与技术的短缺。与此同时,特朗普政府还通过设置关税与非关税壁垒、投资限制和技术审查等方式来限制中国企业与美国本土企业以及日本、韩国等其他国家企业在对外直接投资、国际产能以及跨国并购等领域的国际经济技术合作,以此来切断中国企业在第三方市场合作中的价值链协作体系,从而挤压中国企业与日本、韩国等发达国家在第三方市场合作的发展空间,以达到阻碍中国企业在国际经济市场中可持续发展的目的。

在拜登政府时期,虽然其在对中国的限制性政策上不同于特朗普政府,但是拜登政府借"印太经济框架"将日本、韩国等美国重要盟友联合起来共同对中国施加竞争性政策,以此限制中国与日本、韩国进行第三方市场合作的发展空间。从地缘政治视角来看,日本与韩国自二战结束以来一直都是美国在东亚地区的重要盟友,日美同盟、韩美同盟体系下的政治与安全合作是日本与韩国对外政策的基石,其重要性明显优于日韩两国与中国进行经济合作的政策导向。例如:东北亚局势所引发的地区安全困境直接影响了韩国对外政策走向,致使韩国朴槿惠政府将韩美同盟下的国土安全政策置于优先发展位置,从而引发了中国、日本、俄罗斯等东北亚国家的集体安全困境,由此带来的直接结果是中韩在对外投资、国际贸易以及国际分工等经济领域的大规模下滑,以及中韩两国企业在第三方市场中的合作项目的负面冲击。因此,日韩两国与中国合作的紧密度在很大程度上取决于美国在亚太地区的战略走向,一旦美国在亚太地区对中国采取强硬态度,就会引发日本、韩国在对外政策上的相应调整,以此来迎合美国在亚太地区的战略布局,从而会对中国与

---

① 吴心伯.拜登执政与中美战略竞争走向[J].国际问题研究,2021(2):34-48.
② 吴崇伯,丁梦.中美第三方市场合作的实践、挑战与展望[J].国际观察,2021(4):44-71.

日本、韩国展开的第三方市场合作造成相应的负面外部冲击。

五、非传统安全对第三方市场合作负面影响持续深化

以新冠疫情为代表的非传统安全是影响第三方市场合作可持续发展的突发因素。新冠疫情所造成的系统性、破坏性以及变革性的公共卫生危机与经济危机，致使全球不同地区的生产工厂、工作人员以及国际运输等国际经济活动在疫情初期都处于相对停滞状态，使得基于资本、技术与劳动力等生产要素自由流动的价值链体系陷入整体中断。[①] 疫情在全球范围内多次反复所造成的生产停滞与运输阻隔，导致其所衍生的负面影响依托全球供应链与产业链体系传导至全球价值生产网络的每一个工序环节，其中以零部件、半成品为代表的中间产品和以资本品和消费品为代表的制成品在疫情影响下面临严重的供给短缺与运输停滞，这进一步加剧了全球市场中国际贸易与国际分工的复杂性[②]，从而使得中国与日本、韩国在东盟第三方市场合作中也面临诸多发展困境。

在东亚区域生产网络中，中国与日本、韩国以及东盟国家在初级产品、中间产品以及制成品的国际贸易与国际分工中形成了紧密的合作关系，并构建了以中国、日本为生产中心的东亚区域中间产品与制成品贸易与分工网络体系。然而，中国与东亚经济体所形成的区域贸易与分工网络体系在新冠疫情冲击下凸显了其发展的脆弱性，导致中国与日韩两国在东盟的第三方市场合作存在多重挑战。

表6.1 新冠疫情导致中国价值链中断对部分东亚经济体的潜在影响

单位：百万美元

项目	日本	韩国	柬埔寨	印尼	马来西亚	菲律宾	新加坡	泰国	越南
汽车	974	578	0	40	32	22	96	91	29
通信设备	395	687	0	36	268	115	1027	99	881
电气机械	558	336	2	24	78	42	367	85	88
机械零部件	1477	918	0	7	124	17	206	104	325
化学产品	352	172	0	44	69	7	77	100	9
金属及其制品	343	492	0	8	25	2	30	27	7
精密仪器	367	165	0	9	55	17	160	30	61
办公设备	234	186	0	18	325	77	157	51	207
纸质产品及出版	48	40	0	6	10	0	16	12	5

---

① 丁梦.中国与西班牙第三方市场合作研究[J].国际论坛,2022(2):100-120.

② UNCTAD. Impact of the Covid-19 Pandemic on Trade and Development: Lessons Learned[R]. Geneva: United Nations Conference on Trade and Development, 2022: 26-34.

续表

项目	日本	韩国	柬埔寨	印尼	马来西亚	菲律宾	新加坡	泰国	越南
橡胶塑料	161	130	0	12	56	1	21	105	10
纺织品及服装	34	84	0	11	3	0	1	16	207
木制品及家具	244	25	0	33	31	1	3	8	100
皮革产品	1	1	7	66	1	1	4	4	368
总计	5188	3814	9	314	1077	302	2165	732	2297

资料来源：根据UNCTAD评估数据进行测算编制。

在新冠疫情初期，疫情的全球蔓延使得中国在中间产品和制成品国际贸易与国际分工中处于相对停滞状态，致使以中国为生产枢纽的东亚区域生产网络陷入停摆，使得中国与日本、韩国以及东盟国家在区域产业链与供应链网络中遭受了严重冲击，进而加剧了中国与日韩两国在东盟进行第三方市场合作的风险与挑战。据 UNCTAD 评估，如表 6.1 所示，新冠疫情初期对中国价值链的负面冲击直接导致了日本、韩国以及东盟国家在东亚区域国际贸易与国际分工中的巨大损失，其中日本、韩国与中国的中间产品与制成品受价值链负面冲击影响最大，机械零部件、电气机械、金属及其制品、通信设备以及汽车等中间产品和制成品的生产、供应与运输均遭到不同程度的损失。与此同时，东盟国家与中国在东亚区域生产网络中紧密的贸易与分工关系在新冠疫情的冲击下，致使越南、新加坡、马来西亚、泰国、菲律宾和印尼等东盟国家在初级产品、中间产品以及制成品等区域贸易与分工中也受到了较大影响，其中又以越南、新加坡和马来西亚受到的负面冲击最为显著。因此，新冠疫情通过影响东亚区域的供应链与产业链，导致中国、日本等东亚区域生产枢纽陷入停滞状态，并在价值链网络的传导下使得东盟国家在中间产品与制成品贸易与分工中也处于停摆状态，由此可能导致中国与日韩两国在东盟第三方市场合作的可持续发展遭受严重冲击。

第二节　中国的应对方略

为了推动中国与日本、韩国在东盟第三方市场合作的可持续发展，需要结合东亚区域国际贸易的最新发展趋势以及国际分工的最新位置变动，探索出适应中国与日韩两国在东盟进行第三方市场合作的新领域、新路径与新形式，从而有针对性地应对与处理第三方市场合作过程中所出现的问题与挑战。

第六章 中国与日韩在东盟第三方市场合作的挑战与应对方略

一、夯实互信基础以应对"政冷经热"环境的复杂性

"政冷经热"是中国与日韩两国展开第三方市场合作所面临的现实困境,其衍生的诸多负外部性不仅挤压了中国与日本、韩国在政策对接领域的对话沟通空间,还阻碍了中国企业与日韩两国企业在经济合作领域的深化发展。为了应对和缓解"政冷经热"合作环境对中国与日韩两国展开第三方市场合作的负面影响,需要通过中国与日本、韩国的双边和多边沟通协商平台来推动彼此的政治对话与政策对接,提升中日之间和中韩之间的政治互信基础,从而为中国与日韩两国在东盟的第三方市场合作创造良好的发展环境。

一方面,从双边对话平台来看,依托中日与中韩两国之间既有的政治与经济对话平台,进一步夯实中国与日本、韩国在第三方市场合作领域的政治互信基础。对于中日两国来说,可以通过"中日经济高层对话"政府间既有制度安排来拓展彼此的协商渠道,从而为中国的发展改革委、商务部以及日本的经济产业省、国土交通省等政府职能部门之间的深化合作打下互信基础;对于中韩两国来说,可以凭借"中韩经济部长会议"和"中韩经贸联委会"等政府间对话渠道来加强彼此之间的沟通交流,进而为中国的发展改革委、商务部与韩国的企划财政部、产业通商资源部等政府部门的政策对接提供协作平台。另一方面,从多边对话平台来看,发挥东亚区域国际多边合作平台的协商与沟通作用,为中国与日本、韩国在东盟的第三方市场合作夯实互信基础。在第三方市场合作过程中,为了缓解中国与日韩"政冷经热"的负外部性,可以通过东盟与中日韩的"10+3"机制以及区域全面经济伙伴关系等东亚区域既有的多边合作渠道为中国与日韩两国提供更多层面的协商空间,从而为中国与日韩两国在东盟的第三方市场合作创造更多机遇。

二、拓展新兴领域以增强中国与日韩的合作依存度

中国、日本、韩国以及东盟国家在东亚区域生产网络中生产要素禀赋的异质性,使得中国与日本、韩国在东盟的第三方市场合作主要聚焦于基础设施、能源开发与利用、机械设备、轨道交通以及国际金融等传统行业。然而,随着中国在东亚区域生产网络中分工位置的不断攀升,中国与日韩两国原有比较优势的互补基础逐渐减弱,导致中国企业与日韩两国企业在第三方市场合作中的协作空间被不断挤压。因此,为了进一步增强中国企业与日韩两国企业在第三方市场合作中的合作依存度,需要积极拓展数字经济、新能源、健康医疗以及智慧城市等技术含量较高的新兴合作领域。

一方面,在既有第三方市场合作项目上继续纵向延伸新兴合作领域,基于产业与产品的价值链分工协作体系向延伸第三方市场合作的产业深度,打通产业间、产业内以及产品内水平分工与垂直分工的协作渠道,提升合作项目与合作产品的技术、人力资源等生产

要素的密集度,从而为中国与日韩两国在东盟的第三方市场合作开拓新兴合作领域。例如:中日两国在印尼红土镍矿新能源材料项目中,可以基于镍矿原料开采与产品初加工的基础上,进一步在印尼当地延伸镍矿资源的深加工,将包含镍矿资源的中间产品与制成品生产工序引入中日企业的第三方市场合作之中,从而拓展双方企业的合作深度。另一方面,依托既有第三方市场合作项目不断横向延展新兴合作领域,依托中国与日韩两国在东亚区域生产网络中不同的生产要素禀赋,拓展中国企业与日韩两国企业在产业间、产业内以及产品内多种形式的分工协作方式,并在结合东盟国家社会经济发展需求的基础上,打造同一合作项目或产品的多种协作方式。例如:中韩两国在马来西亚石化一体化项目中可以依托石油炼化工艺提炼和生产不同品质的石油化工产品,拓宽中韩两国企业在该项目中多种类型的产品类型与结构,从而延展中国与韩国在东盟第三方市场合作的新兴协作领域。

三、构建风险应对机制以降低合作中潜在的摩擦成本

摩擦成本是中国与日韩两国在东盟进行第三方市场合作面临的现实问题,尤其是在政府间与政企间所衍生的诸多交易费用与摩擦成本,严重限制了第三方市场合作机制的工作效率,并阻碍了第三方市场合作项目的顺利开展。因此,为了提升中国与日韩两国在东盟第三方市场合作过程中应对复杂营商环境的能力,可以从中国与日韩两国以及中日韩与东盟国家之间两个维度来强化相应的风险防范与问题处理机制,从而保障第三方市场合作项目的顺利开展。

一方面,中国与日韩两国的第三方市场合作需要在既有政府间合作备忘录的基础上进一步强化合作形式、合作领域以及协调机制等更加细化的合作内容,并在此基础上为中国与日本、韩国的第三方市场合作提供稳定且可持续的对话沟通渠道、工作协调机制以及意见反馈平台,为防范不确定因素所造成的负面冲击提供相应的解决渠道,进而最大限度地规避因信息不对称或沟通渠道中断所可能产生的交易费用与摩擦成本。另一方面,中国与日本、韩国在东盟的第三方市场合作需要结合不同东盟国家的经济发展水平、生产结构类型、融资能力强弱以及市场法律法规等具体情况,展开有针对性的前期市场调研,制定相关处理不确定突发因素的应对方案,并在此基础上根据第三方市场合作项目的进展与当地政府、企业以及社会进行积极有效的沟通交流,通过提供公共产品与公共服务为当地的经济发展与社会福利作出贡献,从而尽可能地减少中国与日韩两国在东盟第三方市场合作中与东道国之间的摩擦成本。

四、完善"二轨经济外交"以构建多种交流协商机制

"二轨经济外交"合作平台是中国与日本、韩国在东盟进行第三方市场合作的重要制度补充,凭借其"以经促政"的灵活性与专业性能够有效弥补政府官方机构在第三方市场合作中所不能涵盖的技术专业领域,为中国与日韩两国的第三方市场合作提供了多层次与多领域的协商对话平台,进而可以有效降低政府之间、政企之间以及企业之间合作沟通的交易成本。因此,为了推动中国与日本、韩国在东盟第三方市场合作的有序发展,需要在既有政府间、政企间和民间合作机制的基础上,进一步完善"二轨经济外交"的工作机制,从而为第三方市场合作的稳定发展创造更多的协商合作渠道。

完善中国与日本、韩国的"二轨经济外交"可以根据中日以及中韩各自不同的发展情况来进行制度构建与平台搭建。一方面,对于中日两国"二轨经济外交"来说,需要继续发挥"中日企业家和前高官对话"等"二轨平台"在中日第三方市场合作中的重要协调作用,该平台作为中日"二轨经济外交"的重要对话机制,能够有效地串联起政府之间、政企之间以及企业之间的合作关系,为中日两国展开第三方市场合作提供稳定的沟通协调机制,尤其可以为中日企业在第三方市场合作项目中的高效协作提供政府层面制度供给和制度创新的解释与说明,从而帮助企业进一步减少项目协作中面临的摩擦成本。另一方面,对于中韩两国"二轨经济外交"来说,需要不断强化"中韩工商领袖合作论坛""中韩企业家和前高官对话"等"二轨平台"在中韩第三方市场合作中的沟通与协调作用,为中韩两国的政府职能部门、商业协会、研究机构以及企业等官方与半官方机构在第三方市场合作中的意见交流与项目协商提供多样化的沟通渠道,有助于中韩政府之间以及政企之间及时得到双方企业在项目协作中关于问题与挑战的信息反馈,从而有助于进一步减少中韩两国在第三方市场合作过程中所产生的摩擦成本。

五、提升价值链分工韧性以缓解非传统安全负面冲击

全球蔓延的新冠疫情经过不断的发展演变,已经深刻改变了中国、日本、韩国以及东盟国家在东亚区域生产网络中的国际贸易与国际分工位置,使得原有东亚区域产业链与供应链分工网络开始适应新冠疫情冲击下的贸易与分工形态,这同时也要求中国与日本、韩国在东盟的第三方市场合作形式需要进行相应的转变与升级。因此,为了持续应对全球新冠疫情对第三方市场合作的负面冲击,需要进一步强化中国与日本、韩国以及东盟国家在东亚区域价值链分工网络中的合作韧性,以此来推动第三方市场合作的高质量发展。

一方面,进一步巩固和加强中国在东亚区域生产网络中的生产枢纽位置,并以此为平台为中国与日韩两国在东盟的第三方市场合作提供区域内部的供应链与产业链支撑体

系。中国作为东亚区域中间产品与制成品的贸易与分工核心，可以依托其与东亚其他经济体紧密的分工协作关系来打造出东亚区域内部的价值链分工体系，如可以通过中国—东盟自贸试验区、中韩自贸试验区以及 RCEP 等平台来构建覆盖中国、日本、韩国以及东盟国家的东亚区域内供应链与产业链协作网络，从而为中国与日韩两国在东盟的第三方市场合作提供稳定的价值链合作体系。另一方面，为直接参与第三方市场合作项目建设的企业提供多种类型的政策支持与金融服务，可以依托中国与日本、韩国在第三方市场合作中既有的政府间、政企间以及企业间沟通对话机制，为参与建设的相关企业提供政策咨询服务、金融贷款服务以及项目保险服务等种类多样的支持体系，这有助于加强相关建设企业在第三方市场合作中供应链与产业链各个环节之间的有效衔接，从而为中国与日韩两国在东盟的第三方市场合作提供更具韧性的价值链分工协作网络。

第七章 主要结论及研究展望

第一节 主要结论

中国与日本、韩国在东盟展开的第三方市场合作依托于东亚区生产网络的整体发展与演进。东亚区域生产网络框架下的国际贸易、国际分工以及制度性安排在不同层面为中国与日韩两国在东盟的第三方市场合作提供了重要的合作基础。然而,"政冷经热"的合作环境、比较优势互补基础的减弱以及营商环境的摩擦成本等因素是限制中国与日韩在东盟深化第三方市场合作的现实困境。因此,基于前文在东亚区域生产网络基础上所做出的理论探索和现实回应,本书关于中国与日本、韩国在东盟的第三方市场合作主要有以下结论:

第一,中国与日本、韩国在东盟进行的第三方市场合作是东亚区域生产网络发展与演进的阶段性产物,比较优势的异质性塑造了中国与日韩两国在东盟第三方市场合作中形式多样的分工形态。从"雁行模式"到如今的东亚区域生产网络,中国、日本、韩国以及东盟国家在该区域的生产分工位置已经发生了深刻变化,形成了以中国、日本为区域初级产品、中间产品以及制成品为核心、韩国以及东盟国家在中心外围的生产分工网络,这促使中国、日本、韩国以及东盟国家依托各自的比较优势在不同的价值环节从事专业化生产。因此,中国与日本、韩国在东盟的第三方市场合作是东亚区生产网络发展到一定阶段的产物,东亚区域生产网络的产业间、产业内以及产品内水平、垂直抑或混合型的分工协作模式,为中国企业与日韩两国企业在东盟展开第三方市场合作提供了国际分工的协作基础与产业结构的对接基础,是实现中国、日本、韩国以及东盟国家在东亚区域内多方共赢的新型区域合作模式。

第二,中国与日本、韩国在东盟的第三方市场合作的制度性安排是东亚区域制度合作的新典范,制度供给与制度创新是推动第三方市场合作的重要动力之一。在东亚区域,从"雁行模式"到如今的东亚区域生产网络的演进历程表明,在相同抑或类似的经济水平、文化传统以及社会环境中,"东亚模式"模式下经济持续高速增长的关键性原因之一是各国政府导下的一系列制度安排,其本质就在于东亚经济体通过不间断的制度供给与制度创新来适时匹配生产要素禀赋的变化、生产分工位置的转换以及区域经济合作平台的搭建等经济领域的调整与变革。基于此,东亚区域的第三方市场合作作为中国与日本、韩国以及东盟等东亚国家经济合作的重要实践,是基于东亚区域生产网络以及全球市场变动与变化所做出的制度性安排,这种制度供给与制度创新契合中国与日韩两国在东盟的第三方市场合作发展进程,能够从政府协商、政企协作以及区域经济合作等不同层面推动第三方市场合作模式在东亚地区实现多方共赢。

第三,中国与日本、韩国在东盟展开的第三方市场合作是东亚区域生产网络分工协作形式的新实践,产业间、产业内以及产品内纷繁复杂的分工协作形式构建了第三方市场合作具体的分工形态。东亚区域已经从"雁行模式"下单一产业间垂直分工体系转变为如今东亚区域生产网络的多种合作方式协调发展体系。其中,中国与日本作为东亚区域生产网络分工协作的关键节点,通过产业间、产业内以及产品内复杂多样的分工形式,将韩国、东盟国家等其他东亚经济体吸纳进东亚区域的整体分工协作体系之中,共同构建了以生产要素禀赋差异性为基础的水平分工、垂直分工抑或混合分工等多种方式相互交错的东亚区域产业链与供应链协作体系。因此,立足于这种复杂的东亚区域分工形式,能够实现中国与日本、韩国在东盟第三方市场合作中比较优势与分工位置的协同发展,从而在东亚区域生产网络中推动生产分工协作的新实践。

第四,中国与日本、韩国在东盟的第三方市场合作是实现东亚区域经济发展多方共赢的重要路径,也是推动"一带一路"高质量发展的有效实践。在第三方市场合作模式下,中国可以充分发挥在东亚区域生产网络中供应链与产业链的桥梁作用,在依托自身比较优势的基础上通过有效整合日本、韩国等东亚发达经济体在资本、技术以及人力资源等生产要素中的比较优势,精准对接东盟广大发展中国家在基础设施、社会民生以及健康医疗等领域的发展需求,从而在第三方市场合作模式的推动下实现中国、日本、韩国以及东盟国家之间的多方共赢。因此,中国与日韩两国在东盟的第三方市场合作不仅可以为日本、韩国等发达经济体参与"一带一路"建设提供新的合作平台与发展机遇,还能够为东盟国家在推进工业化进程中为其提供稀缺的生产要素,进而为东亚区域中不同经济体之间的协调发展、生产要素的充分流动以及生产网络的提质升级创造新的发展动力。

第五,中国与日本、韩国在东盟的第三方市场合作面临诸多不确定与不稳定因素,其所衍生的负外部性限制了第三方市场合作的深化发展。"政冷经热"的合作环境是中国与日本、韩国展开第三方市场合作所面临的现实困境;比较优势互补基础的逐渐弱化对中国与日韩两国在东盟第三方市场合作的可持续发展造成负面影响;营商环境的摩擦成本降低了中国与日本、韩国在东盟第三方市场合作的规模经济效益;美国单边主义的外部冲击进一步挤压了中国与日韩两国在东盟第三方市场合作的发展空间;新冠疫情的负外部性扰乱了中国与日韩两国在第三方市场合作中的价值链协作体系。因此,为了推动中国与日韩两国在东盟第三方市场合作的可持续发展,需要结合既有合作基础和未来发展趋势,进一步夯实中国与日韩两国之间的互信基础,拓展第三方市场合作新兴协作领域,构建风险应对与处理机制,发挥"二轨经济外交"的灵活性与专业性以及提升中国企业与日韩企业价值链分工协作的韧性,从而为实现中国与日韩两国在东盟第三方市场合作的多方共赢奠定基础。

第二节　未来研究展望

由于研究精力、写作时间以及文献资料等条件限制,本书关于第三方市场合作的研究聚焦于中国与日本、韩国在东盟国家的第三方市场合作,其研究范围和深度还有待进一步拓宽和深化。基于此,本书未来在现有研究基础上将要展开的相关研究主要包括：

第一,第三方市场合作视域下"一带一路"国际合作的路径与机制研究。第三方市场合作作为"一带一路"国际合作的制度性安排,不仅囊括了中国与发达经济体、发展中经济体以及新兴经济体的国际经济合作与国际产能协调,还在现有合作过程中构建了政府间、政企间、企业间以及民间"二轨交流"的政策对接平台、项目合作机制以及沟通对话渠道。因此,以第三方市场合作为研究视角,能够在一定程度上进一步厘清"一带一路"国际合作制度供给与制度创新的构成要素与运行机制,有助于在制度层面对"一带一路"国际合作展开深入研究。

第二,第三方市场合作与东亚区域生产网络、全球生产网络的内在联系。东亚区域生产网络是全球生产网络的组成部分,本书主要研究的正是东亚区域生产网络视阈下的第三方市场合作。然而,中国与发达国家所进行的第三方市场合作并不仅仅局限于东亚区域,其在中亚、南亚、中东、非洲、欧洲、拉丁美洲以及太平洋岛国等区域都展开了第三方市场合作,对当地的社会经济发展起到了较大的推动作用。因此,本书的后期研究可以东亚区域生产网络与全球生产网络的关联性为理论起点,探索中国与日本、韩国、法国、西班牙以及美国等全球发达国家展开第三方市场合作的发展基础、分工形式与制度合作。

第三,东亚区域生产网络下中国与日韩两国在东盟潜在的第三方市场合作领域。东盟是中国与日韩两国展开国际经济合作的重要地区,彼此之间在国际贸易、国际分工等领域中形成了紧密的合作关系。因此,本书的后期研究可以依托东亚区域产业间、产业内以及产品内国际贸易与国际分工情况,在比较优势互补的基础上,通过计量研究方法来分析东盟国家的哪些产业和产品是中国与日韩两国进行第三方市场合作的潜在合作领域。

第四,东亚区域生产网络下制度性安排与第三方市场合作的内在关系。东亚区域内各经济体之间不仅在国际贸易与国际分工上紧密合作,还依托经济合作基础在区域制度构建等领域展开了长期而深入的合作,如区域全面经济伙伴关系协定(RCEP)、东盟与中日韩(10+3)合作、以东盟中心的"10+1"合作、中日韩合作、澜沧江—湄公河合作等区域制度安排,都有效地推动了东亚区域经济合作的整体演进与发展。因此,本书的后期研究将基于东亚区域生产网络中政府层面、政企层面以及企业层面等不同领域的制度安排与制度创新,探究其对中国与日韩在东盟展开第三方市场合作的影响机制。